陕西出版资金资助项目

长安金石研究丛书

CHANG'AN JINSHI YANJIU CONGSHU

汉字的韵味

宗鸣安 著

陕西新华出版传媒集团
陕西人民美术出版社

图书在版编目（CIP）数据

汉字的韵味 / 宗鸣安著 . — 西安 : 陕西人民美术出版社 , 2021.6

（长安金石研究丛书）

ISBN 978-7-5368-3695-2

Ⅰ. ①汉… Ⅱ. ①宗… Ⅲ. ①汉字 – 研究 Ⅳ. ① H12

中国版本图书馆 CIP 数据核字 (2021) 第 124592 号

CHANG' AN JINSHI YANJIU CONGSHU

长安金石研究丛书

HANZI DE YUNWEI

汉字的韵味

宗鸣安 著

陕西新华出版传媒集团
陕西人民美術出版社 出版发行

新华书店经销 北京雅昌艺术印刷有限公司印刷

787mm×1092mm 1/16 开本 17.5 印张 280 千字

2021 年 6 月第 1 版 2021 年 7 月第 1 次印刷

ISBN 978-7-5368-3695-2

定价 : 98.00 元

地址 : 陕西省西安市雁塔区曲江街道登高路 1388 号 邮编 : 710061

发行电话 : 029-81205258 029-81205300 传真 : 029-81205299

鉴与赏的结合

（代序）

梅墨生

中国文字又被称为汉字，这一称谓本身就别有意义。文字是文化的象征，可以说，通过了解中国文字可以更深地了解中国文化，想要了解中国文化的人必须对汉字有相当的了解才行。当然，这里所说的汉字包括了汉字的发生、发展以至定型化的全部含义。但是，无论如何，中国文字是以汉（汉代或汉族）命名的，而不是其他，可见汉代文字在中华文明中有怎样的重要性了。

因此，了解、欣赏和研究汉代文字，便是通晓汉字及汉字文化的一个重要入口处。我们知道，中国书法艺术的母体就是汉字，没有汉字便没有中国的书法艺术，鉴赏书法艺术也需要一定的文字知识，所以就中国的文化情形来说，文字与书写的关系之密切实在是不言而喻的。秦汉之际，是中国的文字与书法的大收束、大转变、大整合、大完善、大发展的时期，如果能够挈此一领，似不难提起汉字与书法这两件美丽的文化衣裳。仅就我的褊狭所见，目前将二者统合于一的著作尚不多见。人们若不是单从文字研究方面着手，便是单从书法方面着眼。其实，文字与书法，是一又是二，是二又是一，而秦汉时期正是其分水岭。

笔者常想，自原始文字至汉字定型阶段，字与书（契）合一，可以称为字书一体化时期；至汉字成熟定型即字体演变结束以后，才真正开始了所谓的书法时期，这是字书明显分离为二的异化时期。有鉴于此，深入研究二者演绎与发展的细微变化，肯定是引人入胜的。宗鸣安先生此书虽名为《汉字的韵味》，实际上，它是一本以汉字为本而展开考释并大量涉及汉代书法艺术的书，而且其“文本”皆出于多年私藏，言之有据，论出于物，考其文字而赏其书写，一而二、二而一，水乳交融，体格新颖，别开生面。

笔者是文字学的外行，更是文献学、考古学的盲瞽，但是宗先生坚持让我写篇序文，真是不敢当。辞之不得而应承下来，原因有二：一是我乃书法爱好者，当然更应该是这样一本好书的热心读者，如此可以近水楼台先睹为快；二是我与宗先生是朋友，友情难却，何况他如此错爱，也就不顾无知之面而为佛头着粪之举了。当有几寸高的书稿置放在我的案头时，我除了钦佩艳羡，夫复何言？

但是，我既然做了先得月的读者，也只好尽一份读者的本分，在此约略谈一点体会和感受，聊表欣然，亦以塞责吧。

实在地说，这是一本融鉴与赏为一体的通俗的好的学术著作。之所以如此说，是因为有些大名人写的学术书，艰深晦涩，让人望而生畏，没兴味读下去；而有些通俗读物，又过于通俗，通俗到言之无物，没一点学术含量，也让人没兴味读下去。而宗先生此著却不然，它史论合一、物心合一、质文合一、雅俗共赏、考赏兼备，学术性与欣赏性皆有，十分有看头。专家可以有专家的所获，一般文物、文字、艺术爱好者又可以有一般爱好者的所得，实在难能可贵。平心而论，学术著作通俗化，通俗著作不失学术性，是一个颇不易达到的高标准，而此书得之，故我称其好。

说到鉴，毋庸讳言，它不仅需要十分扎实的专业功底和相关知识，而且还需要多方面的文化修养特别是文史学问、考古常识。汉代距今两千年上下，文化、民俗、风物、典章、制度、宗教、日用各个方面与今已然不同，如何通过有限的器物与文字（书写）来窥探先人的思想与文化心理等，并非易事，宗先生却能以文献佐证文物，以文物征信文献，探幽析微，时出洞见，体现出一位藏家和鉴家的学养与法眼。书中的许多议论，都平实可信，切中肯綮，不虚不妄，虽不故作惊人之语，却十分有说服力。如第一条对“亭”字及“亭长”的论证，如第三条对“无极船库”瓦当文字的考释，如第三十六条对“汉陶盆朱书央告文”的述辨，等等，都莫不让人信服，其出语之轻松平和，似信手拈来，然而背后一定积蓄着作者多年的读书与博览之功。说到“亭长”，记得王献唐在《那罗延室稽古文字》中考“曹魏平乐亭侯印”时曾说：“亭有亭长，有亭侯。《汉书·注》，亭有两卒，一为亭父、一为求盗。《风俗通》则谓亭吏旧名负弩，改为长，或谓亭父。”宗先生近得之汉画像砖，恰好上有人物两个，身披铠甲，手持剑戟，正在做巡视状。图文互证，饶有趣味。

至于赏，其似易而实难。赏必以鉴为基础，否则难免纯主观性的赏。说到赏，的确是较主观化的审美心理活动，所谓各有所好。但是，如果欲人认同、欲世共识的赏，则必不能仅止于主观性，它要从主观以达客观，才会让人首肯。这里边就有一个道理在。说出道理的欣赏，欣赏得有道理，才能成为人们的共识。在古文字向今文字演变的当口，鉴与赏是不应该分开的。如第二条作者所考的“敖相遗穜”瓦当文的“穜”字，书中直指其为“糧”（今“粮”的繁体字），实在是鉴赏不隔的。而其对于瓦当器形限制而形成的字（书）体风格分析，确多妙言。类似例文实务，不便一一举证。真正耐心的读者，不难从作者丝丝入扣的条分缕析中，发现作者的独到见地。写一本有学术内涵的书，又能不乏审美眼光，在枯索的考证中时时挟带着直觉的感受力，这也是让人心仪的。如作者在考释“无极船库”瓦当时，写道：“‘无’字的上部两横笔，被美化延伸成了两条辫子形，就如美女奔跑时飘逸在身后的秀发，十分生动可爱。”这样的文字，富于想象力，有形象感，让人过目难忘，堪称赏鉴力的妙笔。

宗先生对于瓦当、骨笺、墨（朱）迹、印章、金属器物、砖陶等文字与书写（契、铸、凿、刻）的考释与欣赏，大多逻辑严密，条理顺畅，文笔朴实，行文简洁，无赘语，无玄谈，发人所未发，给人以启迪。《秦代文字（附录）》部分，尤见匠心，它似轻实重，给出了汉代文字与书法发展的上下文，交代出“汉承秦制”文化的来龙。因此可以说，通过此一汉字专著，读者又可以从汉晋而下求其去脉，顺藤摸瓜，发现古今沿革的物理常然。

总之，这是有学问的鉴藏家宗鸣安先生继《皕明楼金文考说》大著之后贡献给世人的又一部力作。

二〇一八年八月十五日再订于京郊

序言

宗鸣安

汉代是中国文字发展史上最辉煌的阶段。汉代在秦朝统一、规整了文字的基础之上，将中国文字从上层皇权贵族的标志，扩展、变化成为一个更具广泛性、实用性的工具。汉代文字，基本上是沿着这样两条并行的路线发展的：一是代表了皇权贵族精神象征的篆书体和隶书体，二是代表了下层胥吏与一般文人的行书体和草书体。在西汉时期，几乎所有的皇家、官方建筑之上的文字、碑碣颂表、器物铭文，无一不是用篆隶结合的所谓“缪篆”体写成的。而行书体、草书体则多为下层胥吏与一般普通文人，为了书记工作情况、表达私人信息所使用的“急就章”“平常体”。这种书体有快速、简洁、方便实用的特点。从近代出土的汉代文字史料来看，竹木简上的文字，陶瓶、陶罐上的文字，骨笺上的文字等，无不是使用了这种行草书体。在对这种书写体的研究过程中，我们打破了那种对中国文字发展史的“机械认识论”，即中国文字是由篆书、隶书、楷书、行草这样几个阶段一步步发展起来的。在半个世纪以前，我们还曾对晋代人是否能够写出行书，进行过有关《兰亭序》真伪问题的辩论。今天的事实已经表明，早在秦汉时期，行草书体就已经有了很大的发展，书法技巧也相当成熟。晋代人的行草书之所以达到登峰造极的地步，完全是由汉代的行草书充分发展而来的。任何事物的产生都可能存在偶然性与必然性，但事物的发展却大多是由必然性决定的。无源之水，无本之木，恐怕不是事物发展的普遍规律。从汉代文字的研究中，我们就可以清楚地看到汉代文字这种承前启后的重要作用。

长安是西汉时期的首都，陕西又是汉朝诸帝主要的活动区域。此地文化遗迹极多，出土文物也极多，刻写有文字的文物时时可见。这些文字为今天的人们更直观、更确切地研究古代文字，提供了大量的参考资料。这里，笔者将所收藏的汉代文字资料，按器物的不同种类，分为七个部分来介绍，即汉代瓦当文字、汉代骨笺文字、汉代墨迹、汉代印章文字、汉代金属器物文字、汉代砖陶文字，以及附录的秦代文字。这七个部分共由一百篇独立的文章组成。其中最长的文章五六千字，最短的文章千余字。每篇文章讲一件文物，总共一百件。每篇文章又分为两个层次来进行：一是对文字中所包含的历史、地理、事件、人物、职官制度、文字本义等进行的考释部分，二是对文字书写的结体特点、书写艺术、章法布局等方面进行的艺术欣赏部分。无论考释与欣赏，笔者都力求简明清楚。突出一个特点就是：这是一部写给普通读者阅读的“学术著作”。文章之中常有一些议论，这全是笔者个人的一孔之见，当见笑于大方之家。

研究汉代文字，从大的方面讲，有这样几点意义：

第一，了解民风民俗。民风民俗的研究旨在说明某一个时代人类活动的特性，进而了解这一时代的政治、经济、文化、思想、生活的实质。从这里所能见到的汉代文字上，可以了解到非常丰富的，关于汉代的民风民俗方面的资料。在汉代墨迹部分，从汉代人用朱砂所写的“央告文”中，我们经常能够见到这样的词句：“欲令后世无有死者，上党人参九枚欲持代生人，铅人持代死人，黄豆瓜子，死人持代给地下赋。”这些词句都是由当时的“巫师”写在陶器之上，而埋入地下的。这些陶器不全是随死人入葬的“陪葬品”，有相当一部分是因为世上生人有病、有灾，并认为是与地下死者有关系，而让“巫师”作一“法事”，写一“央告文”于陶器之上，再埋入地下的。为了避免世间生人有病、有灾，他们用“上党人参九枚”埋入地下。人参形如人形，如果地下鬼神发难，欲加害生人，就可以用人参替代生人。同时，也希望地下的鬼神不要难为死者，这里用“铅人持代死人”，“铅人”就是饰了铅釉的“陶人”。要加害就向“铅人”“人参”发泄吧！古人认为，地下的阴间世界如地上的人世间一样，有皇帝、官员，也有赋税。所以，埋入一些“黄豆、瓜子”之类，好让死人缴纳地下赋税，以得平安。死人平安了，也就不来人间作祟从而危害生人了。由此可见，这种民风民俗反映出汉代人精神生活的一个层面，表现出汉代人对生命的渴望与敬重。这种“替代法”实在是汉代人的一大创举，也充分体现出汉代人的想象力和浪漫精神，而想象力和浪漫精神是文化发展的重要动力。

第二，补充职官之名，纠正史籍之误。古代职官的设置与变化是极为复杂的一个问题。汉代初期，汉承秦制。许多职官的设置都沿用秦朝的模式。许多官名、地名都沿用秦朝的旧称。由于战争方息，社会未能安定，又有自然灾害频至。汉文帝十四年（前166），鲁人公孙臣上书汉文帝说：“始秦得水德，及汉受之。推终始传，则汉当土德，土德之应黄龙见。宜改正朔，服色上黄。”（见《汉书·郊祀志》）这时，将一切不利都归咎于不合“五行”之法，归咎于继承了秦朝的制度。于是，汉朝开始了一系列的制度改革。许多职官名被废除，许多沿用秦时的宫殿名、地名也被废除。这样一来有一部分职官名、地名，虽在某些文字记载中有所出现，但一直都无法得到相应的证实。时至今日，在研究这些汉代文字时，却常常能见到汉代人的实际记载。这些都可以起到补充史实、纠正谬误的作用。如研究汉代历史地理最重要的资料《三辅黄图》上，将“鼎胡宫”写为“鼎湖宫”，并言宫“在湖城县界”，即今河南灵宝县西北。而瓦当文字上却明白写着“鼎胡宫”。

瓦当出土地在西安市东蓝田县境内。现代考古发掘也证明了这一点。另外还有许多《汉书·百官公卿表》上没有的职官名，在此也都得到了考证。如："左军""护工""素揖工""令史""门下史"等。这些人为或自然所带来的缺陷，对后世的历史研究造成了很多的困难。但汉代各种器物上的文字所记载的内容，却恰恰解决了其中一部分问题。所以说，这些汉代文字是对中国史籍的重要补充。

第三，文字艺术欣赏。对于普通读者来说，阅读汉代文字的主要目的就是学习、欣赏书法。这也是本书对于汉代文字研究的主要方面之一。汉代是中国文字发展的灿烂一页，篆、隶、行、草各体都得到了发展。只有了解了汉代文字的书写特征，才能更好地了解魏晋人行草书出神入化的原因在哪里，才能更好地了解唐代人楷书笔法森严的根由在哪里，才能更好地了解明清篆刻家文字巧妙变化的基础在哪里。学习欣赏汉代文字，对于今天从事书法研究的人来说，定能除去多年来沉积在书法理论认识上的弊病。可以说，汉代文字是今日书法艺术上除病去弊的药石。

笔者分七个部分对收藏的汉代文字进行了考释与欣赏。在每一个部分内都进行了一些有意义的工作，将一些有价值的考证、信息，奉献给读者。如汉代瓦当文字部分，展现出第一次出世，可称海内孤品的汉瓦当"敖相遗穜""无极船库""邸""安世宜富"等。还有一些极少见的瓦当如"郁夷""祋栩""禁圃""亭"等。其中对"敖相遗穜"中"穜"字的考释，对"无极船库"中"船库"地理位置的考证，对"鼎胡"字义的考证等，都是费了一定心思的。

汉代骨笺文字，这是20世纪80年代才发现的，前辈专家多未能见到。自骨笺文字出土至今，很少有人从书法的角度全面地进行分析研究。从目前所能见到的骨笺文字分析，这些骨笺的使用时间，主要集中在汉武帝元鼎元年

（前116）前后，至汉宣帝本始元年（前73）这几十年内。由于这些骨笺使用的时间短，范围小，历史上也从未有过记载，今日出世就显得弥足珍贵。骨笺上的文字内容，不仅可以对汉代职官制度有一定的补充，对认识中国文字发展过程，特别是行草书的发展过程也有特别重大的意义。骨笺上许多文字结体的艺术特点，对当今书法工作者来说是难得的宝贵资料。

汉代墨迹部分，主要指的是用朱砂等颜料书写在陶质的瓶罐上或砖瓦上的文字。这是我们所能见到的两千年前汉代人真实的手迹。由于这些文字所依附的载体是坚硬的陶质，所以才能保存至今而不坏。我们从这些墨迹之中可以清楚地发现汉代人用笔用墨的特点，以及有关汉代人的民俗民情、丧礼习惯，比如“陪葬品”的意义，“巫师”的作用等。这些墨迹大多为行草书体，使人一目了然，魏晋人的书法精神、用笔技巧皆从此出。

汉代印章文字，从结构技巧等方面来看，可以说是中国印章艺术发展的巅峰时代。其中所包含的艺术价值，是后世篆刻学取之不尽的艺术宝藏。笔者在这里用一种新的角度，对这些汉代印章进行了考释与欣赏。如对“界格线”意义的认识，对文字在整体布局中“黄金分割法”的运用等，也可算言之有物。

汉代金属器物文字部分，这是本书汉代文字的主要部分，有近二十件，其中包括汉代的鼎、灯、壶、戈、弩机、铜镜等器物上的文字。这些文字大多为笔者多年来收集的拓片文字，所以，多数无器形可配，但对这些文字进行的考释还是有一定意义的。比如铜镜文字中“以之为铅而宜文章”之句，不论是前辈学者，或是当今学人，多对“宜文章”不能理解。此处“文章”不是指我们用文字所构成的辞章。“文章”在此处指的是古代妇人用色彩在面部勾画涂抹。“宜文章”即铜镜明亮宜于涂画。有一“临虞宫”鼎铭文，写作俱佳。但临虞宫址在何处，为哪个皇帝所用，目前所能见到的史书上皆不见记载。笔者根据文中“元延四年”是汉成帝年号的线索，及汉成帝罢甘泉泰畤、汾阴后土祠两处郊祀的故事，并参照同时代“万岁宫”铜鼎铭文，考出“临虞宫”为汉成帝去甘泉泰畤郊祀时的行宫。此说引经据典，推断尚能成立。

汉代砖陶上的文字此处展示的品种不多。其中关于“扶荔宫”砖文的考释与欣赏，对于汉武帝嗜荔枝早于杨贵妃故事的考说，尚可增古代掌故之谈。对新莽阳刻残砖文字的考释，如释出“稷”字、“集”字等，从王莽政权的大变革，看此时文字多变化的现象，也算是有的放矢之谈。

最后一部分为附录的秦代文字。秦朝统一了中国，统一了文字，不过存在十几年时间就被汉朝推翻了。汉代政治生活与秦代有着密切的关系，汉代文字也与秦代有着密不可分的联系。了解秦代文字，对进一步研究汉代文字有着重要的作用。所以，这里选出的几种秦代书法，其精妙之处，相信读者自会看出。这里，笔者对秦诏版上“诏文”的重新断句与考证，使“诏文”的文义更清楚、更明白，也算为普通读者做了一件事情。

此书虽有一定的参考价值和学术价值，但笔者自认在写作手法上还没有完全脱离旧的模式，在研究方法上还有待新的观点、新的视角加入其中。几千年来的中国文化，有其积极的一面，也有其负重的一面。随着中国的对外开放，中国学人的眼界不断扩展，大批学人定会吸取新的学术观点，运用新的研究方法来研究中国古代文化，使古代文化焕发出新的生命来。

二〇一九年十月十日再订于长安曲江

目录

汉代瓦当文字

瓦当是古代建筑的一种配件。其上或饰以图案，或书以文字。文字瓦当滥觞于秦朝，发展于汉朝。汉代许多建筑之上，包括宫殿、官署、城池、仓库、陵园，无处不有文字瓦当的存在。瓦当文字一方面保留了历史的遗迹，为后世了解历史提供了文献资料；另一方面，又为后世的金石学、文字学等方面的研究提供了直接可观的文字资料。瓦当上的文字，特别是汉代瓦当文字，其书写风格的多样性，文字结体的艺术性，是今日书法艺术研究者汲之不尽的营养之泉。本书选撷出的几十种瓦当，只是这涌泉水中的数滴而已，但其中甘甜已够令人陶醉的了。

1 从“亭”字瓦当说起

大凡读过中国历史书的人都知道，汉高祖刘邦是以“亭长”这个小官起家的。《汉书·高帝纪》：“高祖……及壮，试吏，为泗上亭长。”“泗上亭”在今江苏省沛县东。唐太宗的第四子李泰曾编过一部地理书叫《括地志》，此书博采经传地志，旁求故老旧闻，详载各州县建置、沿革及山水、物产、古迹、风俗、人物掌故等。该志是这样介绍泗上亭的：“在沛县东一百步，汉高帝微时为亭长于此。亭有高帝碑，班固为文。”“亭”是秦汉时期的基层行政单位，汉承秦制，汉代的职官制度大多从秦代而来。《汉书·百官公卿表》：“大率十里一亭，亭有长；十亭一乡……”秦汉时，在官道上大约十里间的一段距离，要建一栋房子，称之为“亭”。这个亭既是政府派出机构的办公室，又是供行人停留食宿的处所，与后来所称的驿站意义相近。《说文·高部》：“亭，民所安定也。”东汉刘熙《释名》：“亭，停也，人所停集也。”段玉裁解释字义时说：“按，云民所安定者，谓居民于是备盗贼，行旅于是止宿也。”“亭”可以说既是官方负责地方治安的“公安派出所”，又是供行旅休息的客栈。李白词《菩萨蛮》：“何处是归程？长亭连短亭。”亭，于是更有了诗意。

我们在《汉官仪》中见到这样一段记载：“亭长课徼巡。尉、游徼、亭长皆习设备五兵。五兵：弓弩、戟、楯、刀剑、甲铠。……带剑佩刀，持盾被甲。……亭长持二尺板以劾贼，索绳以收执贼。”可见，亭长至少需要练习五种兵器才行，并且披甲带剑巡行于乡里。（图1）手里还拿着二尺长的板子（有人说是三尺），威吓盗贼，腰上缠着绳索，抓住盗贼立刻就五花大绑。正好本人近得一汉画像砖，上有人物两个，身披铠甲，手持剑戟，正在做巡视状。人物上方有隶书写“亭长”二字，活生生地反映出汉代亭长的工作情景。（图2）另外，汉《武梁祠画像石》上也有亭长的形象，与此形相类。因此，我们可以肯定地说：亭长就是地方治安官，就像今日的“公安派出所所长”。有了亭长，于是“民所安定也”。（图3）

图1　汉亭长图案砖照

图2　汉亭长形象砖拓本，人物上有“亭长”二字

此“亭”字瓦当，灰沙土陶质。（图4、图5）由于烧制时火候太急太大，所以瓦面有些扭曲。这是汉代早期瓦当尤其是秦代瓦当常见的现象。此瓦当出于河南洛阳，直径13.5厘米，瓦面云纹图案中夹字，是汉代瓦当中常见的形式，如“便”字瓦、“关”字瓦、“宫”字瓦等。此“亭”字瓦，云纹分布在四个对角，有四条线呈十字形将云纹隔开，“亭”字就居于这十字形中心。中上一条线因注意了不影响“亭”上部的笔画，不影响整个字的美感和结构，这条线与“亭”字上部就稍稍断开了一点，而“亭”字下部一竖笔却与十字线合为一体。这条线既成为“亭”字的一笔，又是云纹图案中间的一条隔线，双方都可以借用。这种“借”的手法，在汉代印章及其他砖陶文

图3　汉亭长出巡形象砖拓本

图4　汉“亭”字瓦当照

图5　汉“亭”字瓦当拓本

字上是一种常见的文字艺术表现形式。这种“借”是艺术的“借”，表现了汉代艺人独具匠心的艺术构思。一件文字艺术作品中，哪些字笔画可以借，哪些字笔画不可借，这要看这些字在一定区域内的分布情况，以及这件作品所要表现的整体艺术效果而定。另外，文字本身的结构法则也要遵守，不是任何时候任何情况下都可以将文字多一笔少一笔而称之为“借”。我们应该多学习前人这种文字表现艺术的方法。仅就这一个“亭”字而言，如果我们平心静气，细细揣摩它的艺术特点，就不难得到这样一种感觉：汉代人的这个“亭”字瓦当，是在整体上表现气势，细微处表现美感的。这也是汉代人特有的艺术观点。

2 汉代人的“草篆”

近日见一汉瓦当，上有四字，文曰：“敖相遗穜”。（图6）此瓦出于陕西朝邑，今大荔县境内。历代金石学著作及瓦当汇典之类均未见著录，是为海内孤品。瓦面直径为16厘米，中心有乳钉，双线四界格。（图7）

朝邑，汉时为临晋县，西魏时改为朝邑。朝邑、华阴、潼关一线，为关中地区的东大门，面临黄河，隔河与山西相望，出关又与河南相连。因为有

图6　汉“敖相遗穜”瓦当照

图7　汉“敖相遗穜”瓦当拓本

黄河、渭河水利之便，汉时朝邑之东又有龙首渠相通，这里就成了粮食转运的重要漕渡口。汉时这一带建有许多粮仓，曾出土有汉“华仓”瓦、“京师仓当”瓦、“京师庾当”瓦、“与华无极”瓦等，皆为当时粮仓建筑上所用之瓦。

在古代农业社会里，粮食是一切活动的基础。没有粮食，一切活动都是空谈。所以，古人常说：“兵马未动，粮草先行。”囤积贮存粮食，是和平时期与战争时期同样重要的工作。在秦时，就有许多著名的粮仓，其中以河南荥阳西北山上的“敖仓”最为有名。据《汉书·高帝纪》记载，当初楚汉相争于荥阳以南，汉王“筑甬道属河，以取敖仓粟”。后来“汉王引兵渡河，复取成皋，军广武，就敖仓食”。汉惠帝六年（前189），在修建长安西市的同时，一并修建了“敖仓”。无疑，“敖仓”在汉代乃是重要的粮食大仓。

汉高祖七年（前200），萧何筑未央宫的同时立武库、太仓。《三辅黄图》：“太仓，萧何造，在长安城外东南。文景节俭，太仓之粟红腐而不可食。”难怪汉高祖曾感叹道：“填国家，抚百姓，给饷馈，不绝粮道，吾不如萧何。”可见萧何在贮藏粮食方面的贡献之大。而且，西汉初年许多大的粮仓都是在萧何治下完成的。萧何成了汉代粮贮事业的象征。此瓦虽不能断为“太仓”之瓦，但作为粮仓用瓦是可以肯定的，这一点对解释瓦上文字很重要。

“敖相遗穜”四字，“敖”字我以为应当为“敖仓”之“敖”。“相”字可作二解：一为“相延续”之义，“相”即交互义；二为“丞相”之“相”，汉初多指萧何。这样，瓦当上文字的前二字“敖相”即有两种意思：一是“从敖仓相延续而来”；二是二字并列：“敖仓、丞相”。“遗”字之义不难解，即遗留、遗传。关键在最后一字，左边一“米”，右边一“童”。查所有字典皆无此字形。初，我以为右边应是“重”字，即“糎”字。在专收生僻字的字典《搜真玉镜》上，也只写了：“糎，音重字。”并未解此为何义，其他字典上更不见记载。没办法，只得先将瓦当上的篆书照原样楷书化，写成“穜”形。形虽相近，义实不可知。一日忽忆前辈曾讲：古人书字，其字旁多以意而有所变体。“米”是从“禾”而来，“米”岂不是“禾”的异写或变体？如果是这样的话，“穜”即变为“種”，其义就明显了。“種”即今“稻种”之“种”字。《说文·禾部》：“種，先種后孰也。”《周礼·天官·冢宰》内宰注：“郑司农云：先種后孰谓之種。”陆德明注：“禾旁作童，是種植之字。”这样，瓦当上文字“敖相遗穜”的意思就是说：此粮仓内的粮食是古敖仓和丞相萧何遗留下来的种子所成。或者直接说：此仓内粮食为敖仓相传下的种子所成。这两种字义应该是此瓦当文字的基本意义了。如果我们不去考虑米字旁变为禾木旁，而来研究右边文字的变化，即“童”字或是“量”的省写。因为瓦当文上“童”字上下皆多一横笔，而“量”字如全写上，右边偏旁恐太长，不好结体，故采取减去笔画的办法，“種”即“糧”字，即今“粮”字。“敖仓、丞相”所遗粮食，此义正能讲通。

和其他瓦当上文字一样，在文字布局上，设计者充分考虑到了瓦面圆形的特点。四个字均衡分布在四个三角形之中，而三角形的斜面都呈圆弧形。第一个“敖”字，左边上部三横笔，在这里变化为一个小口加上两竖笔。“敖”字左旁下部，《说文》作“女”字形，其他字典则多为“方”字形，此处却像“力”字。右边反文，与一般写法基本相同。但此反文的末一笔画，既要照顾文字的结构，又要照顾外沿圆形的特点，所以，这一笔拖得很长，并延伸到了下部，与左边找齐，借以取得平衡。这一笔极似草书写法，趣味无穷。“相”字无大异处，只是“目”旁有所变形，上大下小，以求和谐版面。“遗”字在这里极注意与三角形面积相配合，所以，“辶”上小下大，稳如宝塔，与三角形相得益彰。“穜”，我们还是把它看作“糧”字的异体。右边“量”上部的“曰”，在这里简化为一小横，“里”下又多一横。增减笔画，这是汉代人文字艺术化过程中常用的手法。但有一条是重要的：汉代人绝不会将此字变为什么都挨不上的东西。它的变化绝对是在遵守着“六书”的原则。

此瓦当上文字，用笔活泼，结体疏朗。线条给人一种流动的感觉，在篆书结体的法度之中自由发挥。这一风格就是所谓的“草篆”，就是所谓的“八分”。这就是汉代艺人灵性的表现。

3 汉代的船库在哪里

公元2000年的夏天，长安肆上出现了一块前所未闻的汉代瓦当，瓦上文字为“无极船库”。（图8）这几个字中，其他文字倒不难释认，只是“船”字写成了“舩”，让各路专家争论不休，各执一词。余以为，“舩”为“船”字无疑。而且，此瓦的质地坚硬细腻，色呈青灰，非关中一带的黄土烧制不出这样的质量来，此瓦原出于陕西关中一带必定无疑。（图9）

陕西关中为内陆地区，不沿海，不临江，在一般人的脑子里绝不会与“船”字有任何联系。那么，汉代人何以有“船”，而且还有“船库”？这个“船库”究竟在哪里？

检《三辅黄图》，在“库”的条目之下，只有“武库”与“灵金内府”。这两个库都是储放兵器的地方，而且都在未央宫之中，无法放置船舶。但在“太仓”条下的一条注释，却十分引人注意。《汉书·息夫躬传》记息夫躬“持节领护三辅都水。躬立表，欲穿长安城，引漕注太仓下以省转输”。此处透露出这样几条信息：第一，汉时关中有专门负责管理水上事务的“都水”之官。第二，因太仓在长安城东南，故有漕渠并在长安城之东往来运输。第三，漕渠运输必定有船。当然，这种漕渡用船肯定不是大江、大海上的那种船了。

汉时，在关中地区有数条漕渠供调剂物资转运之用。其中，长安城东至

图8 汉“无极船库”瓦当照

图9 汉“无极船库”瓦当勾摹本

华阴县的这条漕渠，是向长安城中转运从中原及东南各省而来物资的重要渠道，华阴县自然也就成了这些物资的转运站和储存地。更重要的是，在华阴东北还有一个叫“船司空”的地名。《汉书·地理志》中载有“船库官”之名，并称后以“船司空”为县名。王莽时将此地名改为“船利”，东汉时废除。颜师古注此条曰：“本主船之官，遂以为县。”“司空”是汉代专门负责工程的官名，“船司空”自然是专门负责船务工程方面的官署名。有船来往运输，自然少不了修船造船。“船司空”官署在华阴县，这“船库”肯定也就在华阴境内了。理由有三：第一，“船司空”官署设在华阴县以东漕渡口。第二，漕渡口是船运最集中的地方，船舶的修造、贮放自然在这里最方便。第三，华阴所出其他仓库用瓦当如“与华无极”“与华相宜”等，其上的书法风格、瓦当质地与“无极船库”相近者多。可以推断，这是同一批工程人员制作所致，或是同一批工匠的制作风格和习惯所致。此瓦刚出世时，有人称为伪作，并指出是用“与华无极”中“无极”二字拼接而成。余细观此瓦，并未见拼接痕迹，瓦上四个字风格统一，与其他瓦上文字相近，正说明此瓦出自同一时代、同一地区某个工匠之手，出自同一时代某位书法家之手。

所以，断定“船库”在华阴县，而且在华阴之东。今后随着其他实物的出土，定会证明这一点。另外，“船司空”东汉时已废，汉京城也东迁，“船库”也不复存在，此瓦定是西汉时物无疑。

此瓦上文字，“船”作“舩”形，这是篆书的常见写法。“船”右边上部“几”，篆书都作“八”形。而左旁“舟”，写作“月”形者就更多。甲骨文作“”“”。金文作“”“”。石鼓文作“”。汉代竹简文字则直接写作“舩”（《纵横家书·169》）。而《隶辨》上“船”字写法，完全就是瓦当上文字的“”形。汉以后的书法家所写的楷书、行书之中，也有将“船”写作“舩”形的，如隋张公礼的《龙藏寺碑》之中，晋王羲之的行书之中，甚至唐怀素的草书之中等。所以，“舩”不是“船”字的异体字，“舩”就是“船”字篆书的正确写法。

“无极船库”书法风格最显著的特点就是错落有致，截铁斩钉。“无”字篆书的结构两边相同。为了字形有变化，又要顾及瓦当圆形的特点，此瓦当上文字“无”字的上部两横笔，被美化延伸成了两条辫子形，就如美女奔跑时飘逸在身后的秀发，十分生动可爱。“极”字则考虑到在这扇形面积内的布局，所有的笔画由右至左，大小错落变化。最右边的反文最小，中间部分居中，左边“木”字则最长。根据整体字在固定形态之中的位置，繁而简之，细而壮之，不杂不乱，简繁得当。这是汉代文字艺术家们最喜欢动心思的地方。“船”字左边低右边高，是环境使然。“库”字的篆书写法和楷书写法，大都是最上面的一点画，直对内部一竖笔。此处却左右偏离。因为这一笔画如果要对齐内部竖笔的话，“库”字在这一环境里的结构，不是瘦长，就是肥短，这样，写出来的字与整体的书法风格就不能统一。广字旁稍稍向左偏移一些，既能包容住内部结构，又不失整体字形的大势。这样看来，就像小房子里放着一辆大车，安排得当的话，就不会有拥挤的感觉，而是“充而不满”。

此瓦当上文字，由于工匠刻制模型时刀工极有力而深刻，故模压出来的文字，笔画起笔落笔处，皆为斩钉截铁的势态。这是金石文字特有的效果，在六朝造像文字中也常见有此笔形。这种艺术效果对后世的篆刻艺术有非常大的影响。

4 散发着郁香的文字

“郁夷”瓦，出于陕西宝鸡以西，瓦面直径16厘米，灰色陶质，宽廓边，有廓内线，无界格。（图10）两字上下排列。此瓦为历代金石文字著录家所未见，可谓稀世之品。“郁夷”作为地名，古已有之。（图11）《史记·五帝本纪》：“分命羲仲，居郁夷，曰旸谷。”汉初时将“郁夷”置为县。《汉书·地理志》右扶风：“郁夷，《诗》：‘周道郁夷’。”县有汧水祠。王莽时将“郁夷县”改为“郁平县”。《说文·邑部》：“郁，右扶风郁夷也。”段玉裁注：“今陕西凤翔府陇州西五十里有故‘郁夷城’。”

“郁夷”是古代的地名，汉代的县名，这没有什么问题。只是《汉书》上引用《诗经》“周道郁夷”，其所言不能详。颜师古在笺注这句诗时说：“《小雅·四牡》之诗曰：‘周道倭迟’，《韩诗》作郁夷字。”这就是

图10　西汉“郁夷”瓦当照

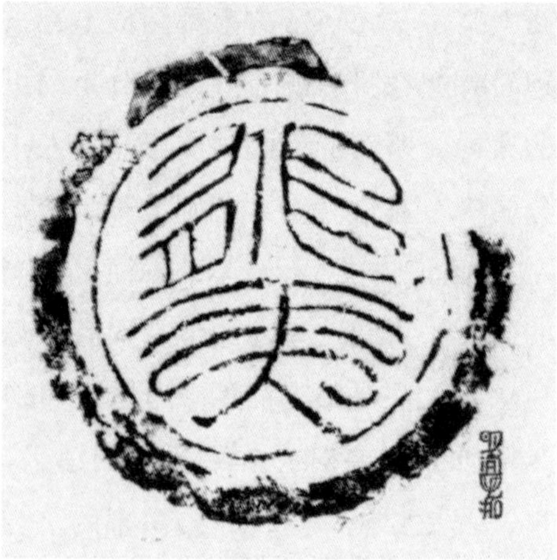

图11　“郁夷”为县名，汉代瓦当以县名为图案文字者少见，此为瓦当拓本

说，在《诗经》的不同版本上，才有郁夷二字，《诗经》上的“郁夷”二字只是一个形容词。“郁夷”与“倭迟”意义相近而已。《诗经》上此句诗整句是这样的：“四牡騑騑，周道倭迟。岂不怀归？”“倭迟”是道路又远又迂之义。而“郁夷”之“郁”通“迂”，“夷”为平坦义，平坦而迂远的路，二词意义似乎相近，所以就有了互代。但是作为汉代县名的“郁夷”，好像与《诗经》上的“郁夷”关系不大，只是用字相同罢了。

“郁”，本义是指香气，香气浓烈之义。《楚辞·九章·思美人》：“纷郁郁其远蒸兮，满内外扬。”《洛神赋》：“践椒涂之郁烈，步蘅薄而流芳。”李善注：“郁烈，香气之甚。”“夷”有多义，此处应为平坦、愉快之义。《诗·商颂·那》：“我有嘉客，亦不夷怿。”所以，瓦当上县名“郁夷”的意义，应该指香气郁烈，令人惬意愉快的地方。此县所在地又称旸谷，谷内或有奇草异香，故以为地名。千古之事，令人遐想。

“郁夷”二字在瓦面上的结体安排，洒脱自然，给人一种超凡入圣的感觉。上面“郁”字为左右结构，但为了与“夷”字的上下结构相统一，因此在书写时采取了向左右两边下斜的笔势。“郁”字左部已有一直笔做下垂势，并占据中心位置。右部的“阝”旁本应有一垂下的笔画，如果同时写出，中心就有两道竖线并列在那里，既生硬死板，又影响结构，所以制作者就将“阝”旁的竖笔向右下斜出，并有包容上边笔画的意味，于是，整个字马上就浑实圆润起来。由于“夷”字本身结体的特点，乍一看，此字线条在瓦面上自由回转，不禁使人想起体育运动中的大回转滑雪，运动员在白雪覆盖的山坡之上左右流转，一泻而下，那动感，那滑痕，令人赏心悦目。此字线条的走势就充满这种感觉。看着这样的文字，总能让人情不自禁地举起手指，随着笔道画来画去。这就是书法作品的魅力。

“郁夷”瓦上文字，除了结体上的舒展自由之外，在用笔上还注意了变化的手法。整体上看是以圆润为主，但部分笔画却以挺健之笔掺杂其间。“郁”字左边部分，转角处即采用了硬折的笔法，横画稍细，竖画稍粗。这些变化增强了书法作品整体效果的多样性。

“夷”字的撇、捺两笔，书写者并没有因为要求统一而采用圆转的线条委婉地来结束用笔，却是将笔锋稍作迟顿，撇画的尾部如燕尾小翘，左右摇摆；捺笔则挺如宝剑出鞘，一往无前。“郁夷”二字的结体布局，本身就给人一种雍容大度的感觉。字迹干净利落，确也继承了秦代篆书肃穆严整的一面，有些地方的用笔还与秦“玉箸篆”的气息相通。但此瓦上文字的线条，笔随形转，弯曲自如，有一种创造性的美感展示在人们的眼前，完全避免了因笔画少而容易出现的空疏感。这就是汉代篆书比秦代篆书更具艺术性的地方，这就是在自由空气下创作与专制空气下写字的不同之处。若将汉代的几件传世篆书石刻拿来与此瓦当文字做一比较的话，《袁安》《袁敞》二碑不如其流动活泼，《祀三公山碑》《延光残碑》又失之散乱。唯《嵩山三阙》可与之媲美。所以，读此文字就有一种异样的感觉，就像字面意思表现的那样，有一种郁烈的香气沁人心脾，给人一种超然的感觉。

近闻长安肆上出现了数块伪作“郁夷”瓦，文字线条为砖屑和胶堆砌而成，文字的线条与瓦当背面的质地不是一体，字迹生硬，缺乏流畅之气，所以不难辨别。

5 皇家禁地森严冷峻的书法

“禁圃”瓦当，出于陕西周至县西南。瓦面直径15厘米，较一般瓦稍薄，厚度约2厘米。（图12）文字上下排列，两字之间有一横线相隔。周至县地处终南山北麓，多山坡地，土层较浅。此瓦出土虽早，但久未被人发觉。不像其他瓦当上多土锈或水垢，此瓦面上只有绿苔覆其上，与其青色陶质相得益彰，加之有优美的文字，极古雅可爱。（图13）

史书上未见记载周至县一带有“禁圃”之地名。《汉书·地理志》注：周至县，“有长杨宫，有射熊馆，秦昭王起”。检《三辅黄图》，知“射熊馆”又称“射熊观”，是长杨宫的一部分。长杨宫“门曰射熊观”。《尔雅·释宫》：“观谓之阙。”“观”，是宫门外两旁的高大建筑物，像门但无门扇，又无门楣，远看似一大缺口，中间是一通道，所以，“观”又称为“阙”，是古代象征性的大门。长杨宫一带是西汉皇帝们最爱去的狩猎场地。汉代大文学家扬雄曾跟从汉成帝至长杨宫狩猎，归还后遂作《长杨赋》。他在序中说：成帝为了向胡人夸耀园内禽兽多，命人将别处捉来的各种禽兽放在“射熊观”前，周围布上网络樊篱，不使禽兽跑掉，好让胡人捕捉，而汉成帝则站在“射熊观”之上观看，借以取乐。

“禁圃”之瓦是从长杨宫、射熊观一带出土的，这是千真万确的事实。

图12　汉“禁圃”瓦当照

图13　汉“禁圃”瓦当拓本

余以为，“禁圃”只是长杨宫边沿上的一个附属建筑而已，并不是一个专门机构。因为皇帝要经常来这里狩猎，所以将这一建筑建在长杨宫的边沿上，用来向人们昭示：此地为皇家禁地，不可随意逾越。“禁圃”不属于苑、囿、宫、观之类专门的设置，它只是守卫者房屋上的标识而已。有人说“禁圃”是皇家的果园或菜圃。当然，这只是按“圃”字的正常定义来解释的。在此处应该理解为“泛指”比较好一些。

“禁圃”二字在瓦面上的结体布局，充分表现出了它的文字内涵。上面“禁”字，就像一个威武的禁卫军站在那里。“禁”字上部的双“木”，就如禁卫军将士手中所执的戈戟之类，寒气逼人；下部“示”字的左右两点连接在了一起，跨度很大地支撑在那里，作为整个“禁”字的基础，从表面上看，就像一位雄强的战士两腿分开，威风凛凛地站在门口。“禁”字的这种结体与布局，使其所要表达的内容彰显无遗。“圃”，有人曾释为“军”，是其未细观原物所致。原物“圃”字“囗”内上部一横笔右上端，有一点笔画，因所处较深，拓本上多不能清楚。而且，若为“军”字，瓦面上文字外框封口则没有必要，也是错误的。由于瓦当的圆形特点，“圃”字如果像“禁”字那样，写得很宽，跨度很大，那么，“圃”字在这一特定区域内，其结构就会失之扁平。要做到结体合理，还要表现出气度不凡。所以，制作者在这里用了非常大的心思：他将“圃”字设计得不宽不窄，在两边留下的空白处，各增加了一道拐形的装饰性笔道，这种笔画与“圃”字本义无关。但当我们细细品味这一结构时，就不禁会使人联想到：这两边的笔画，就像两个门柱，即古书上所说的“阙”。将“圃”字放在“阙”中，表示人们站在远方，通过“阙”，可以望见里面的“圃”，“圃”门之上又有禁军卫士，这简直就是一幅图画。而瓦当设计者正是将此文字图案化以后来表现的，而且非常贴切。今天，我们不能不赞叹先辈们这种独具匠心的艺术才能。外在表现和内在含义的统一，是文字艺术的最高表现形式。

从书法艺术的角度讲，这是一件汉代早期的作品，属于严整肃穆一派。用笔上篆隶相兼，结体上简洁劲健。可以看出文字由篆而隶演变的过程正在进行之中，这即所谓的“古隶”。线条的转折处软硬兼施，交替使用，天然成趣。汉《莱子侯刻石》书风与之相类。（图14）

图14　汉《莱子侯刻石》拓本，原石现存山东邹县博物馆

6 永受嘉福，期盼与妍美

“永受嘉福”瓦当，出于西安灞桥以北新合街道一带，瓦面直径17厘米，廓高面深，青灰色陶质。（图15）历代所出几种同内容的瓦当，书写字形无大变化，只是有无中心十字界格线的分别。此瓦制作较精，未见有烧制变形或字迹散乱者。（图16）

近百年来，“永受嘉福”瓦出土不少。有书载出于咸阳，有书载出于西安汉城旧址，皆不知何据。过去称某瓦出于何地，全听贾者一家之言：有的是因为避嫌，恐官家追究，胡乱道一地名；有的是恐其他同行去寻找货源，抢其生意，也会指东道西，南辕北辙。而绝大多数收藏者、研究者是不可能去出土地考察的。由于这几方面的原因，关于瓦当出土地点的判定，历代有关瓦当的专著，有关文字学的专著，都有不同程度的错误。这些错误对于考证史实造成了一定的困难与失误。

图15　汉“永受嘉福”瓦当照

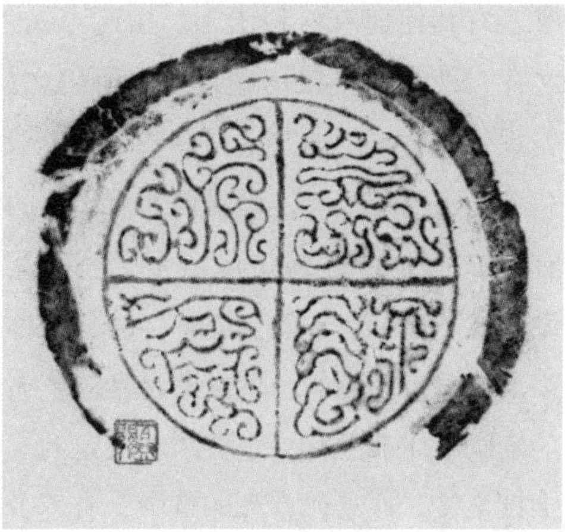

图16　汉“永受嘉福”瓦当拓本

那么，“永受嘉福”瓦当的出土地确切地讲，应在西安灞桥以北新合街道周围，及这一区域的渭河南岸东西一线。在20世纪70年代后期到80年代初，灞桥镇上刚刚有小型集市出现，除了买卖些农副产品外，还有人摆上麻钱（旧制钱）、旧书、小古董之类换钱花。这时，每周日的集市上都要出现两三块瓦当，当地人称之为“瓦托儿”。不少人买回家烙饼用此做模具，以取其上的花纹图案压印出花饼来。在这些瓦当之中，就不时有“永受嘉福”瓦当出现。开始农民们只将其看作“云纹”“花子”瓦卖出，后来才知是“鸟虫篆”字。这一时期，前后大约出现过二十几块“永受嘉福”瓦当。以后近二十年间都有出土，但是以伤残者为多。

检《三辅黄图》，灞桥之东北有兰池观。兰池观为兰池宫的观阙。即如前文所说，观是宫大门建筑的一部分。《三辅黄图》云“兰池观在城外”，即长安城外。秦时就有兰池宫，后被项羽火焚。汉在其旧址之南重建兰池宫。《文选·西征赋》云：“北有清渭浊泾，兰池周曲。”可见兰池宫应在渭河南岸。而兰池观作为兰池宫大门辅助建筑，则更应在灞桥以北、渭河以南这一区域。而这一区域正是“永受嘉福”瓦的出土地点。从瓦的工艺制作之精，文字书写之美来看，它绝不是一般普通建筑上所用。以前人们以“永受嘉福”的词义及文字书写的怪异来分析，一般认为是陵墓用瓦居多。近来在这一带还出土了大量的“长生无极”瓦当，瓦面直径都在20厘米以上。同时还有其他建筑材料出土。由此可知，“永受嘉福”瓦当不但是房屋上所用之瓦，而且是皇家房屋建筑上所用之瓦。“永受嘉福”瓦当与兰池观有连带关系，或就是兰池观上所用物，不是没有可能，但有待进一步考察与研究。

“永受嘉福”，是目前所有出土的汉瓦当文字中唯一的“鸟虫篆”书体。有人称一种变形书体的“千秋万岁”瓦文亦为鸟虫篆，理由是瓦上“千”字被设计成了鸟形。不确。此种字体只能称之为“花体”字，与真正意义上的鸟虫篆是有一定区别的。鸟虫篆是秦汉艺人们创造的一种文字结体方法，它对文字的笔画结体都是有一定要求和规定的。不是文字上绘了鸟形或绘了虫形就可称为鸟虫篆。在汉代官私印章中，有不少刻制极精的鸟虫篆体印章可供欣赏。最早的一方鸟虫篆印，即“婕好妾娋”印。（图17）婕好，为汉代皇帝妾及夫人之名。《汉书·外戚传》云：“汉兴，因秦之称号。帝母称皇太后，祖母称太皇太后。嫡称皇后，妾皆称夫人。又有美人、良人、八子、七子、长使、少使之号焉。”这段文字是说汉因袭秦之称号，有皇后、妾等的各种称呼。“至武帝制婕好、泾娥、傛华、充依，各有爵位。”这一段文字则说汉武帝又另制数种妾的称呼，婕好即其中一种。有辞书上说：“婕好为宫中女官。”而《汉书》上讲得很清楚，婕好只是妾的称号，是某种爵位，“婕好视上卿，比列侯”，只是说其相当于某官阶，享其秩，并不是官。

在汉代历史上，有两位婕好最有名，而且都姓赵。一位是汉武帝之妾，

图17　汉“婕好妾娋”印章印蜕图

汉昭帝之母，钩弋夫人赵婕妤；另一位是汉成帝时号称能掌上做舞的赵飞燕赵婕妤。赵飞燕得汉成帝极宠，竟成皇后。据吴昌绶所撰《定盦先生年谱》及张祖廉所撰《定盦先生年谱外纪》知，清代诗人龚自珍于道光五年（1825）三十三岁时，曾购得一汉印。龚自珍释印文为“婕妤妾赵”，并定为赵飞燕所用之物，曾拟构筑“宝燕阁”以藏之。今观《十钟山房印举》上“婕妤妾娋”印，“娋”字的左旁结体似一“赵”字。也许龚自珍所得即此方印，后又被陈介祺所收藏。所以，此方印说不定就是赵婕妤的印。因为钩弋夫人逝于甘泉宫，在淳化县，而赵飞燕赵婕妤未做皇后前，随汉成帝多在长安一带活动。以赵婕妤的许多故事来看，我们更希望这方印就是她的印章。再说此印也出土于长安城内。

“婕妤妾娋”印文的书写风格极似“永受嘉福”瓦当文字的书写风格。这种书体在当时也是极为少见的。没有一定的书写功力及艺术品位，是不能够完成的，书写者也一定有较高的社会地位或是有名的工匠。用这种书体给皇帝妾妃刻印，而文又是“婕妤妾娋”，更加烘托了这位美人“婕妤”的妩媚之态。考汉代“婕妤”，无有名为“娋”者。“妾娋”或是自言娋美。或许是皇上曾经夸奖过一句“娋”，因“金口玉言”，遂以之为号，亦无不可。

从制作工艺上看，“永受嘉福”瓦应是汉代早期的作品。从文字书写上看，那时印章上鸟虫篆早已使用，将瓦当定为汉武帝时物也有可能。将印章与瓦当文字做比较，无非是想说：这两种物品上的文字风格是一致的，是有一定的品位和艺术性的，不是什么人都能随便写得出来、做得出来的。尤其是在汉代早期，这种书体自然会多在皇家贵族中或重要场合上使用。

我们称这种书体为“鸟虫篆”，是因为文字的笔画端头时常出现鸟头形图案。如“永受嘉福”之“受”字上部，左、右两端都似鸟头形。但确切地讲，应该将这种书写风格的文字称为“草虫篆”更合适些。从“永受嘉福”瓦当文字上部“永”“嘉”二字看，就完全像是草叶枝蔓缠绕回旋，天然成趣。唐代的某种草花图案造型，与此文字造型的感觉极为相似。后代艺术家们对这种精美的图案赞赏有加，并大量引用。而作为这种形式的文字，却被斥以烦琐过时。那是因为，这种文字要求有较高的工艺技术和艺术修养才能书写，才能运用，所以当今更无人再愿意研究、使用这种书体了。实在可惜。

7 吉语万世，艺术千秋

“千秋万世”瓦，出于西安市北郊汉未央宫旧址。（图18）瓦面直径17.2厘米，深灰色陶质，双界格线，中心双线相交，无乳钉。

“千秋万世”与“千秋万岁”同为汉代瓦上用吉语。“千秋万世”为“千秋万岁”的变文。“千秋万岁”文字瓦传世有多种，而“千秋万世”目前所见也就两三种而已。其中有八字瓦、九字瓦等，文前缀有“千秋万世”四字。而单独完整的西汉“千秋万世”瓦，至今仅见此一种。（图19）

“千秋”，是古人用来形容千年万年、岁月长久的意思，亦用于祝寿时语。古人常以一年为一秋，“千秋”即“千年”。汉《李少卿与苏武诗三首》：“嘉会难再遇，三载为千秋。”“万世”是千年万世、永远不息的意思。“千秋万世”作为吉语，制成瓦，用在未央宫的建筑之上，就是为了祝祷汉家天下千秋万世永远传下去。

欣赏研究此瓦上文字，不难看出，“千秋万世”这四个字具有典型的汉代书法特点，即在用笔上篆隶笔法相互结合。

为了配合瓦当圆形的特点，“千”字的结体有了一定的变化。乍看，“千”字似乎是躺在那里的感觉；细观后方知，制作者是用第一笔作为支撑

图18　西汉“千秋万世”瓦当照

图19　西汉“千秋万世”瓦当拓本

点，将整个字的力量全部集中在这里，这一笔显示了整个字的力度。“秋”字左边的禾木旁，汉代隶书的书写，一般不将上部第一笔向左方拉得太长。当作为艺术品装饰性文字处理时，特别是与吉祥语有关时，如“嘉禾”“千秋”等，禾木旁的写法就有了特别夸张的形象，首笔长长地向左下拉出。汉碑、汉印中文字有此笔法。“万”字上部草字头，为了与瓦当的圆形相和谐，制作者这样进行了艺术处理：靠左边的一部分笔画短而简，右边的一部分笔画则长而丰。“万”字下部左边一笔长长地伸出了“万”字的整体。将部分笔画这样处理以后，整个字也就显得活了起来，且与“千”字相呼应，避免了上下结构的“万”字，在这一规定的区域内，按常规只能写成长方形细瘦的现象。“世”字的写法，应该说更接近于后世的隶体风格，如《张迁碑》《尹宙碑》之类。此类碑刻上的“世”字，笔法、字形与瓦当上“世”字极似。但此处还是有一定变化的。如果按一般隶书结构来写，并安排到这里，那么，“世”字中心部分肯定会感到有些空。而此瓦文字的书写者则将“世”字中竖笔向下延伸，与下部横画相连接，这样，“世”字马上就显得丰富完满了一些。

由以上几点我们可以说，此瓦当文字的艺术特点是：平淡之中求变化，静中有动，和谐而不生硬，即尽可能地产生美感。德国古代美学家莱辛在《拉奥孔》一书中说：“凡是为造型艺术所能追求的其他东西，如果和美不相容，就须让路给美。”我想，我们中国古代的艺术家正是这样做的。那仪态万千的瓦当艺术正说明了这一点。我们在欣赏汉代瓦当这种造型艺术时，无论是文字形式的，还是动物、植物图案形式的，都有一个十分明显的特征，那就是——美。

8 橐泉被草木，断瓦胜玉圭

此“橐泉宫当”瓦，出于陕西凤翔县西南长青镇一带。（图20）瓦面直径16.5厘米，廓边较窄，文字细挺，深灰色陶质。（图21）

“橐泉宫当”瓦为秦、汉两代的离宫橐泉宫上所用瓦。《三辅黄图》引三国时代所著的《皇览》注云：“橐泉宫，秦孝公造。”《汉书·地理志》

图20　西汉“橐泉宫当”瓦当照，存世甚少

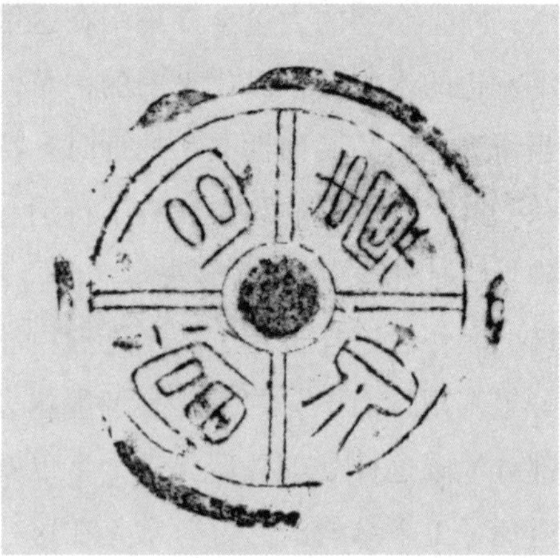

图21　西汉“橐泉宫当”瓦当拓本

右扶风：“雍……橐泉宫，孝公起。祈年宫，惠王起。”秦孝公是战国时秦国的国君，他在位时最显著的政绩就是任用商鞅变法。橐泉宫的营造虽在秦孝公时，但汉时又有了多次修葺扩建。另一祈年宫也是秦时建造，但今日所见这两个宫内建筑上所用瓦当，从文字上看都是汉代重修时所用物。清刘喜海《长安获古编》上有汉器，铭文曰：“橐泉铜一斗鋗，重三斤，元康元年造。”鋗，就是小盆之类的器皿。元康，为西汉宣帝刘询的年号，元康元年即公元前65年。清刘体智《小校经阁金石文字》上也收有橐泉宫的铜器铭文，文曰：“橐泉宫铜镫，重一斤十二两，元康二年考工令史孺监省。”以上这两件铜器都是汉宣帝时物，可见，橐泉宫至少在汉宣帝时仍在使用。

汉宣帝在位的时代为公元前73年至公元前49年之间，距秦朝灭亡的时间约有130年。如果这时对橐泉宫进行了维修扩建，那么，瓦当上文字也应是这时所书。汉代早期瓦当的制作，大多沿用了秦代瓦当制作的一些特点：廓边窄、瓦胎薄、外边沿不整等。这一时期的瓦当，特别是京城以外离宫上所用瓦当，边沿多不修饰，制作时的磕碰痕迹也不修理；这时的瓦当，时常还有烧变形的现象，烧制时温度也较高，所以瓦当的质地极坚硬，有些已接近瓷化。

“橐泉宫当”文字艺术上的特点，是其在用笔上、结构上都吸收了秦代篆书四平八稳、线条粗细变化不大的特点。从目前出土的几种“橐泉宫当”

文字来看，所有的结体都无大的变化，书法风格也基本一致，只是个别笔画略有变化。“橐”字首横笔下的“口”，有的瓦当作两横处理，有的瓦当仍为“口”形。“泉”字下部中心一竖，有的瓦当将此断开，做滴水状。这样，似乎更体现了“泉”字的本义，也凸显了“泉”字的“画意”，增强了“泉”在瓦当上的艺术效果。观之，如见泉水流动，如闻泉水潺潺。有的瓦当则将这一竖笔从内部直接拉出，超过了左右两笔，如泉水涌出，顺山势一泻而下。这又是另一种感觉。还有一种“橐泉宫当”瓦，体形较小，约有14厘米，“泉”字的写法奇特：上部将“白”字拉得细长，下部“水”则变为三竖，如三个小腿。这种写法在汉代金文上曾见过。从以上这几种瓦当的文字书法特点看，都应是汉早期所造。有些介绍瓦当的辞典，将秦汉共用宫殿内所出土的瓦当，皆推为秦时物，以示远古，此种方法未必正确。

“橐泉宫当”之“宫”字，所见几种瓦当上，此字变化都不大。“宫”字的处理，所见几种瓦当，都注意了文字与瓦当圆形相配合的特点。外部笔画圆润流转，中间两“口”字，都不采用硬折转角的笔法，圆润，就是此“宫”字书法艺术的表现特点。“当”字上部三画，有的瓦当将左右两笔作成两小横笔，有的瓦当将这两笔写作回转形。二者变化仅此而已。

“橐泉宫当”瓦上文字，在西汉早期时文字书写得挺劲瘦硬，结体干净利落，装饰性的变化较小。至西汉后期时瓦上文字有了变化，形制也小了许多，因为这时橐泉宫的使用已大不如前了。在橐泉宫下增设了橐泉厩，专门用来饲养宫中用马（见《汉书·百官公卿表》注如淳语）。橐泉宫既然不作为离宫使用，那么，它的维修工作也只能让一般工匠修修补补罢了。瓦当上文字自然也没了王者之气。

今天，橐泉宫早已被黄土草木所掩埋，但橐泉宫的瓦当文字却长留人间，让人永远不能忘怀。这就是艺术，艺术才能长存。

9 “冢当”，陵园中的文化遗存

“冢当”瓦，在秦、汉瓦当中属于一个大的种类。除了“冢当”二字瓦外，还有“冢上大当”“长陵西神”“万岁冢当”“酒张冢当”等。由于年代不同，地区不同，墓葬主人的身份不同，“冢当”瓦也就呈现出各种不同的形制与书写风格。此“冢当”二字瓦，出于陕西旬邑县东北与淳化县西北交界处。瓦面直径16.5厘米，浅灰色陶质。（图22）

这种有文字的“冢当”瓦，不是墓冢的建筑所用之瓦，而是墓冢所处的陵园内建筑用瓦。陵园中的建筑包括大门、围墙、祭祀用大堂、守卫者住房等。《三辅黄图》载，“高祖长陵在渭水北”，“长陵城周七里百八十步，因为殿垣，门四出，及便殿、掖庭、诸官寺，皆在中”。这是皇帝的陵园，气势当然不会小。但其他皇亲国戚的墓园制度、气势也不会小到哪里去。《汉书·外戚传》：“薄太后乃诏有司追封窦后父为安成侯，母曰安成夫人，令清河置园邑二百家，长丞奉守，比灵文园法。”“灵文园”是薄太后之父灵文公的陵园，因为此陵园的形制、格式、祀仪设备、守卫建筑等比较完备，代表了一定的身份地位，所以，此后其他皇族的陵园多比照此园形制来办理。从《汉书》中的记载，我们也可以看到，皇家贵族的陵园不但要迁百姓来居住、维护、陪伴，还要有官员来奉守。皇帝的陵园中还常有妃妾被贬来陪守，如被打入冷宫。

皇家陵园的表现，自然会影响到那些大臣、豪富、巨商，他们自然也不会甘居其后，他们的陵园自然也修建得宏大气派。形制大，房屋就多，瓦当的使用也就多。因此，我们今天所见到的“冢当”瓦品种也就多，书写风格也就多种多样了。（图23）此“冢当”瓦出于汉甘泉宫遗址西4千米处。

图22　汉陵园墓冢所用“冢当”瓦当照

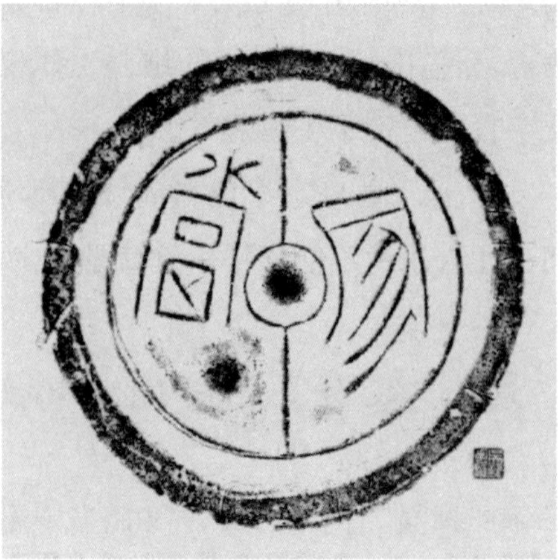

图23　汉陵园墓冢所用“冢当”瓦当拓本

甘泉宫在今陕西省淳化县西北铁王镇四周，是汉武帝在秦林光宫旧址上扩展增建而成的，是汉代最大的离宫群。因宫在汉云阳县境内，所以又称“云阳宫”。甘泉宫依甘泉山而建。据说，那时站在甘泉宫之上，就可望见长安城的影像。甘泉宫与长安城的直线距离约100千米，当时空气污染小，能见度高，从山上望见长安城是完全可能的。至今西安人还将铜川耀州区、咸阳淳化县一带的山称为“北山”，将与之相对的秦岭山脉称为“南山”。近年，空气稍好，夏日时节偶遇大雨之后，登高北望，仍可见“北山”嵯峨之势。

甘泉宫是汉武帝至汉成帝一百多年间祭祀天神、处理军政要务的重要场所。据《汉书》载，汉武帝每年五月即来此避暑，八月始归长安。特别是汉武帝太初元年（前104），长安城中汉武帝求仙问神的建筑“柏梁台”遭受火灾，汉武帝听信方士之言，改在甘泉宫处理军政要务。各国诸侯、当朝要员，为了便于接近皇帝、入朝听命，随即也在甘泉宫四周地区修建了不少官邸、居舍。这期间自然也少不了生老病死之类。许多官员及随属死亡之后，就葬在了甘泉宫周围的地区。特别是甘泉宫以西，为古豳国，周朝先人公刘的发祥地，黄土深厚，树木丛生，风水极佳，因此，这一带皇室、官宦的陵园巨冢就极多。

从此瓦当的质量、形制、书写艺术等方面来看，它不是一般普通人家陵园所用之瓦（普通人家是否有陵园尚不可知）。（图24）此瓦上只有两个字，制作者在整体布局时进行了充分考虑。文字被分在了左右两边，与大多数瓦当一样，中心都有乳钉，乳钉四周有条线圆框。自上而下有一单线界格线。“冢当”二字是整个瓦面上构成的主体。既要突出，又不能太烦琐；既要简洁，又不能太空荡、单调。所以，制作者并没有将这两个字工整并排地放在中间，而是将左边的“当”字稍稍向上提了一些，又在下面空出来的位置上补了一个小乳钉，并没有其他的纹饰，但瓦面构图则显得丰富了许多。这种处理的手法，在文字艺术上称之为“补”或“留”，后代的篆刻艺术家们对此法多心领神会。吴昌硕、陈师曾、齐白石、邓散木等大家，在许多印章文字的处理上都采用了此法。“疏而补之，满而损之。”这是篆刻艺术乃至其他文字艺术处理的重要方法。但何时应“补”，何时应“损”，这一定要根据文字笔画的疏密程度，文字在构图之中的位置以及文字本身的内容含

图24　汉冢上用瓦当（带筒瓦）完整照

义来决定。不是什么时候都可以采用“补”的方法，什么样的造型、笔画都可以往上“补”。内容统一，视觉和谐，笔法精妙，这是文字表现的一般美学标准。“补”的方法运用以后，能达到这样的标准，就算达到“补”的目的，就算达到艺术表现的目的了。此瓦上这一乳钉的“补”，不但丰富了瓦面构图，“补”了空白，而且那隐隐的圆冢形，给人传达了一种“独留青冢向黄昏”的感觉。其他瓦当上也有“补”小虫、“补”鸟兽的，但要移到这里，就有些大煞风景了，也破坏了陵园肃穆的气氛。

此瓦文字的用笔，干练硬朗，一丝不苟，在一种看似柔和的气氛中表现挺劲。“冢”字外部左边一笔有些圆弧的感觉，而右边笔画则如剑出鞘，直截了当；中间部分的笔画圆挺结合，干净利落。“当”字上部左右两点，风格不同，一个作硬角，一个作婉转，看似不经意，其实这样大大地改变了文字的艺术表现能力，即由单调变成了丰富。这种变化是不动声色的，并不需要大起大落的用笔，并不需要屈曲盘绕的笔道，却同样能达到完美的艺术效果。“当”字下部“田”，中间十字写成交叉笔，也是变化结构的一种。而“田”字外框线条的处理上，最上一横笔稍显一定的弧度，如弓初张，最下一横笔则势如破竹，一剑封喉。此种不动声色，以小胜大的艺术手法，晚清篆刻大师黄牧甫得之最多。长安当代印人钟镝学此法亦可称善。

10 平安才能富贵

“安世宜富”瓦，出于陕西兴平以西。（图25）瓦面直径15厘米，双线四界格，中心部分有双圈，形成两层乳钉，外层又有四个小乳钉，与四组界格线相对应。此瓦胎较一般汉瓦薄一些，灰色陶质，有东汉时期工艺制作的特点。但烧制时温度较高，质地坚硬。（图26）

由于瓦当呈圆形的特点，及汉代文字排列的变化，此瓦出土后，产生了许多不同的读法，如“安世宜富”“宜富安世”“世安宜富”“世富宜安”等。由于文字的旋转式排列，我们不知道古人是怎样读这种瓦当上文字的。但研究其他经典古籍上出现过的类似词组，余以为，读作“安世宜富”，比较接近古人的意思。

安世，即平安之世、安定之世、世界平安等义。汉瓦当中曾出土有“安世”二字瓦，有人称此“安世”二字为“高安万世”之省文。不确。“高安”之“高”有大、远、深之义，杜甫有诗“风高湖涌波”，何逊有诗“萧索高秋暮”，东坡有词“高情云渺”等。“高”亦有“永”的意思。“高安万世”即“大安万世”“永安万世”。“安世”的词语感情还不能完全表达“高安万世”之义，不能算作是“高安万世”的省文。而“安世”本身就是一个单独存在的词组。另有一八字瓦当，文曰：“安世宜富，长乐未央。”可见“安世”一词的存在，也是我读此瓦当文为“安世宜富”的确切依据。

“安世宜富”四字中，“宜”字是关键。《说文》：“宜，所安也。”“宜”与“安”相关联，“宜”又与美好的事物相关联。在甲骨文、金文中，“宜”字写作“”形，像一大块肉置于俎上之形。《尔雅·释言》：“宜，肴也。”“宜”还有祭祀名、适宜的事、相称、适当等义。《玉篇·门部》：“宜，当也。”《诗·郑风·缁衣》：“缁衣之宜兮，敝予又改为兮。”朱熹注：“宜，称。”《吕氏春秋·当赏》：“主之赏罚爵禄之所加者宜。”高诱注：“宜，犹当也。”

“宜”还是连词，表示并列关系时相当于“且”字。清吴昌莹《经词衍释》卷五：“宜，犹且也。”《诗·大雅·假乐》：“穆穆皇皇，宜君宜

图25　汉“安世宜富”瓦当照

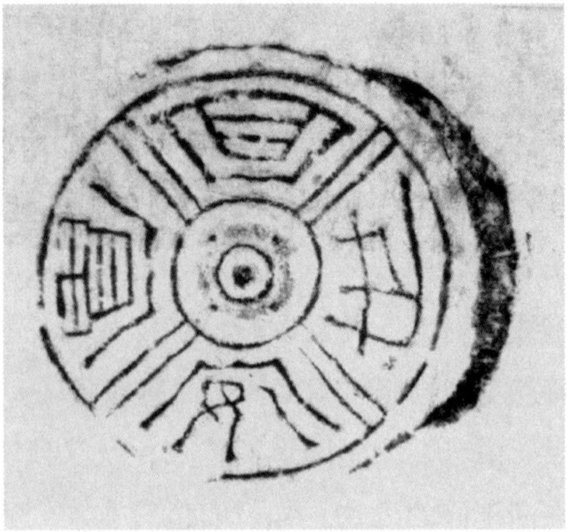
图26　汉“安世宜富”瓦当拓本

王。”表示假设关系时，相当于“如”字。《吕氏春秋》：“世主恣行，与民相离，黔首无所告愬。世有贤主、秀士，宜察此论也，则其兵为义矣。”

“宜”作为副词时，作“当然”“即”讲。

根据“宜”字的以上几种意思，“安世宜富”应解为：“平安之世而且富贵”“生在平安之世，就如富贵”“只有在平安之世，富贵二字才能相称”。有人将“宜”混同于容易之“易”，所以，“安世宜富”就成了“平安之世，容易富贵”的意思。这样解释好像与瓦当主人所要表达的意思不太吻合。“容易富贵”是“将来时”，“宜”在这里释为“且”“如”“当”等义，是“现在进行时”，是在颂祷。宜者安也。“安世宜富”，简言之，即“太平之世，安享富贵”，既歌世平，亦颂家富之义也。

前边我们已经说过，此瓦当的制作时间应在汉代后期。它的制作格式、特点不似平常汉瓦当的制法。一般汉瓦上文字多顺瓦当边沿写，字形虽随瓦当圆形变化，但字在瓦当面上是上下正方向书写的。我们可以根据文字内容或正读、反读、旋读，文字正立在瓦面上容易释读。但此瓦的文字却是以中心乳钉为原点，做放射状排列。文字的头部都顶着中心乳钉。看一个字时，左右两字是倾斜的，上面一个则是倒立的。这种转圈式的回文增加了释读的难度，所以就出现了前边所说的多种读法。虽然对读者来说增加了释读的难度，但形式上却表现出了不同一般的构思技巧。

由于文字是写在瓦面扇形格子中间的，扇形是上小下大，这种形态也就更增加了文字结体变化的难度。其中“宜”“富”“安”三字，有着同样的宝盖头。在这种上小下大的区域里如何变化，制作者是费了一番心思的。这里，将宝盖头制成一个如汉时带双护耳的官帽形图案。这样的构图或能与主人身份更贴切些。“世”字虽写在扇形之中，但并没有影响它的“表现欲”。“世”字中间一横笔与末一笔，都是一波三折地写出，增加了极强的动感，破除了其他三字偏旁写法较接近，稍显生硬的毛病，丰富了视觉效果。“世”字虽在结构上与其他三字有区别，但整体看，“安世宜富”四个字的书法特点还是一致的，如用笔上硬角转折，起落笔方正呈大脚形。风格上似汉碑《西狭颂》《张迁碑》等。

一件文字艺术品，整体来看，既要表现风格统一，又要有所变化。这是历代书法家、篆刻家们苦苦追求的目标。而汉代的许多文字艺术品，又常常具有这种特点。可见，汉代文字艺术家们展现给人们的处理文字的技巧，达到了一个非常高的艺术境界，很值得今人去学习。当代一位有名望的书法家说：我们的许多艺术家，整天讲求创新、变化，结果“变”得什么都不是了，“创”进了死胡同。历代都有许多优秀的文字作品，只要静下心来，稍稍认真地读一些古人的东西，动动脑子，思考一下，就一定会有所收获。

“拟古”与“复古”当然是没有出路的。但“疑古”与“弃古”即历史虚无主义，同样是极其错误的。艺术创作是智慧者从事的工作，会思考，会学习，才能成为真正的艺术家。

11 丰腴与劲健的瓦当文字

“百万石仓”瓦，出于陕西咸阳以西。（图27）瓦面直径18厘米，浅灰色陶质，双界格线。中心部分为双线圈，中心乳钉与外线圈之间有均匀分布的九个小乳钉。细观原瓦可以看到，工匠们在刻制此瓦的模具时，采用了双刀斜线的手法，字口上下形成了一个三角形。当用模具压出瓦坯后，瓦面上文字的线条也就出现了上细下粗的形态，使得原物上的线条极具力度，触摸时如试刀锋。（图28）

“百万石仓”瓦，前人虽也有所记载，但出土数量少，品种也少。在目前所能见到的两三种之中，以此瓦的文字书写为最佳，瓦当的尺寸也最大。据《汉书·高帝纪下》：“二月，至长安。萧何治未央宫，立东阙、北阙、前殿、武库、太仓。”自萧何在长安东南建太仓，为京城储备粮食后，汉代诸帝对粮仓的建设都给予了极大的重视。在长安城以东华阴、潼关一带，就先后建立了大量的粮仓。在长安城以西，渭河两岸，也建有不少大型粮仓。《三辅黄图》：“在长安西、渭水北。古徼西有细柳仓……”《元和郡县图志·关内道》：“细柳仓，在县西南二十里，汉旧仓也。”“百万石仓”瓦即在这一带出土。一般认为，此瓦为细柳仓所用之物。

图27 汉“百万石仓”瓦当照

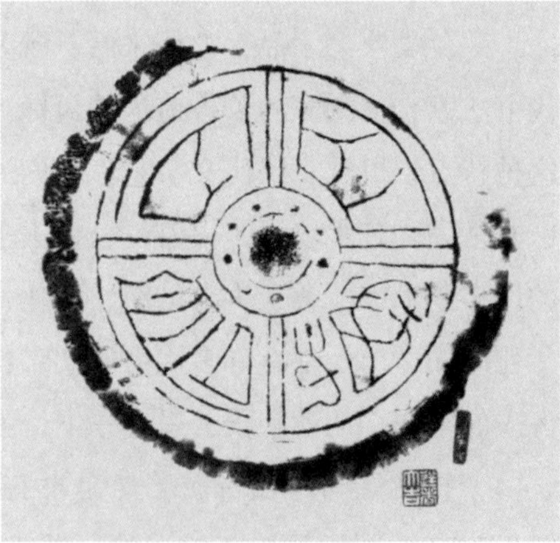
图28 汉“百万石仓”瓦当拓本

“百万石仓”四字，从文字内容上讲，无难理解之处。但古代类书上常将“仓”“庾”“库”等字并列在一起，而“仓”“庾”二字又常常合称，出土的瓦当中，又有“京师庾当”“京师仓当”等，所以，有必要把“仓”“庾”“库”三字作一解释。“仓”与“庾”基本上同义，都是储藏粮食的地方。《说文》：“仓，谷藏也，仓黄取而藏之，故谓之仓。从食省，口象仓形。”段玉裁注：“谷藏者，谓谷所藏之处。”“仓黄”即谷物黄熟时的色相。《诗·小雅·楚茨》：“我仓既盈，我庾维亿。”《说文》：“庾，水槽仓也。”“一曰仓，无屋者。”“水槽”，即用水路运输来的粮食。“槽”也即漕渡。“无屋者”，露天仓库也。这两种形式的仓库称之为“庾”。《史记·孝文本纪》：“发仓庾以赈贫民。”集解：“胡公曰：‘在邑曰仓，在野曰庾。’”“仓”“庾”的意思基本明白了，再来看一下“库”字。《说文》：“库，兵车藏也。从车，在广下。”“库”字的本义即收藏兵器和兵车的地方。所以《汉书》上将萧何造武库、太仓分开来叙述。《礼记·曲礼下》：“在库言库。”郑玄注：“库谓车马兵甲之处也。”汉以后，仓、库则泛指储藏钱粮货物的地方。另外“府”在古代也有仓库的意思，《三辅黄图》上将“库”“府”“仓”并。韦昭注《国语》：“货财曰府，米粟曰仓。”所以，商周金文上“府”字多加贝部，以示宝贝财物收藏之处。《说文》：“府，文书藏也。”专门收藏文书、档案的地方也称为“府”。古诗中有“东壁图书府”之句。以后，“府”又延伸为行政区域名、权贵宅第等义。今天，“府”已经没有仓库的意义了。

“百万石仓”的书法特点，无论从原物上或拓本上看都有一个共同之处，即文字线条瘦硬流畅，文字结体丰腴大度。首先看“百”字，制作者将“百”字下部左、右两竖笔上延，与上部横笔相连。这样，就将“百”字原形中上下连接部分的“细颈”改变了，变得丰满了许多，整个字显现出了一种“包容”的感觉。“万”字在古时是从“虫”字变化而来的，甲骨文、金文多做虫状，像一个蝎子形，前有两钳夹，后有一毒尾。此瓦当上这个“万”字也有“虫”的形象，头部钳夹在此变成了须眉状，身体则肥大而丰满，尾部则曲折上翘，尚留有一丝毒钩舞动时的恐惧感。“万”字的线条多，却没有烦琐佶屈、令人眼花的感觉，可谓繁而不乱。“石”字结体简单，不能为了好看就随意将笔画曲曲折折，盘来盘去。在此古人只将“石”字内部“口”字略作变化，就达到了疏而不空的效果。“仓”字上部的“人”字是此瓦当文字中处理得最好的部分。“人”字显示出极似房屋顶部的形象，而且房檐还在往上翘着，“仓”字一下子就成了一座设计精美的仓库图形，有层次，有窗户，有入口。“仓”是此瓦当文字中体现内容的重点字，故写法亦不同凡响。

历代的书法作品中常会出现这样的问题：线条瘦硬的作品，总是显得太枯燥无味。线条丰满的作品，却常常缺乏骨气，被人嗤为“墨猪”。而那些古代的书法大家都在努力地解决这些问题。唐代的欧阳询努力使自己的作品瘦而不干，颜真卿则尽可能地使自己的作品丰而不满。近代书法家弘一大师的书法作品，外行人称之为“棍棍儿体”，其实他们根本就没有看懂大师书法的内涵所在。因为弘一大师首先讲求的是结体上的变化与安排，在书法线条的变化上是细致而微妙的。提按并不明显，但并不是没有。藏而不露，隐寓其间，这就是大师的书法精神，这就是大师坚持佛教“律宗”的哲学精神。

总之，处理好线条与结体的关系，是今天书法研究者应该重视的问题。学习、研究古人的书法，对我们解决这些问题定会有一定的帮助。

12 劳动中的“急就章”

“与华无极”瓦，出于陕西华阴县（今华阴市）。瓦面直径15厘米，浅灰色陶质。（图29）从此种瓦的文字写法上看，已出土的瓦当中，稍有变化者达百种之多。从瓦当设计格式上看，则为有界格与无界格两大类。“与华无极”瓦是汉代设在华阴县一带的粮仓建筑用瓦。因其仓毗邻华山，“与华无极”之“华”，指的即华山之“华”。在古代农业社会中粮食是生存的根本，足够的仓储是农业社会发展的保障，所以，汉代人对建筑粮仓的工作是十分重视的，并用这种当时普遍采用的建筑艺术装饰——瓦当，来表达他们的心愿：让粮仓及仓中之粟，像巍巍华山一样，永远没有极限地存在下去。（图30）

检《三辅黄图》：“城东有嘉仓。”《三辅故事》：“城东有嘉禾仓。”“嘉仓”即“嘉禾仓”。《玉海》对“嘉仓”这样介绍：“初建一百二十楹。”可见在汉代时，华阴一带粮仓建筑的规模是十分宏大的。华阴位于渭河流入黄河的入口不远处，在汉代“漕渠”的下口边。

华阴至黄河一带众多的粮仓，就是为了储存从潼关以东调运而来的粮食的。在这一带汉代粮仓遗址上，除“与华无极”瓦当外，还出土有“华仓”“京师仓当”“京师庾当”“与华相宜”等不同文字的瓦当。由于华阴一带汉代时仓库较多，仓库建筑又需要历年修葺，所以，使用的工匠多，制作的瓦当文字风格也就多。仅“与华无极”内容的瓦当，写法不同者就达百余种之多。（图31、图32、图33）这里选出具有代表性的两种写法与格式，

图29　汉“与华无极”瓦当照

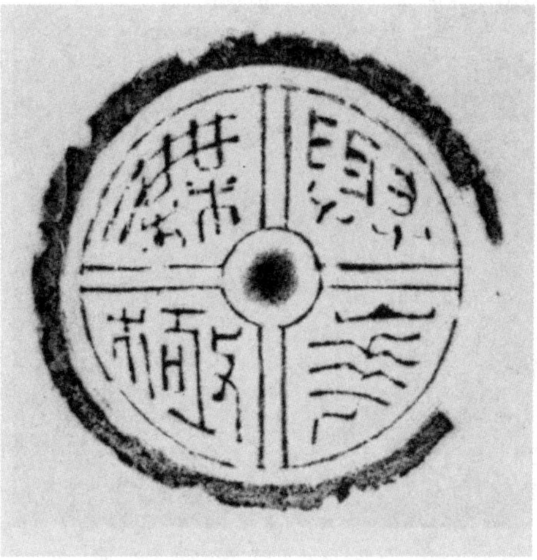

图30　汉“与华无极”瓦当拓本

以供读者欣赏。先看带界格线的一种。此瓦当上的文字，线条比较硬朗，但其中仍有一定的圆润之感。特别是“华”字中间三横笔，起伏波折，不急不缓，柔中带刚。“与”字下部“大”，“无”字下部“林”，在此处的处理方法都超出了汉字常规的写法，具有很高的艺术性。这是因为，制作者一方面要考虑文字所处位置的特点，另一方面还要考虑变化以后的文字是否能够产生美感，这种美感是否与整体造型相吻合。“与”字下部的“大”形，一般篆书都写作“[illegible]”形。此处的写法基本上没有了两边的短竖笔画。“与”字下面这一部分在“与”字中的任务就是要承担上面笔画的重量。在这里由于局部区域的限制，这些笔画根本没有办法全部并列在下边，所以，制作者在这里采用了简化与变化的手法。我们初看时，感觉到这一部分好像是错了位，但在转动瓦当再看时，在这一小扇形区域之中，这一部分的结构就觉得顺眼得多了。“无”字下部的“林”形，应该说是上边笔画延伸下来并列的两个“木”字。按常规，“木”字应正对上部笔画的中心，但此处左边，“木”却游离到了几乎侧面的位置。但这一变化很重要，它是“无”字在这一扇形之中，乃至整个瓦当圆形之中，人们在视觉上不至于对“无”字产生倾斜感的支撑点。

此瓦文字在线条的运用上也有特点，如短线用笔与长线用笔相结合，有的一波三折，有的寸笔寸劲。动态与静态相结合，该变化的时候就要变化，

图31　汉“与华无极”瓦当不同书体照

图32　汉“与华无极”瓦当不同书写形式拓本1

图33　汉“与华无极”瓦当不同书写形式拓本2

不用变化的就顺其自然。变与不变的标准就是：看其是否符合文字本身的书写规律，看其是否能够产生美感。

不带界格的“与华无极”瓦，文字书写格式基本上有两种：一为上下结体与瓦面方向相统一，如例图（图32）所示一种；二为瓦面上四字顺圆形呈弧形写法，四个字如奔跑的动物在互相追逐。而文字的书写特点都较有界格文字活泼许多，结体上则大同小异。另有一种无界格瓦当上文字的写法，特别将“华”字上部笔画作成山形，突出表现此为华山之“华”。（图33）“极”字下部一横笔拉得极长，用来表示“长久”之义等。

我们还可以将这百十余种的“与华无极”瓦当文字，在文字感情的表现上分为两种：一为妍丽，一为豪放。但从总体上看，它们都具有随意、流动、自然的特点。由此，我们也可以想象出汉时那数百名工匠常年维修这绵延数十里粮仓的场面。经常烧制房瓦是必不可少的工作，百余年里，瓦模也不知坏了多少个。坏了再刻，刻了再坏。急就之中，得意之作自然不少，于是就产生了这些风格各异的文字艺术品。用一句老套话来说：这都是劳动人民智慧的结晶。

13 “前堂食室”简说

“前堂食室”瓦，出于西安市北郊汉长安城旧址。（图34）瓦面直径15.5厘米，灰色陶质。此瓦出土较晚，故前贤多未能见到，考释也较少。近年来所出瓦当图典虽收录有此种瓦当，但瓦面格式与此不同。已刊出者，瓦当中心有乳钉，此种则无乳钉，只有双线界格线相通，在瓦当中心相交成一个十字形。在文字结体方面则无大异处。

应该说“前堂食室”瓦，是汉宫内某处大堂中“内室”建筑上所用之瓦。《说文·土部》：“堂，殿也。”古人称大殿为堂，或大房正寝为堂。汉以后称为殿。段玉裁注此条时说，“许（慎）以殿释堂者，以今释古也”，但不知汉时也有称“堂”者，此瓦上文字即一例。有人说此瓦为汉“明堂”上所用之瓦，不确。汉初，汉武帝欲效商周建立“明堂”之制。“明堂”是古代国君行礼、理政、祀神的处所。《三辅黄图》：“汉明堂，在长安西南七里。《汉书》曰：‘武帝初即位，响儒术，以文学为本，议立明堂于城南，以朝诸侯。’”但遭到窦太后的极力反对。窦太后治黄老之言，不好儒家之术。所以，汉“明堂”未能全面完工就被废除了。如将此“前堂食室”瓦定为“明堂”上用瓦，恐不能完全确定。余以为，此瓦当上“前堂”之“堂”，应为汉宫内某高大房舍（或某殿）的名称。（图35）“室”字的本义为居室。《说文》：“室，实也。从宀从至。至，所止也。”“室”是会意兼形声的文字。“室”在这里应该指的是大堂的内室。《说文系传》：“室，堂之内，人所安止也。”唐玄应的《一切经音义》：“户外为堂，户内为室。”《礼记·问丧》：“入门而弗见也，上堂又弗见也，入室又弗见也。”至此，我们就可以清楚地看到堂与室的关系，即堂是外屋，室为堂上的内屋。考诸《三辅黄图》，有堂的记载，但不是“前堂”；有室的记载，如非常室、内室、凌室、蚕室等，但就是不见“食室”。我们只能推测：“前堂食室”不是一个独立的宫室名，它是某宫殿内前堂侧旁内的食室。“食室”应该是宫内用餐或存放食物的地方。管理这个地方的人，应该就是“食官”或“食官长”了（官名见孙星衍《汉官六种》第134页）。

另外，我们还可以将“前堂食室”看作某个皇家贵族陵园中祭祀大堂内存放食物的地方。《汉官六种》载：“每陵食监一人，秩六百石。监丞一人，三百石。”可见，在这里有专门负责管理使用食物的官员。在汉代文字中，还出现过“食堂”一词，如汉碑《路公食堂题字》《阳三老食堂画像题字》《文叔阳食堂题字》等。“食堂”在这里都是祠堂内存放食物或荐礼之处的名称。所以，我们说“前堂食室”瓦为陵园中祭祀大堂上某一建筑的用瓦，也不是没有可能的。

“前堂食室”瓦上文字的书法艺术，从用笔的特点上看，是属规整肃穆一类。在这里，文字的结体没有随瓦当的圆形而改变，而是端端正正地书写在瓦面之上，在笔画上只做了较小的减损，以配合瓦面的圆形。线条运用得简洁而硬朗，不求笔墨趣味的表现。书写风格似乎像东汉中期的文字写法。

图34　汉“前堂食室”瓦当照

图35　汉“前堂食室”瓦当拓本

《裴岑纪功碑》《平山君碑》《孔褒碑》等碑的书法风格，与此瓦当文字风格相类。

14 汉家雄风，一统天下

“汉并天下”瓦，出于西安市北郊汉城遗址。（图36）瓦面直径16.5厘米，深蓝色陶质。此种瓦出土较早，至今已见文字写法与瓦当尺寸略有变化的约十种。在构图格式上这些瓦当则基本相同。与此文字内容相近的瓦当还有“汉兼天下”“惟汉三年，大并天下”等。

汉朝之“汉”，来源于汉高祖刘邦。刘邦于秦末起兵于沛县，人称“沛公”。后事业发展，兵力增大，与项羽同受楚怀王之命，分兵入关破秦。《汉书·高帝纪》：“怀王与诸将约，先入定关中者王之。”而后，刘邦先攻入秦，占咸阳，但迫于项羽强大的军事压力，遂又退出咸阳。于是项羽进入咸阳，占据关中，将刘邦封为“汉王”，驻守于陕西秦岭以南的汉中。刘邦不服，与项羽进行了近五年的“楚汉之争”，终于在入关后的第五年以“四面楚歌”之计灭了项羽。第六年，诸侯上疏，希望刘邦能够称“皇帝尊号”。此时，刘邦始称“汉皇帝”，汉朝也就建立了。

汉高祖七年（前200）二月，由丞相萧何主持，开始营建未央宫。此瓦出于汉未央宫旧址，文曰“汉并天下”，制作时间当在汉高祖七年之后、萧何建未央宫之时。（图37）另有一瓦，文曰“惟汉三年，大并天下”。有人据此瓦上文字称，此瓦制作于汉高祖三年（前204），这恐未必正确。汉高祖三年，一是尚未称帝，并没有开始纪年，二是此时汉高祖刘邦正与项羽鏖战于荥阳、成皋之间，不可能建宫。到了汉高祖七年天下基本平定，这才开始由萧何营建未央宫等建筑。“汉并天下”“惟汉三年，大并天下”，都是叙述性文字，都是营建未央宫时或此后的作品。汉代人为了表达汉朝皇帝“威加海内”的宏大气派，在建筑上使用如此内容的瓦当，只是想说明：虽然汉帝刘邦五年时方灭项羽，称号皇帝，统一海内，但三年时就已有了一定的地盘和势力。所以，“惟汉三年，大并天下”，说的就是：惟汉三年，开始大并天下了。“汉并天下”则是说：汉王刘邦已经兼并了天下。“三年”“五年”是指刘邦进入关中灭秦后开始的纪年。汉元年即秦灭亡的公元前206年。此纪年数皆为刘邦坐定江山后为“有司所追命”的，当时并未有纪年数。所以，“惟汉三年”不可能是汉高祖刘邦入关后三年时的称谓。故，“惟汉三年”瓦最早是汉高祖七年时建造未央宫或之后某种建筑上的用瓦。

“汉并天下”瓦当文字的书法特点是：流畅大气，古意淳厚。此瓦制作时间较早，是汉代人还没有彻底改造秦篆以前的书法作品。此时的文字还能清楚地见到秦相李斯书法的内容。“汉并天下”之“汉”，三点水写得稍高于右边的部分，但整个字的端正、威武却未因此而丧失丝毫。“汉”字的右边部分，写得极威严，其形就像一位身披铠甲的武士，双腿分开，威风八面地站在那里，不禁使人想起了汉代的武将樊哙、灌婴。“并”字在这里有一道具有装饰性而又极夸张的笔画。这是汉代人最常用的艺术表现手法。如果去掉这一装饰性笔画，这一“并”字简直就与秦诏版中“皇帝尽并兼天下”之“并”字一模一样。此瓦当上的“天”字写得较沉稳老到。与秦《琅邪台刻石》拓本对照，其上的“天”字结构、写法与瓦当上“天”字不分轩轾。《琅邪台刻石》是流传至今最古、最可靠的秦代刻石之一。对于它的书法价值，杨守敬评道：“嬴秦之迹，惟此巍然。虽磨泐最甚，而古厚之气自在。信为无上神品。”此瓦当上文字的精神得之于秦篆。所以，谓此瓦当上文字淳厚古朴，应为确论。“下”字的写法，是真小篆写法。秦《峄山刻石》中

图36　汉“汉并天下”瓦当照

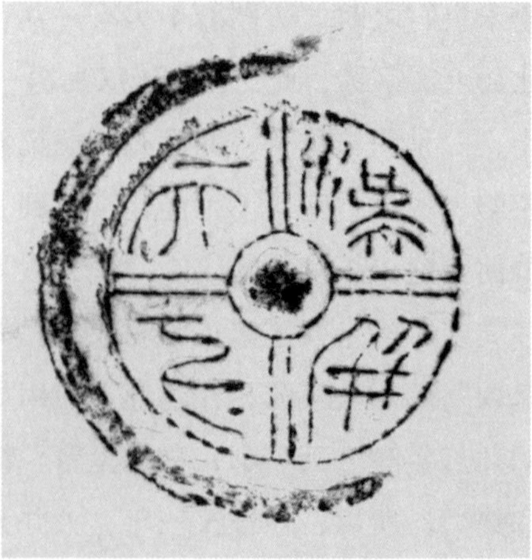

图37　汉“汉并天下”瓦当拓本

文字类此。今日所见的秦《峄山刻石》，虽为翻刻本，文字精神也不敢说与秦人相似，但文字的结构还是可以参考的。

由此可知，“汉并天下”瓦当上的文字，是汉代瓦当文字中最接近秦人书法精神的一种。在用笔上，流畅婉转，圆润淳厚，但又不失劲健豪迈之气；在结体上，错落有致，取舍得当，体现了书写者的文字书写功力。篆书不同于其他书体，书写沉稳有力，神气合一，是此种书法艺术的基本准则，秦相李斯最善此道。而汉代人在篆书写作的笔法沉稳的基础之上，又加以活泼的动感效果，这是汉代人心胸宽广、傲视群雄精神的表现。

可以肯定地说，“汉并天下”瓦当上的文字，是了解秦代篆书向汉代篆书过渡的最直接、最真实的证据，是中国书法发展史上的珍贵文物。

15 此“鼎胡”不是那“鼎湖”

“鼎胡延寿保”瓦，出于陕西蓝田县南约12千米处的焦岱镇。（图38）瓦面直径18厘米，深蓝色陶质，瓦质细腻。瓦文反书旋读。中心无乳钉，“保”字反写在中心。（图39）此地另有“鼎胡延寿宫”瓦当，及刻有“鼎胡宫”文字的铜器等出土。

此瓦自出土以来，即被定为鼎湖宫中物。然考诸《汉书》，不见有关

图38 汉“鼎胡延寿保”瓦当照

图39 汉“鼎胡延寿保”瓦当拓本，中心“保”字为反字

鼎湖宫的相关事件，只在《汉书·郊祀志》上简单写着：“文成死明年，天子病鼎湖甚。”“文成”指汉武帝时方士“少翁”，封“文成将军”；“天子”即汉武帝。至于“鼎湖”，晋灼注曰：“《黄图》：宫名，在京兆。《地理志》：‘湖本在京兆，后分属弘农也’。”《史记·封禅书》也记有汉武帝大病于鼎湖宫的故事，但并未指出鼎湖宫地在何处。倒是《史记索隐》注有“鼎湖，宫名，在蓝田”之句。顾炎武《历代宅京记》：“按湖当作胡。”是独醒之言。《三辅黄图》是汉以后研究西汉京畿地理、文物的重要资料，不可讳言，其中错误之处亦不少，关于鼎湖宫一条就有考证不详之处。《三辅黄图》称：“鼎湖宫，在湖城县界，黄帝采首山铜以铸鼎，鼎成，有龙下，迎帝仙去，小臣攀龙髯而上者七十二人，汉武帝于此建宫。”书作者引用了汉武帝故事来证明鼎湖宫的来历：黄帝铸鼎，位于湖城；汉武帝于此建宫，所以称鼎湖宫。这里有两个疑问：第一，《三辅黄图》的作者名久佚，前贤考证成书时间应在东汉末至曹魏间。但此鼎湖宫条中之湖城县，何以是北魏时地名？第二，湖城县在今河南灵宝西北，至今未见任何有关鼎湖宫的文物、文献出土。倒是蓝田县焦岱镇出土了不少有关鼎胡宫的实物资料及宫殿遗迹。《三辅黄图》鼎湖宫条下有一注：“又一说在蓝田，有亭。”这一条注不是原书作者的。秦、汉两朝在关中一带建有不少宫室殿堂，有废有兴。《三辅黄图》一书的原作者距汉武帝时期有几百年之久，有些早期的宫殿只闻其名不知其地是十分正常的。从书中一些内容的差异上分析，余以为，今本的《三辅黄图》是经过东汉末至魏晋唐诸代许多作者补充完成的，所以才有了那条指出鼎胡宫正确地理位置的小注。在《三辅黄图》汉宫未央宫条下有一句话这样说：“按《旧图》：渐台、凌室、织室皆在未央宫。”可见在今本《三辅黄图》中吸取了不少资料，成书以前，还有一部《旧图》，记载了许多有关汉代长安的史实，而《三辅黄图》应该是从《旧图》发展而来的。《旧图》久失，故《汉书·郊祀志》晋灼注中说明鼎湖宫时称：“《黄图》：宫名，在京兆。”今本《三辅黄图》鼎湖宫条下未见“在京兆”三字，亦可见今本《黄图》并非善本。另有一《三辅旧事》，为清张澍辑，可资者不少。

《三辅黄图》除了未能将鼎胡宫地理位置考证正确外，还将“鼎胡”

误写为“鼎湖”。从目前蓝田县焦岱镇出土的鼎胡宫文物来看，无一件有“鼎湖”的字样。“胡”与“湖”在古文字中未见相通。“胡”字的本义是兽颔下的垂肉。《说文·肉部》：“胡，牛顄垂也。”《诗·豳风·狼跋》：“狼跋其胡，载疐其尾。”孔颖达疏：“毛以为狼之老者，则颔下垂胡。”“胡”又引为胡须。“胡”，年老之象征。《释名·释长幼》：“九十曰鲐背……或曰胡耇，咽皮如鸡胡也。”《诗·周颂·载芟》：“胡考之宁。”《毛传》：“胡，寿也。”《左传·僖公二十二年》：“虽及胡耇，获而取之。”孔颖达疏：“胡是老之称也。”我们再来看瓦当文中的“鼎”字。“鼎”最早是古器物名，在这里应为副词，表示正在进行或正处于某种状态，义如正、正当。汉贾谊《陈政事疏》：“天子春秋鼎盛，行义未过，德泽有加焉……”“春秋”指年龄，“鼎盛”，为正当年。《汉书·匡衡传》：“无说《诗》，匡鼎来。”颜师古注：“鼎，犹言当也，若言匡且来也。”应劭曰：“鼎，方也。”所以，根据以上的考释，“鼎胡”二字之义应为“正值大寿之年”，与后面“延寿”二字意义相连。“正值大寿，寿将绵延无限”，这种思想正合汉武帝寻求长生不老的观点。如将鼎胡宫改为鼎湖宫，用黄帝铸鼎的故事，用湖城的地名拼加而成，这样的解释在历史事实面前是怎么也讲不通的。此瓦中心有一“保”字，正可理解为“保鼎胡、保延寿”。另一种瓦当中心为“宫”字，则可理解为“鼎胡宫、延寿宫”。（图40、图41）从目前出土的鼎胡宫这几种文字瓦当来看，瓦当的制作工艺非常讲究，格式严谨，书写大度，是西汉早期的作品，相信为汉武帝时所制。鼎胡宫所处的位置为上林苑最东端，周围沟壑相连，形势险峻。汉武帝在此宫中得了一场大病之后，即去了甘泉宫，再也没有来过鼎胡宫，以后的皇帝也不见来此，史书上更不见记述此宫。故《三辅黄图》上的错误留传至今而无人纠正。庆幸的是，20世纪出土的大量文物证实了鼎胡宫的真正所在地，订正了《三辅黄图》上的错误考释。

正如上面所说，此瓦为西汉早期所制造。瓦上文字的书法用笔与结体特征，充分体现了汉武帝时期崇文尚武又出奇制胜的特点。“鼎”字下部极简练，可以说只用了下部“丬爿”一半的笔画。“胡”字写成了两个相反“月”字的结合，在商周金文中有此字形。“延”字是左右结构，为了适应瓦当的

图40　汉“鼎胡延寿宫”瓦当照

图41　汉“鼎胡延寿宫”瓦当拓本

圆形特点，在这里变化成了上下结构。“寿”字的写法以今天的眼光看，就是标准的简化字。实际上我们今天许多所谓的简化字，都是前人已经写过的，特别是汉代人的简化字最多。中国文字的发展是经历了从简单到复杂，再到简单的过程。在我们今天的书法家之中，有这样一种错误的观念，认为中国文字写的笔画愈是复杂就愈古，真是“字字繁复笔乃休”。不论古今中外，文字的功能就是为了表达事理，如果成心为了让别人看不懂而书写文字，那就大大有悖于文字的功能了。有人说，艺术文字与普通文字应该有区别，这当然是对的。中国的书法艺术也是一种视觉艺术，看懂了以后才能欣赏，才能接受。所以，我认为还是写清楚、写简洁为好。

16 不忘美人赵婕妤

“长毋相忘”瓦，出于陕西省淳化县西北汉甘泉宫遗址。（图42）瓦面直径为16厘米，浅灰色陶质，双线四界格，中心乳钉外圈为单线，文字在瓦面上端正书写，上下顺读。（图43）

“长毋相忘”文，在历代所见出土的秦汉瓦当中仅此一例。另在汉代铜镜背文中曾有“长毋相忘”文。据《汉书·外戚传上》：“钩弋夫人赵婕妤，昭帝母也，家在河间。武帝巡狩过河间，望气者言此有奇女，天子亟使使召之。既至，女两手皆拳，上自披之，手即时伸。由是得幸，号曰拳夫人。”待拳夫人被封为婕好后，汉武帝又为其建了钩弋宫，人称“钩弋夫人”。钩弋夫人常随汉武帝幸甘泉宫。然而，伴君如伴虎，一次过失后，钩弋夫人被汉武帝严责而遭冷落，后忧郁而死，传说死后香气一月不散，汉武帝遂又思念不已，于是起通灵台于甘泉宫中，常在此追思。汉武帝死后，汉昭帝即位，追尊其母钩弋夫人为皇太后，又发卒两万人于甘泉宫之南“起云陵，邑三千户”。《三辅黄图》称：“发六十二万人起云陵。”更是宏大。

余以为，此瓦出于甘泉宫遗址内，可能为通灵台或云陵这两处建筑中的瓦当。但余更倾向于“长毋相忘”瓦为云陵建筑所用。《汉书》上称云陵有“邑三千户”，“长丞奉守如法”。云陵中有奉守官员，有住户三千来维护云陵，那么云陵里面的祀堂、神舍自然不会少。在这些房屋大殿的建筑上装饰有“长毋相忘”的语词瓦当，正是表明汉昭帝对其母钩弋夫人的怀念之情。我们所见到的汉镜上的“长毋相忘”文字，就是汉代人用钩弋夫人故事，来表达亲人之间的情谊彼此不能忘记。

“长毋相忘”瓦当，不像长乐宫、未央宫等其他宫殿上的建筑用瓦，经历代修葺，瓦当上的文字书写特点也变化极多。如同一文字内容的“长生无极”瓦当，写法稍有变化的竟达几百个品种。而“长毋相忘”瓦当，仅甘泉宫遗址这一个地方所出，文字写法也就这一种，可信为汉武帝、汉昭帝时专

图42　汉“长毋相忘”瓦当照

图43　汉“长毋相忘”瓦当拓本

门为某建筑而制作的，文字也是当时所书。检《中国书法史》、碑刻史之类专著，可知今日所能见到的汉代早期书法不是很多。已出土的汉代早期竹木简上文字，其书法风格与铜器、陶器、瓦当上的截然不同。难怪早期出土的西汉砖石，常以文字书写不类而被视为伪刻。观此“长毋相忘”瓦当上的文字，我们可以这样说，汉代文字的发展是多种多样的。总结起来，汉代的文字大约是从两个方面发展而来：一是文牍、经生们的实用书法，发展为行草隶体；二是工匠、艺术家们的表现书法，如汉代各种器皿上的文字，瓦当文字，刻石、刻砖文字等，发展为个性隶体或篆体。前者重点在于实用方便，后者重点在于表现内容，表现个性。“长毋相忘”瓦上的文字艺术特点则属于后者。“长”字在此处被制作者变化成了六横道加一竖道的组合。这种“长”字的造型，也只有在汉代瓦当文字、印章文字之中才能见到。“长”字在甲骨文中的形状像长长的头发在飘动，说不定这才是“长”字的本义。后来又被引申为久远、高远之义。在此瓦当文字之中，将“长”字头发飘动的形象表现得非常充分。那飘动着的长长乌发，不由得让人想象，那美人赵婕妤的绝色容貌是何等的迷人。“毋”字强调了上部分的用笔质量，文字浑圆可爱。“相”字虽左右部分稍有错落，但端庄之相不失毫厘。“忘”字的书写风格似乎稍不同于其他三字。也许是书写此瓦当的人，写到这里时一种踌躇满志的心情油然而生，提笔四顾，怡然自得，用极飘逸的笔法，完成了这最后一字。“忘”字上部的用笔，波磔起伏，尽情表现；下部“心”字，较长一笔力度充分，与其他文字的书写达到前后呼应的效果，使“忘”字的结体、书法风格，既有特点，又不完全脱离整体。这种个体变化与整体风格的统一之法，令人赞叹，读之获益匪浅。

17 关中以外的汉代瓦当文字

“大富昌”瓦，出于四川雅安地区。（图44）瓦面直径15.5厘米，浅灰白色陶质。瓦面原饰有朱砂色，今瓦当仍留有不少遗痕。由于川陕两地的土质不同，此瓦在质量上与关中瓦当也就有所不同。关中瓦胎质细腻，表面光洁；四川瓦则瓦面多有小砂眼儿，并可见瓦面上有星星点点的细小石英颗粒在闪光。此瓦中心的“富”字，是随瓦当中心乳钉的鼓面而起伏的。关中地区所出瓦当，如中心有文字的，多与瓦面一样平整。

四川雅安，汉时为严道县。《汉书·地理志》：“严道，邛来山，邛水所出，东入青衣。有木官。莽曰严治。”雅安虽是小城邑，但此地为内地通往西藏的驿道出发点，汉时即有大量人口在这一带活动。汉文帝时，诏淮南王驻军于严道，以治此地土著居民。

由于四川地区气候、地质的特点，四川房屋建筑的瓦面之下，大多直接是木板或竹板，不似关中地区的房屋瓦面与木椽之间有泥土相间。所以在四川地区的房屋之上，长筒瓦当不便附着，没有被作为建材大量使用。这种房屋建筑的艺术形式，在四川只有在墓园建筑、祀堂建筑之上偶有运用。

与“齐故城”“燕下都”等关中以外的瓦当一样，此类瓦当多以装饰性图案为主要表现形式。（图45）此瓦廓圈内先是一圈网纹带，上下排列的三个文字间又饰以云纹图案。中间界格线横三道，竖两道，而上下的竖道界格线之间正好将“大”与“昌”两字放在其间，表现出不同于关中文化的活泼与不拘形式的个性。但川陕之间的人们自古就有着密切的联系，在文字的书写上自然又有一定的相近之处。中心部位的“富”字，由于是在乳钉上制作的文字，具有一定的弧度，加之人们视觉上的偏差，从实物上看“富”字，并不如拓本上所见到的两边的笔画极粗壮，看起来却是很和谐。“富”字中间部分，先一横

图44　汉“大富昌”瓦当照

图45　汉“大富昌”瓦当拓本

画再一“曰”字，再加一小“田”的结体形式，在关中出土的汉瓦当文字中多有见到，如“阳遂富贵”瓦、“安乐富贵”瓦、“富贵毋央”瓦等，“富”字结体基本如此。此瓦最上边的“大”字，首横画两端上翘，亦是瓦当文字中少见的。此瓦从书写风格、文字结构来看，应是汉末时物。此时，文字的书写已不是以篆书为主了，而是以隶书为主，讲求简洁实用。所以，“大”字的撇画劲出后，捺画按说也应向外努力出笔。但此瓦的制作者为了避免“大”字出现“劈叉”的感觉，而将末一捺画改为先竖再横出的写法。这一写法看似简单，却是用了心机而来的。汉《大吉买山地记》《子游残碑》等刻石上的“大”字都是这样处理的，不过它们是将“大”字的左边撇画处理成折笔了。我忽然有一想法，将瓦当的拓本翻转过来看，“大”字写法竟与汉人刻石上一模一样，而“大富昌”其他文字反过来看结构并未受影响。可见此瓦应是正刻的模具，而压印出来的文字则是反的。

“大富昌”三字的书法风格，已经是真正的隶书体了。草率之间，还有一种朴拙之气可以学习。

18 不知汉时宫阙，今夕在何方

“平阿宫乐”瓦，出于陕西咸阳西南一带。（图46）瓦面直径16.5厘米，外廓较窄，双线四界格，浅灰色陶质。此同内容瓦当有两种，结体稍异，书写风格相同，信为同时所造。

一般人在解释、考证汉代瓦当文字或其他砖陶文字时，常常喜欢采用“按图索骥”的办法，即用器物上文字所显示的宫、殿、观、署、年号等信息去查阅古代史籍上出现过的这类词汇，进而考证瓦当的出处、内容等。这种方法虽然方便易行，但常常在史籍上找不到相应的词汇名称，让人无所适从。特别是在汉代之初，有些宫、殿、官、署是沿用了秦代的名称，其中的一部分一直在继续使用着，另一部分则很快就被废弃了，故史书上也没有记载。所以，有相当一部分汉初的砖、瓦、陶器文字上所显示的内容，在史书上无法得到满意的解释。另外，有一些史书文献由于年代久远，历代增修，致使错误不少。如研究汉代长安地理、风物的重要参考书《三辅黄图》就有许多错误之处，如果我们不去思考，不去博览群书之后再考察，而是一味尽信古人，恐怕就会出错，进而误己误人。这里介绍的“平阿宫乐”瓦就是一个很好的例子。（图47）此瓦的文字内容，在有关汉代的史籍上，就找不到合适的宫殿或官署名称可与之相对应。于是，就有人强而求之。一种方法是将瓦当上文字读为“平乐宫阿”，意思是指“平乐宫边上的房子”。依据是：汉有“平乐观”，“观”有时也称为“宫”。《三辅黄图》《汉书》上都有“平乐观”的记载。《汉书》上作“平乐馆”，《三辅黄图》上作“平乐观”。汉时“观”“馆”有相通的地方，但从未见“观”“馆”与“宫”能相通。有一“兰池宫当”瓦，在《三辅黄图》上又有“兰池观”一名，有人就认为“观”“宫”相同，而且作为“平乐观”即“平乐宫”的证据。其实，兰池观只是兰池宫前的一座观阙，是兰池宫建筑群中的一部分。有的“观”是单独存在的，并无“宫”与之相配，如汉长安的“飞廉观”“白杨观”“射熊观”“仙人观”等。这些史书上已讲得很明白，故“兰池观”与“兰池宫”的存在，并不足为“宫”“观”相通的例证。再者，如将瓦上文字读为“平乐宫阿”，致使文字在瓦当上的排列无顺序可言。按此种读法所形成的这种排列顺序，在所有汉代瓦当文字中也是少见的。这种别扭的读法只会让人感到有主观臆断、牵强附会之嫌。另一种方法则是将瓦当上文字读为“平阿乐宫”，理由是近年出土有秦封泥“平阿禁印”。“平阿禁”肯定

图46　汉“平阿宫乐”瓦当照

图47　汉“平阿宫乐”瓦当拓本

是“平阿宫”中“禁卫”之官名。“平阿宫”也肯定存在。在这种排列中，“乐”字在此就应读为音乐之“乐”，“平阿宫”似乎就成了“音乐”之宫了。此种解释较为合理，也有出土实物佐证。但仍不完满的是，汉瓦当文字中极少有这种顺时针旋读的例子。尤其是汉初瓦当上的文字，基本的阅读顺序就是：先右边的上下，再左边的上下。以此顺序，此瓦文字应读为“平阿宫乐”。在这种读法中，此处的“乐”字应为快乐、欢乐之“乐”。汉瓦中有“长乐未央”“大乐万当”“安乐富贵”“千秋卫乐”等，都是幸福欢乐之义。此瓦如以此排列，文义即“居于平阿宫中，快乐无比。”但在目前所能见到的史籍中，还未发现汉有“平阿宫”的记载。然而，有秦封泥“平阿禁印”的出土，又有汉瓦当“平阿宫乐”的问世，说明这个宫殿无论如何也是曾经存于世的。事实上是：汉初战乱，不少宫殿毁于战火，“平阿宫”恐怕就是毁于其中。史籍不见记载，这种现象在历史上不是一例。所以，近代的史学家极重视用出土的实物来考证、补充历史，进而理清历史的全貌。我们相信，随着更多文献资料的发现和文物古迹的出土，“平阿宫”是否存在过这一悬念，定会进一步得到证实。

“平阿宫乐”瓦，无论从形制、胎制还是文字书写风格等方面看，都可定为汉初之物无疑。由于此瓦制作于汉初，所以，文字中仍有不少秦篆的遗意。如“平”字，竖笔向下延伸时有圆弧形的转向。“阿”字右旁“可”的最外一笔，丰润流畅，弓势包含。秦《琅邪台刻石》中多此类用笔。从西汉初期至王莽时代，汉代文字以两种形式发展着，一是隶书，一是章草。汉隶的发展也有两种风格：一种是吸收了大量的篆书笔意，以笔法厚重，意味浓郁著称，具有一定的装饰风格，是文人学士在重要场合及重要位置上题写时所用的书体，称为“古隶”；另一种则简洁方便，以方正圆熟著称，是大多数文人、胥吏所使用的一种“时尚”的隶书体，称为“草隶”。无论是哪一种笔法，干净、明了、朴实、易识是汉代文人追求的目标。他们并不以“写家”自居。此所谓“写家”即把文字写得曲曲折折，盘盘缠缠，以让人不识为目的的“写家”。这大约是今日“写家”与古代“写家”的区别。

19 关于“邸”字瓦

“邸”字瓦，出于陕西西安北郊汉城旧址。（图48）瓦面直径16厘米，深蓝色陶质，双线四界格，中心为一“邸”字，无突起乳钉，中圈亦较一般瓦当大。圈内有12个小乳钉均匀分布在四周，界格内为四个云纹，外廓内有一圈网纹。此瓦前贤书中皆未见载，近世所出诸瓦当图典亦未见录入，目前当属孤品。（图49）

“邸”，《说文》：“邸，属国舍。从邑氐声。”古代时，郡王诸侯为朝见皇帝而设置在京城的住所称为“邸”。徐锴《说文系传》：“诸侯来朝，所舍为邸。”《汉书・文帝纪》：“代王谢曰：‘至邸而议之。’”“邸”的这种意义相当于今日各省驻京办事处之类。“邸”还有另一层意思是：高级官员、贵族办事或居住的地方，即官邸、府邸等。《汉书・霍光传》：“大将军光送至昌邑邸。”李白诗《感时留别从兄徐王延年从弟延陵》：“鼓钟出朱邸，金翠照丹墀。”“邸”又为旧时王侯、皇族的代称。如称秦王为“秦邸”，晋王为“晋邸”等。唐元稹《授薛昌朝等王傅等制》：“择才以佐诸邸，选士以列东朝。”“邸”还为姓氏。《风俗通》云：“汉有上郡太守邸杜。”

从“邸”字以上几种意义来分析，此瓦当为汉时王公诸侯在京城的“舍

图48 汉“邸”字瓦当照，传世孤品

图49 汉“邸”字瓦当拓本

邸”上所用之物最可靠。在汉朝鼎盛时期，王侯属国年年进贡，岁岁称臣。为了及时了解朝廷的信息，这些王侯属国纷纷在京城内及重要的行宫旁修建了不少“舍邸”，仅甘泉宫周围就有诸侯国的“舍邸”数十座，在长安京城中就更多了。其中有名的“舍邸”有昌邑王刘贺的昌邑邸，及蛮夷邸、单于邸等。蛮夷邸是西汉京城中用来接待少数民族使者及外国来宾的“舍邸”。《三辅黄图》：“蛮夷邸，在长安城内藁街。”曾出土有“单于和亲”“四夷尽服”等瓦当，可能就是“单于邸”或“蛮夷邸”建筑上所用之瓦。但何以“邸”字瓦至今只见此一种呢？这是因为，不是所有汉代建筑上的瓦当都用文字瓦。一般建筑多施以云纹瓦当，或那种常见的吉语文字瓦当。此“邸”字瓦上的图案、线条制作精细，瓦形规矩严整，不似一般私家的随意之作。所以，我更愿意相信此瓦为“昌邑邸”建筑上的瓦当。据《汉书·霍光金日磾传》载：昌邑王刘贺继汉昭帝之后为帝，即位仅二十七天就被废黜，后被汉宣帝封为“海昏侯”。估计他的“昌邑邸”也不会存在太长时间。“邸”字瓦少见可能也有这方面的原因。

在至今所出的汉代瓦当中，“邸”字瓦虽仅此一种，但在汉代印章中却能常见此字。汉印中的“邸”字，大多数都将右旁“阝”写作“邑”字。古时“阝”旁在右边是写作“邑”，在左边是写作“阜”。此瓦上右旁“阝”没有如汉印章上写法作“邑”而是简练为“ᘜ”形。而左旁之“氐”，在此处经美术化后，极似一辆归来的空车停歇在房檐之下，形象颇合字义。此瓦虽只书一字，却是写作俱佳，整个字的线条流畅劲健，结构动静有致，聚散自然，是真正经过艺术构思的文字。

20 凤凰来仪，书道翩翩

“祋栩”瓦，出于陕西耀县（今铜川市耀州区）西北独家村。（图50）瓦面直径16厘米，色近淡红陶质。文字左右排列，作圆弧形构图，中心为一乳钉，乳钉有一外圈。（图51）

“祋栩”为秦时地名，读若“对诩”。汉景帝二年（前155）置为县，三国时废。《汉书·郊祀志》载：汉宣帝神爵二年（前60）二月，“凤凰集

图50　汉“祋栩”瓦当照，此瓦为县衙建筑用瓦，汉代少见

图51　汉“祋栩”瓦当拓本

祋栩，于所集处得玉宝，起步寿宫……”据清雍正年间《陕西通志·古迹》载：汉“步寿宫”在“耀县东北一里”。“步寿宫”是因“凤凰集祋栩”而建，是在“祋栩”县境内。此瓦出土地在今耀州区东北一带，此处也应是“步寿宫”遗址才对。于右任先生诗《游祋栩庙》云：“废邑犹存漆水边，城名祋栩义难笺。神祠汉吏图仍在，兵铸秦皇史不传。”“漆水”出铜川东北大神山，流经耀县。从于先生诗中可知，民国初年有名为“祋栩”的“废邑”仍在耀县东的漆水边。漆水自耀县东北流入，正是史籍上记载的“祋栩县”“步寿宫”的所在方向。而有些商贾称此瓦出自耀县西北独冢村，余以为这应有两个原因：一是商贾不愿别人知其货源地，以免抢其生意；二是怕经营出土货被官家追究。所以常常指东道西，造成了考据者的许多错误，因此，后来读者当细辨之。

目前有两种“祋栩”瓦出土，构图稍有变化。

“祋”有二义：一为悬挂了羊皮的竿子（幌子），古代城郭里，见有不当入的牛马时，悬此以惊牛马；二为古兵器名，即“殳”。《诗·曹风·候人》：“彼候人兮，何戈与祋。”《后汉书·马融传》：“祋殳狂击，头陷颅碎。”“栩”是一种树木的名称，即栎木。此木柔韧而光滑，可以作为兵器之柄。“祋栩”二字都与兵器有关。秦人尚武，此地或原为存放兵器的地方，因此秦人起了这样一个名，汉人则继续沿用。“栩”，《汉书》上作“祤”。毕秋帆校本《三辅黄图》作“栩”，而张元济校改为“祤”，以为毕本之误。今观瓦当上文字，确实为“栩”而非“祤”。方以智《通雅》云：“《卫青传》又作栩。”王厚之《集古印谱》有“祋栩丞”印。“祤”字，《说文》上未见载。“栩”“祤”二字不相通，只有在专指这一地名时才能互用。“栩”应为本字。

欣赏“祋栩”瓦当文字，给人的第一印象就是：它的形象如凤凰飞舞一般，飘逸洒脱，似乎在叙述那凤凰云集、祥瑞吉兆的故事。在汉瓦当中，两个字的构图以上下排列的居多，左右排列而将文字制作成旋转形的则罕见。这种旋转形，将文字的重心笔画都集中在上部，下面留下很大的空间，来充分表现文字的飘逸感。这种“留白”的方法，这种疏与密的处理，只有有一定文字艺术修养的人才能办到。细细品赏“祋栩”二字所拖出的数条飘动的线，无论如何，你不能不想到凤凰，不能不想到凤凰飞舞时轻盈飘动的羽毛。“栩”字右边的“羽”字就是由两根羽毛组成的。“羽”字上的点状笔画，极似凤凰羽毛前端的彩点。那一长一短的弧形，就像羽毛在空中飞舞的姿态。

汉代文字构图的这种美感，这种表现美感的形式，对后世书法艺术影响是极大的。赵之谦、邓石如诸大师得此法不浅。而几乎是原汁原味地继承了如此瓦当的文字特点，并能运用自如的，则是清代篆刻大家徐三庚。徐三庚将此上紧下松、飘逸生动的特点，巧妙地运用到自己的书法与篆刻作品之中，形成了自己的风格。这种吸收古人优点、化为自己风格的方法，是值得今天人们学习的——因为我们一直都在争论着如何解决传统与创新的问题。

21 万般福憙在汉宫

“有万憙”瓦，出于西安北郊汉未央宫遗址。（图52）瓦面直径16厘米，深灰色陶质，外廓较窄，双线四界格。中心无突出乳钉，中圈为一“万”字。此瓦的界格线不是水平与垂直相交的那种，而是以中心“万”字的四个对角为基准，将瓦面分割成四个扇形格子。其上下格内为云纹形，左

格内为一“憙”字，右格内为一“有”字。（图53）

此瓦出于汉代长安旧宫城之内，文字为吉语类，可读为“有万憙”，亦可读为“万有憙”。如读为“有憙万”“憙万有”，似乎就不太合乎汉语句法的结构规则了。此瓦文字为吉语，不专属于某个宫殿建筑所用。目前已出土的此内容瓦当有六七种格式与写法，直径均在16厘米以上，属大型瓦当，应是汉宫内较大建筑上所用之瓦。

图52 汉“有万憙”瓦当照

图53 汉“有万憙”瓦当拓本

“有万憙”三字，其意义重点在“憙”字。《说文》：“憙，说也。从心从喜，喜亦声。”“憙”后作“喜”。“说”即“悦”，“憙”即“喜悦”。《荀子·尧问》：“楚庄王以忧，而君以憙。”宋陆游《开东园路北至山脚因治路傍隙地杂植花草》诗六首之四：“今朝有憙谁能识，不用人扶亦自行。”“憙”为“喜”声，又近“禧”。《尔雅》：“禧，福也。”《说文》：“禧，礼吉也。”从以上几点来看，“禧”都与美好的事物有关，与“福”“喜悦”有关。但“禧”不是一般的“福”，不是仅仅解决了温饱问题就可称的“福”。古代人的“福”包含了五个方面，号称“五福”。《书经·洪范》：“五福：一曰寿，二曰富，三曰康宁，四曰攸好德，五曰考终命。”《韩非子》“全寿富贵之谓福”，也即俗语所谓的“一生富贵谓之福”。可见“福禧”是有标准的。此瓦出于汉宫之中，那些皇族贵戚何尝不想“五福”俱全，一生富贵呢。“有万憙”则是他们祈求比“五福”更多的“憙气”降在他们身上。此瓦出于未央宫遗址内，未央宫是汉武帝以后西汉诸皇帝主要的居住地。据《三辅黄图》载，“未央宫周回二十八里，前殿东西五十丈，深十五丈，高三十五丈”，“金铺玉户，华榱壁珰。雕楹玉碣，重轩镂槛”，“黄金为壁带，间以和氏珍玉，风至，其声玲珑然”。这些文字仅仅让我们见识了未央宫的外观，其内容更是以“尽享富贵”为追求目标。冬天在“温室殿”，“设火齐屏风，鸿羽帐规地。……冬处之温暖也”。夏日则有“清凉殿，夏居之则清凉也”。平日休息，有以香料和泥涂壁的“椒房殿”，有专门给宫内制衣物的“织室”，有专门为宫内制造用具的“作室”等。由此可以想见皇族贵戚们是如何生活的。“有万憙”瓦文字，正是他们对这种生活永远存在的一种祈求。

从“有万憙”瓦的制作工艺质量、文字书法风格来看，此瓦应是西汉早期之物。整个瓦面的艺术风格表现得极为华贵雍容，线条运用得不弛不张。“有”字上部中间一笔向外随廓线包容而下，不涩不疾，自然舒展。这一笔像一个人的手臂在展开，欲将人间所有富贵全揽在自己怀抱之中。“万”字就像皇帝端坐于龙椅之中。“万”字的草字头，被图案化成了皇帝身后的两把大扇，令人叹为观止。“憙”字在书写时，为了配合整体线条的流畅性，制作者在这里将“憙”字中间横笔上的两竖笔给省略了。这一省法增强了文字的美感与艺术性。所以，对于文字笔画的增减省略之法运用得是否得当，对文字艺术来说是十分重要的。

此瓦的文字写得优美，“万”字上下的两个云纹也制作得优美。制作者极重视此云纹线条与其他文字线条的统一，使两个云纹的线条与文字的线条感觉上是合为一体的。两个云纹在瓦面上虽占有重要位置，但丝毫没有“抢眼”的感觉。它流畅的线条，配合“有万憙”三字，充分展现了瓦当整体雍容华贵的特点。

最后应该指出一点，“憙”不通“熹”。有一瓦当图典将此瓦释为“有万熹”，不确。“憙”可通“喜”。另有一瓦当，文为“千秋万喜，与地毋极”，可证“万憙”通“万喜”，但不通“熹”。

22 最后的祈祷

“富及杜氏子孙”瓦，出于西安南郊杜城村一带。瓦面直径14厘米，浅蓝色陶质。瓦胎较薄，外廓内有一圈网纹，无界格线。瓦面上六字自右至左排列。中间一行字稍向下移，顶上加一云纹为装饰。（图54）

《通志·氏族略第二》：“杜氏，亦曰唐杜氏，祁姓，帝尧之后……在周为唐杜氏，成王灭唐，而封叔虞，乃迁唐氏于杜，是为杜伯……子孙分适诸侯，居杜城，为杜氏。”秦武公十一年（前687）在此置杜县。汉宣帝元康元年（前65）在杜县东营建杜陵，置杜陵县，并将故杜县改为下杜城。《长安志》：“杜县故城在长安县南十五里。”今日此地仍有杜城村，多杜姓，此瓦即这一带出土。

从此瓦的形制、胎质、工艺、文字风格等方面来分析，此瓦为汉末时所造，是陵园建筑或祠堂建筑上用瓦。此瓦的制作稍显“薄气”了一些。这种“薄气”并不仅仅是说它尺寸的大小，质量的轻重。汉代鼎盛时期的小尺寸瓦，如“佐弋”瓦，直径只有12厘米左右；“卫”字瓦，直径只有13厘米左右。这些小尺寸瓦，无论从文字书写还是从工艺制作方面看，都没有因其

图54 汉“富及杜氏子孙”瓦当拓本

尺寸小而失去“大汉气度”。这种“气度”是内在心灵的反映。当然，我们不能将私家用瓦与宫廷用瓦等同看待。我们只是说某个时代人们所表现的精神状态，一定会反映在这个时代所产生的艺术品上面，即“世风”影响“艺风”。当我们将“富及杜氏子孙”瓦与其他汉代瓦当相比较时，总觉得此瓦的制作、书写有一种没落的衰气隐寓其中，观之令人不快。这并不意味着只崇尚贵族文化。西汉时期民间艺人、民间书家所创作的许多作品，同样令人振奋。我们只是说“杜氏”这个家族在汉代后期的没落状，在此瓦当上完全被表现了出来。

此瓦虽不是皇家贵族的作品，也应算是“大户人家”的东西。从书法艺术上看，书写之法还是有一定的文人规范，不似一般民间的草率之作。“富”字将内部第一小横画两端各加一竖笔，与上部相连，避免了此处的空疏感，亦是一种处理文字的方法。“子孙”二字在汉《莱子侯刻石》《杨淮表记》等碑石上，还能找到与此结构、用笔相近的字来。此瓦文字上的朴实纯真之气还是值得我们学习的。

“富及杜氏子孙”瓦当，既是汉代末年的一件艺术品，又是汉代末年的杜氏后人对往日生活怀念的一种表现。观此瓦，总觉得隐隐地听到杜氏祠堂内的“长老们”在那里怯怯地祈祷着：“请先祖显灵，降些富贵给杜氏的子孙吧。”

汉代骨笺文字

20世纪70年代以来，在西安市北郊汉未央宫遗址内相继出土了一批汉代的骨笺，其品类、形制、文字，前贤书中均未见记载。这是当代考古学、文字学上的重大发现，可称为“汉代的甲骨文”。汉骨笺主要为牛骨制成，尺寸大小基本相同。一般长度为5.5—7厘米，宽为2—3厘米，厚约0.25厘米，大多为白色。由于千余年来接触的土质不同、氧化程度不同，还有一些骨笺呈黄色或黑色。骨笺有一面经打磨，刻有近似微雕的文字，真、草、隶、篆的笔法、笔意兼而有之，书法风格与汉代竹木简上文字相近，其书法艺术价值之高不可估量。

23 骨笺是汉代的“档案”还是“标牌”

此片骨笺长为2.3厘米，宽约1.8厘米，文字四行，每行字数不等。（图55、图56）文曰“始元三年河南工官守令□／尚护工卒史吏令／啬夫广作广都／啬工众造”。由于骨笺下部稍残，个别文字不详，故不能尽知此骨笺文字的完整意义。

“始元”为汉昭帝年号，“始元三年”即公元前84年。当时汉昭帝年仅十一岁，由大将军霍光辅政。“河南工官”，“河南”即汉时“河南郡”，在今河南省洛阳市一带。《汉书·地理志》：“河南郡……有铁官、工

图55　汉代骨笺（一）文字照

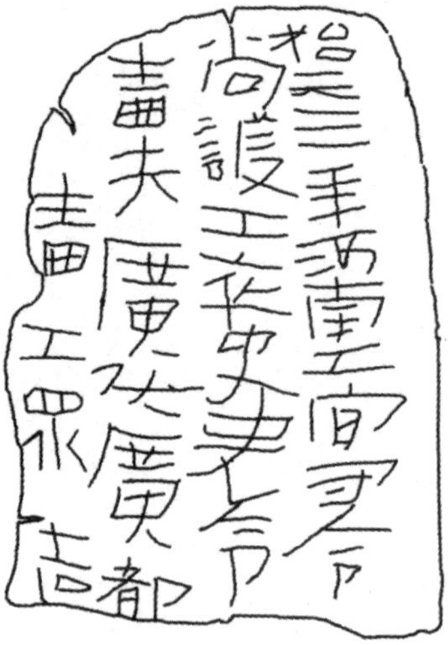

图56　汉代骨笺（一）文字结体图

官。”我们所能见到的汉骨笺文字上，大多数有“河南工官”的职称。另有一些骨笺上有“颍川工官”的字样。考之于《汉书·地理志》：“颍川郡，秦置。高帝五年为韩国，六年复故。莽曰左队。阳翟有工官。”“颍川郡”在今河南省中南部，“阳翟县”为“颍川郡”内大县，夏禹时即开始封邑，后称为禹州。“河南郡”与“颍川郡”都设有“工官”。“河南郡”汉时冶铁业较为发达，并设有“铁官”，“颍川郡”的“阳翟县”则是瓷器制造业的重镇。在汉代骨笺上还能见到“南阳工官”，“南阳郡”亦为冶铁产地，汉时设有“铁官”。从骨笺文字所显示的内容来看，此骨笺应该是外地工官将物品送至京城时的入库记录。从其形制上来看，亦是附在物品上的标牌。一件物品应该有两个骨笺：一个上面记录着物品放置在仓库内的“序码”；另一个则刻写有物品的产地、主管官员名、工匠名等，这一个骨笺附在物品之上，以便对其产地、质量进行检查。当物品出库时，两个骨笺汇合验证，然后收回存档。在骨笺的背面都有一个凹槽，以便捆绑时不至于脱落，所以它一定是附于某种物品之上的。我们今天所见到的这些骨笺上的文字有一部分记录了物品的产地、工匠名等，有一部分则只有“序码”。从目前出土的这些骨笺文字上看，标有生产地的大都集中在“河南郡”“颍川郡”“南阳郡”这几个地区，说明骨笺所记录的这些物品，是供皇家使用的某些专门物品。不是各地进贡的所有物品都在这里处理。从骨笺上所记录的物品产地的特点来看，这些物品应该是以金银器、陶瓷器皿、铜铁器（主要是车辆上的辅件）、箭镞等为主。《汉书·百官公卿表》上并未见列有“工官”一职。“工官”是汉代管理工艺制造官员的通称。《史记·平准书》：“召工官治车诸器，皆仰给大农。”所以，这些骨笺文字表明：这些物品是由专门“工官”负责，专门工匠制造，给专门人员使用的物品。从骨笺文字上所见到的年号来考察，骨笺的使用主要集中在汉武帝、汉昭帝、汉宣帝这三个时期，而且仅在未央宫内这一个地点出土。可见，将骨笺作为记录文字的载体，在汉代使用的时间不长，范围也小，至今未见在其他地方出土有此类骨笺。正因为如此，这些骨笺的历史价值、文献价值、文字艺术价值就愈显珍贵。

我们说骨笺上文字的书法价值高，是因为它保留了汉代官吏们日常工作时所使用的简便书体，这种书体后人称之为行草、汉草、章草、急就章等名称。这些汉代骨笺文字的出土，是对汉代竹木简文字、砖陶器文字研究的重要补充。从骨笺上文字的线条痕迹来判断，汉代人是将刀（锥形刀）作为“笔”在骨笺上刻写的，与他们在竹木简上书写的方法基本一致。只是因为骨笺太小，全凭感觉来进行，就像今天的微雕师们一样，刻刀一般不离开骨笺面，所以，字与字之间，笔画与笔画之间多有“游丝”相连。由于材料和工具的限制，刻写者将一些笔画进行了处理，如“河”字右边使用了连笔草写法，但因运笔范围狭小，转折处硬如三角形；“南”字内两小点变为一横笔；“官”字下部两“口”合二为一，上下共借一道横画。在用笔上许多字还显示有隶书的意味，如“令”字、“史”字的撇、捺二笔画，“造”字的“辶”等。另外，二行“护工卒史吏”之“吏”字，做“夹”形。甘肃所出土的汉《居延纪年简》上“吏”字多此种写法。四行“啬工众造”之“众”字，在骨笺文字上多次出现，原作上写作“罘”形，有人释为“罘”，字义不详，是未能细辨原物上文字的结构所致。

骨笺上文字，由于是刀刻而成，所以文字书写时的用笔，即今日所说的笔墨趣味无法让人体会。从此文字的结构及整体效果来看，我们还是能够欣赏到古人那种富有弹性的用笔特点：起笔落笔，顿挫有力，一波三折，线条丰腴。方寸之间，布白结构错落有致，无一丝刻意造作之感。在线条运行上仍保留着竹木简上文字横画左高右低的特点。今天许多篆刻家在刻制印章边款时多有这种用笔效果出现，皆因为以刀代笔、在小范围内运笔的特点所致。

24 随手不随意，刀痕见古雅

此骨笺较完整，尺寸长约4厘米，宽1.5厘米，文两行。文曰“四年河南工官令工令右成尝啴/作府禄工画造”。（图57、图58）

据考古专家研究，此类汉骨笺上所显示的年号，时间大都集中在汉武帝、汉昭帝、汉宣帝这三个时期，长约一百年。而骨笺文字上明确写明年号的，余所见只有“始元”“元凤”两种而已，其他则多为“三年”“四年”等年数。此片骨笺上书“四年”，也不知为何帝、何年号的“四年”。据史载，汉武帝元鼎四年（前113）以前皆无年号，现在所见到的年号，都是汉武帝元鼎四年以后，“有司所追命”。所以，此片只书有“四年”的骨笺至少是汉武帝元鼎四年以前物。当然也不排除刻字人为了简便，只刻“三年”“四年”，而此时就是“始元”，就是“元凤”，或其他哪一年。这些就不是我们要研究的内容了。

图57　汉代骨笺（二）文字照

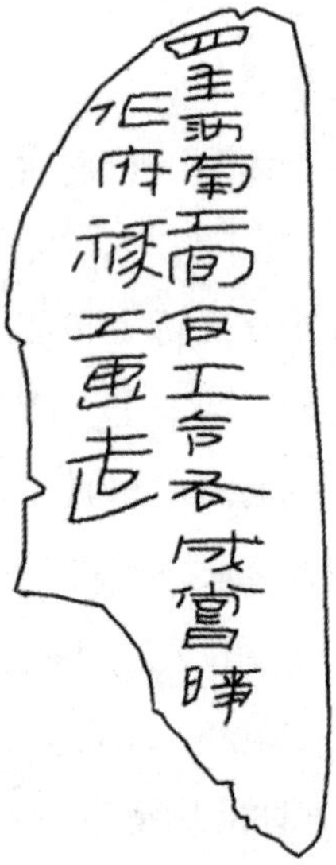

图58　汉代骨笺（二）文字结体图

“嘗嗕”，“嘗”今作“尝”。在此或为姓氏。《风俗通》云：“尝，齐孟尝君之后。”“嗕”，《说文》《广韵》等字典皆无此字形，当为“时”字别体。“作府”二字骨笺文上多有此职称。但是检汉代职官表及各史书、经典，都不见有“作府”一职。在汉代，与“府”有关的职称有“府尹”“府史”“府人”等。“府人”与此不类，“府尹”为行政官员，与此骨笺上所示内容也不类。“府史”在汉代为佐吏名，治库藏，掌文书。“府史”有时单称“府”。《新唐书·百官志》载，国子监有府十二人，史二十三人；左右卫各有府二人，史四人。所属各曹之下亦各有府史。由此推断，“作府”或是“工官”属下的一个“工作之府”，它的工作如“将作”之类。“禄”，人名，“作府”中的“府史”。前文已说明，骨笺与仓库所藏货物有关，而“府史”正是主管库藏及与库藏有关的文书档案的佐吏。“府史”或称“作府某某”，是受命于“工官”的人员。从骨笺内容的行文语气来看，不似皇宫内仓库接收物品者的口气，而是制造者及送货人的口气。接收货物的人，不会对某地“工官”下属的丞、令、吏、作府、工等知道得那么详细。骨笺文字可能与封泥有相近的功能，但比封泥更详细、更具体地反映了物品的来源、产地、责任者等方面的内容。所以，骨笺上所出现的职官名称，将对汉代职官研究有一定的帮助和补充。

与汉代竹木简上文字的艺术性一样，方寸大小的骨笺文字也同样展现出异彩纷呈的书法艺术来。骨笺不是由一个人刻制的，历经百年，数十万片。负责发送和接收的官员虽不是汉代的大书法家，却都是由文官来担任此职的。汉武帝、汉昭帝、汉宣帝这三个时代，正是西汉的鼎盛时期，那种雄强宏大的气概，放荡不羁的精神，自然会表现在各个方面。从小小的骨笺文字上，同样可以看出这种气概与精神。这些骨笺上的文字，不是文人们的刻意之作，而是官吏们于日常工作中的随意之作、信手之作，出库入库，随手即刻，可以看到一种提刀四顾、踌躇满志的自豪感从字里行间溢出。这正是汉代人的思想和做派。此件骨笺上文字与其他骨笺文字比较，书法上应属规整一派。两行字内隶书的笔意较为明显，如“南”“工”“右”“画”“造”等字，横笔书写得都较长，挺劲拉出。有“口”字结构的笔画，右竖笔都向内斜插，使“口”字形成一个三角状。这是“草隶”之中常见的结体方法。

汉《张景碑》《沈君神道阙》等刻石都类此种书法风格。《史晨碑》运用这种风格最为成功。

此件骨笺文字的书法特点概括起来，即横画极力伸张，一波而三折，舒展生动；结体潇洒飘逸，无拘无束，大小、长短、扁方交互使用。通篇看来，流畅生动。看似平常实则典雅，古朴敦厚之意极浓。清方朔《枕经堂金石书画题跋》在评论此类风格的书法作品时赞道："结构淳古，风神飘逸，隶中佳品。"

25 信笔有动静，纵刀任开合

此片骨笺上下皆残，剩余部分长约1.8厘米，宽约2厘米，文字三行，曰"河南工官守令石／□史工卒令史日作府／成充强工卟造"。（图59）从骨笺的整体形制来看，并与其他完整骨笺对照，此骨笺上下部分每行可能残损二到四字不等。

由于此段骨笺上下皆残，故不能尽知其内容，但骨笺文字中常出现的职官名仍完整且清晰可见，如"河南工官""守令""史""作府""强工"等。（图60）在我们所见到的骨笺文字中，首行多有"工官令"一职，而与"守令"同时出现则少见。汉代称郡的首长为"守"，县的首长为"令"。《汉书·陈胜传》："攻陈，陈守令皆不在。"颜师古注："守，郡守也。

图59　汉代骨笺（三）文字照

图60　汉代骨笺（三）文字结体图

令，县令也。”《集韵》：“令，一曰官署之长。汉法，县万户以上为令，以下为长。”“守令”二字在此处的意思应该是“郡守”与“县令”，即“河南郡”的“郡守”，与郡府所在县的“县令”。汉代骨笺上经常罗列出“工官”“令”“史”等官名，就是为了更清楚地了解贡品的产地、责任人等，以便分清责任，便于赏罚。“强工”二字，“强”是用来修饰“工”的。“强工”即高级技工，有能力的技工等。《韩非子·解老》：“故视强则目不明，听甚则耳不聪，思虑过则智识乱。”曹操《戒饮山水令》：“凡山水甚强寒，饮之皆令人痢。”“强”有程度高之义。古代在简称“工”时，常是指“工官”一职。但骨笺文字的首行已将“工官”二字明确提出。“强”下之“工”肯定不是“工官”，应属有技术的工人或“工师”的省称。《左传·定公十年》：“叔孙谓郈工师驷赤曰……”杜预注：“工师，掌工匠之官。”从内容上看“工”为“工师”之省可能性较大。“⺼卜”为人名，在这里也就是“工”的名字。“⺼卜”为“𠧪”字的变体。古人常将偏旁上下左右移位，目的就是为了方便书写，使文字好看。“𠧪”同“贞”。《类篇》：“𠧪，音贞，古文。”《字汇补》：“𠧪，古文贞字。”

汉代骨笺上的文字，是古代“文书”们的信手之作。文字的主要功能在这里是记录某种物品的档案。“文书”们并不在意其书法表现的功能，所以使得这些文字朴实无华，浑然天成。用今天人们的书法理论来分析，我认为有两个方面的特点和价值可供欣赏学习。第一个方面是动静有致。“动”主要指的是整体章法上的特点，即在一行或数行字内，某些字变化时所要注意的方面。一件书法作品中，将某些字写得活泼些、开张些，那是为了增强整体书法“动”的效果。在此件文字里，首行“河南”之“南”字，就是大开大合的写法，并将字内两小点画也改为一横笔了。二行的两个“史”字，撇、捺两笔几乎都写成了竖横两笔。尤其是第一个“史”字，上部“口”字形，书写时形成了一定的弧度，活泼可爱。三行“强”字初看像是脱离了“行线”，但“强”字的“弓”部却占据在一行的中心线上，有摆动之感，无偏离之意，“强”字也写得较大、较突出，是“强”字意义的体现。“静”的方面是指，在一篇作品中，将一些字写得规整些、安静些，这种“静”实际上更能衬托出“动”的一面，使整体表现出不狂不躁，不刻不板的效果来。如首行“官”字，虽也在笔画上有所变化，但用笔还是较为规整。“守”字显方正。二行“府”字，三行“造”字，特别是“造”字，端正和谐，稳静如石佛。此件文字书法价值的第二个方面就是：简而不陋，开合自如。“简而不陋”主要指的是文字结构方面的特点。如首行“官”字，下部简化为“日”形。二行“卒”字，中间部分两边的“小人”都不见了，变成了一横笔。“作府”之“作”，单人旁简化成了上下两小点，右边则简为三横一竖的结合。这种简化的目的除了方便用笔外，还增强了文字的美感。因为这种简化是遵守着一定规则的，所以并不会使人感到唐突与简陋。“开合自如”也是指文字结体方面的特点。如首行“南”字，五横道排列在一起，紧密丰满。二行第一个“史”字及“作府”二字，都是中气内敛。在整体行文中，这些字有力量聚集点的感觉。这就是“合”的作用。所谓“开”，就是在文字用笔上比较“开张”。如首行“守”字，三行“强”字等，其字的感觉可谓“宽松自如”。总之，“动静”也罢，“开合”也罢，其主要目的就是要使文字在一定的范围内，尽可能地表现出美的感觉来。

26 草隶意兼备，点画丝相连

此骨笺下部残损，留存部分高约1.5厘米，宽约2厘米，文四行，曰“始元二年河南工 / 史夫曰芊护工 / 史夫曰伏□ / 强工乍造”。（图61）

因骨笺残损，文字内容不能完整释读。从首行文字上所传达出的信息可知，此骨笺乃是汉昭帝“始元二年”所刻，仍是“河南工官”属下所造物品的记录。但有几个不常见的字词，值得我们来研究一下。（图62）二行前三字因骨笺面龟裂泐损，只能以意定出字来，但第四字“芊”应为人名当不误。《说文新附》：“芊，草盛也，从草，千声。”“千”与“芊”古字通。《列子·力命》：“美哉国乎！郁郁芊芊。”唐李群玉《黄陵庙》：“野庙向江春寂寂，古碑无字草芊芊。”上古之人常以草木、天象、器物为名，随意性强。汉代人则更注意使用字词的内涵来入名字，故释此“芊”为人名应确切些。

二行“护工”。“护工”一词在骨笺文字上多次出现，以上下文内容

图61　汉代骨笺（四）文字照

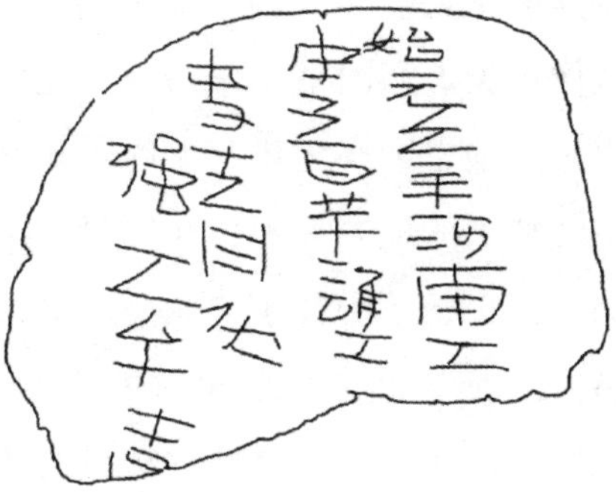

图62　汉代骨笺（四）文字结体图

推断，应为职官名。检《汉书·百官公卿表》及其他历代职官辞典，均不见有“护工”一职。余以为，此职名应是汉代某一时期、某一地区或因某一特殊需要临时设置的职官名。“护”字用在职官上多以武官名相连，在汉代有“护军中尉”“护军都尉”等，专掌监统军队。汉武帝元狩四年（前119）置“护军都尉”，属大司马管辖。汉哀帝元寿元年（前2）更名为“司寇”，汉平帝元始元年（1）更名为“护军”。另外一些地方武官的名称也仿此类，如：“护漕都尉”，主管护卫漕运安全；“护羌从事”“护乌桓校尉”等，主管少数民族事务等。由此推断，“护工”应是从事制造军械的技师或工师的专称。我们从其他一些骨笺文字上可以看到许多与军事有关的物品名称，如镞、矢、弓、机等，这一片骨笺记录的，也许就是制造军用物品的各级负责人的名字。

四行“屰”字，《说文》上不见载。《龙龛手鉴》：“屰，尖，偕二音。”《字汇补》：“屰，宗千切，音尖。”此处只有读音，没有字义。以汉字的“六书”法来分析，以此字的形、声来判断，“屰”字就像一个尖矛绑在长杆上的形状，“屰”字应是形容矛头尖利的语词，或是“尖”的本字。“尖”就是表述前边小，后边大这种利器的词汇。“屰”字象其形，“尖”字会其意。古人在狩猎中、战争中，武器的尖利占有非常重要的优势。以“屰”作为人名，正表现出了古人对胜利的追求与自信。

由于骨笺上刮制部分的面积较小，刻刀在骨面上书写时不可能任意挥动，刻刀基本上是不离骨面的。所以，字与字之间，笔画与笔画之间多出现丝丝相连的感觉。如一行“始元二年”四字，二行“护”字，三行“夫”字等，就像今天人们的书法作品中“龙蛇竞走”之意。《书谱》中所谓“鸾舞蛇惊之态，绝岸颓峰之势”大约类此。此片骨笺文字虽然不多，但其展现出古人书法特点的地方却不少，如草书用笔的特点：笔画相连，转折简便。一行前四字，二行“护”字，三行“史夫”等字，即此特点的体现。如隶书用笔的特点：横笔波磔，竖笔倾斜，回收包含。一行“南”字，二行“曰”字，三行“伏”字等，即此种特点的体现。无论如何，这些书法遗迹毕竟是汉代人所书，那个时代的书法特点，自然会渗透在每一个文人的灵魂之中，并时时从手下流露出来。

我们知道，这类骨笺文字的主要作用是“记录”，不是书法“创作”，而且是在一定的范围内使用的，写者与读者，各自明白就行了，不需要其他人来阅读，所以，许多字为了书写简便被省去了不少笔画，使今天的人们不能释出，造成了很多问题。因此，我们应当正确地认识古人留下来的文字作品，不是古人怎样写都是好的，尤其是这种“公文”式的文字，它并不是书法家有意创作的艺术品或让人阅读的碑石刻文。这些骨笺文字虽有自然、淳朴之美的方面，值得我们学习借鉴，但粗率、臆造的一面是不应在今天书法爱好者中提倡的。

27 领悟自然之法

此骨笺下部稍残，约损一字。骨笺高约2.9厘米，宽约1.8厘米，文三行，曰“始元二年河南工官令宣鄯石丞尚旸□／卒史奘作府啬夫关作阳窔工充□／文造”。（图63）

由于骨笺年代久远，骨笺面上龟裂纹较多，与细小的文字合在一起，几乎分不出是裂纹还是笔画，给释读文字增加了许多困难，加之骨笺磨损严重，使得上面文字的字口深浅不一，要释这样细小的文字，只能借助上下文内容，或其他骨笺上的文字及竹木简上的文字来推论。（图64）如第一行“宣鄯石丞”四字，从内容上看，前二字应是地名，后二字是职官名。然余检十数部有关古代地理的辞典，均不见有“宣鄯”的地名。用放大镜

图63　汉代骨笺（五）文字照

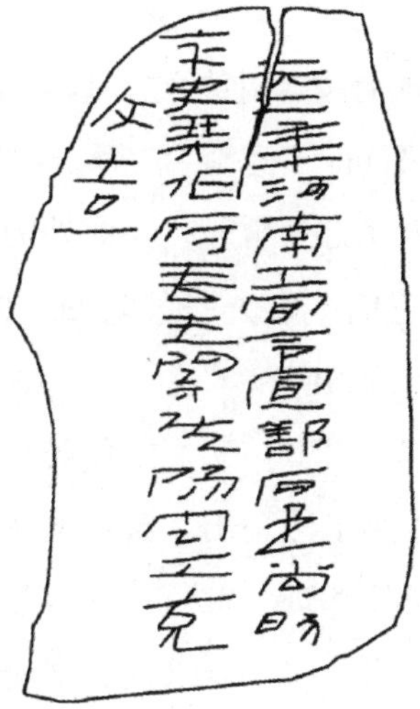

图64　汉代骨笺（五）文字结体图

观察此二字，无疑还是“宣鄯”二字，而且用笔结构与《居延汉简》上“宣”“鄯”二字的写法基本相同。所以，余以为“宣鄯”二字应为人名，是“河南工官令”之名。《通志·氏族略第四》：“宣氏，姬姓，鲁大夫叔孙侨如之后也。侨如谥宣伯，以谥为氏。”《风俗通》：“宋宣公之后也。子姓。后汉有司空宣酆。”

二行第三字“栞”的释读也颇费周折。“栞”上部右边一竖笔，与原物上裂纹合二为一，如不认此竖纹为一笔画，则此字就成了“弄”形，古今字典皆不见，不知何义。“栞”上为“卒史”，职官名。下面一般多为人名。若为“弄”形，则更不可解。而“栞”则是“琴”字的草体楷书化，汉代有以“琴”字入名者。二行“关”“作”二字，更是草体楷书化的典型。“关”繁体为“關”，此处将内部的笔画写出了“门”外，又与后面“作”字相连。“作”字也写得极怪异，初，费了不少时间来辨释此字，均未有结果，后在另一内容相近的骨笺上才辨出其真面目。“宊”，古文通“容”。

从目前出土的骨笺文字来看，除字数在一行以内的文字用肉眼可直接看清楚外，其他都需要借助放大镜才能看清。我们还不能确切地知道古人是怎样刻制这些骨笺的，又是怎样阅读这些骨笺的。当我们今天用先进技术将这些文字放大，并用我们今天的眼光去欣赏这些文字时，不难发现这些文字充满了“书法艺术”的意味。

此片骨笺文字与其他骨笺文字相比，应属规整一类。此片文字整体上以隶书的用笔特点为多。如首行“河南”二字，“河”字右边内“口”，其他骨笺上多有草书笔法，使之变为三角形，而此处则规整地写成扁形。“南”字，其他骨笺上下部多写作三横，省去一些笔画，此处则两小点清晰刻出。首行“工官令”之“令”字，别处“令”上部“人”字写得甚立，此处“人”字却写得扁平，汉《曹全碑》《韩仁铭》中此类写法者多。二行“作”“充”和三行“造”字纯粹是用隶书笔法写出。汉代的草书，后人称之为“章草”。这种风格的书法也在这里有所体现，首行“官”字、“丞”字、“尚”字即是。其中“丞”字初看极似“之”字，与汉代竹木简上“丞”字对照，写法、结体几乎一致。二行“夫”“关”“作”等字的写法充满了“笔墨”的感觉。我断言，此片骨笺文字的刻写者在“书法艺术”上是一定有些造诣的。仅从这一小片文字的排列上看，就如后世一件完整的“书法作品”。前两行是主要文字内容，后一行两个字就像所谓的“题款”。从每一行文字所表现的“行气”上看，其中包含着一定的“法度”。第一种表现是一行之内有节奏的变化，即书写时草书、隶书相兼使用。隶书用笔缓慢，是抒情的慢板；草书行笔迅捷，是感情奔放的狂歌。这种草与隶、快与慢，不是古代的文人在那里专门制作的，完全是一种感情投入后自然的表现。“法度”的第二种表现就是空间位置的合理安排，也即书写时文字大小、繁简的变化。要使一些无生命的文字在一定区域内表现出它们的生命来，除了书写时笔墨的变化外，文字的大小得当、繁简合理，也是极重要的方面。我们从这小小的骨笺文字上就可看出，每一行文字内都有这种“法度”存在。一行“工”字笔画简，把它写得扁一些作为调整。“工”与“南”两字书写得大些，两字之间的“河”字就要小一点。“鄯”字笔画复杂，经过简化，使其小而不挤，简而不陋。二行第一字“卒”字大，下面“史”字就小些；“府啬”二字形长，“作阳”二字形就扁，等等。在这里，“法度”是自然而然流露出来的东西。这种“法度”是古人对自然界观察和学习后积累在脑海之中的经验。这种观察与学习，古人要比我们今人勤奋得多。勤奋观察与学习，提高了古人与自然和谐相处的能力，这种能力就是“修养”。“修养”提高了，使得人本身审美的能力也得以提高，所以不刻意之中能表现“法度”与“美感”，这完全是个人的修养所致。

28 收放自由的草隶

此骨笺上部残损大半，所剩部分高约3.4厘米，宽约2.3厘米，文二行，曰“石丞尚旸待／夫关作杨穸”。（图65、图66）

此骨笺文字与上一篇介绍的骨笺文字内容相近。第一行“旸”，《说文》：“旸，日出也。从日，昜声。”古时称日出之处曰“旸谷”。日，太阳亦称“旸”。唐元稹诗：“初旸好明净，嫩树怜低庳。”另外，明亮、日在中午时、被日曝晒等义皆可称“旸”。“旸”在这里应为人名。一行最后一字，在没有看到更清楚的骨笺文字之前，以此骨笺上字形分析，此字当为“待”。“待”应为官名，或即称为“待诏”的官员。“待诏”一职在汉代时已开始设置，用以征召非正官而有各项专长的人，即以一技之长等候皇帝之诏命。唐宋以后“待诏”制更加完善，其主要人员集中在文学、绘画、园艺、医学、相术等方面。选择“待诏”的标准就是有能力。宋孙逢吉《职官分记·十五·翰林学士院》：“待诏之职，执笔砚以俟书写，多至五六员。其选以能，无以他，故未尝用士人。”我们非常熟悉的明代大画家文徵明就曾经做过“待诏”，所以人称“文待诏”。当然，汉代的“待诏”没有那么

图65　汉代骨笺（六）文字照

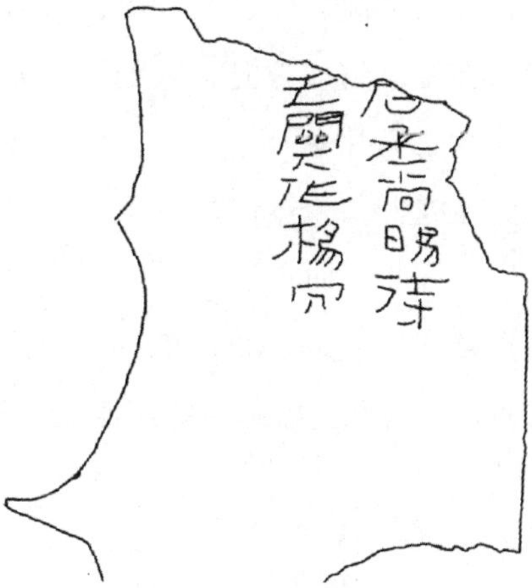

图66　汉代骨笺（六）文字结体图

复杂，此处的“待”可能就是有专长的技工而已。二行“杨”为姓氏。骨笺上文字称名多称姓少。与上一篇同内容骨笺文字作一比较，此处的“杨”，在上一篇那里作“阳”字。“杨”与“阳”古文本不通，但“杨”作为激扬义时与“扬”通，而在形容声音清浊上“阳”与“扬”相通。“杨”与“阳”虽不能直接通，但二字却同为姓氏。《姓源》：“周景王封少子于阳，曰阳樊，因氏。”《通志·氏族略第二》：“杨氏，姬姓，周宣王子尚父，幽王时封为杨侯，为晋所灭，其后为氏焉。”两姓虽不同宗，但读音相同，字形相近。骨笺刻字者对文字本身就要求不严，又不是同一人所刻，故“杨”“阳”就混用了。“㝐”，上文已说过即“容”字。《说文》：“㝐，古文容。从公。”

正如上面所说，骨笺的刻制不是一人所为。由于每个刻字者的文化水平不同，性情不同，其书写的特点也就不同。此骨笺上的文字余称之为“收放自由的草隶”，其实此件文字“收”的意思更多些。当然也有较“放”的字体，如二行“夫”“作”等。而“丞”“尚”等却较“收”，写法是典型的隶书用笔，只是这种隶书比常见的碑石上的隶书要活泼许多，即这种隶书多含草书意味，所以，称其为“草隶”。二行“关”字，在前一骨笺上书写得极为夸张，内部笔画竟延伸到了外边，而此处“关”字却收得较紧。

虽然乍一看这些骨笺上的文字书写水平似乎不高，歪歪扭扭，长出短支，但将这些生拙的文字组合在一起时，就可以看出一种朴实可爱的视觉效果来。无论是拙、丑、妍、美，只有自然地流露而出时，才是上品。千万不能刻意唯美，刻意为丑。水到渠成方是最高境界。清代学者周星莲在其所著《临池管见》中说：“废纸败笔，随意挥洒，往往得心应手。一遇精纸佳笔，整襟危坐，公然作书，反不免思遏手蒙。所以然者，一则破空横行，孤行己意，不期工而自工也；一则刻意求工，局于成见，不期拙而自拙也。”所以，自然之美是上品，自然之美古今都在追求。细细品味一下骨笺上的这些文字，我们就会悟到一些东西。

29 筋骨显气度，结体润神情

此骨笺上部及右边皆残损，余字两行。第一行前三字右边全损坏，以文字大形尚能释出此三字为“夫”“关”“乘”。两行文字为“夫关乘中作府啬夫广／工充强工原造”。此片骨笺高仅2.2厘米，宽仅1.2厘米。（图67）

与其他骨笺文字对照，首行第二字虽残半，知为“关”字无疑。第三字为“乘”，检《敦煌汉简》《居延汉简》等，“乘”字多如此写法。“中作”二字，初看以为“工作”。细观“中”上横画两端，左边封口小竖笔明显，右边微有笔意。“中”之竖笔与“作”右边竖笔合用，也是此刻字者的独具匠心之处。（图68）

古代人在文字的书写上常有这种意想不到手法：或长或短，或增或减。第二行“原”字，就是这种增减变化的结果。厂字头左边大撇画被减得几乎不见了，上部分变成了两横画；方形“口”也变成了菱形；最下边的“小”，变成了三个小点。古人在文字的变形上是有一定目的的。一是为了方便写作。因骨笺面上太小，又是骨质材料，在这种材料上微雕文字，又是

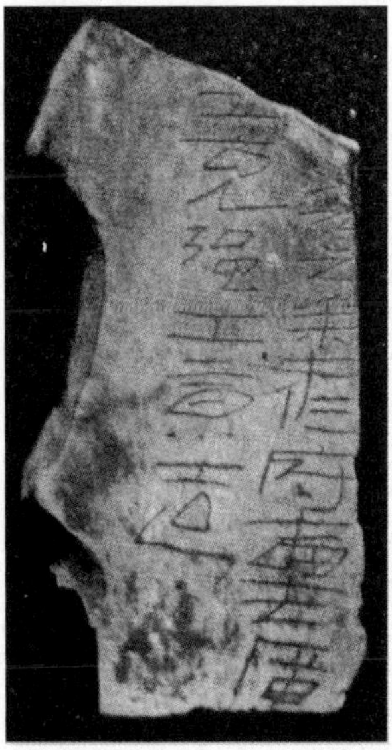

图67　汉代骨笺（七）文字照

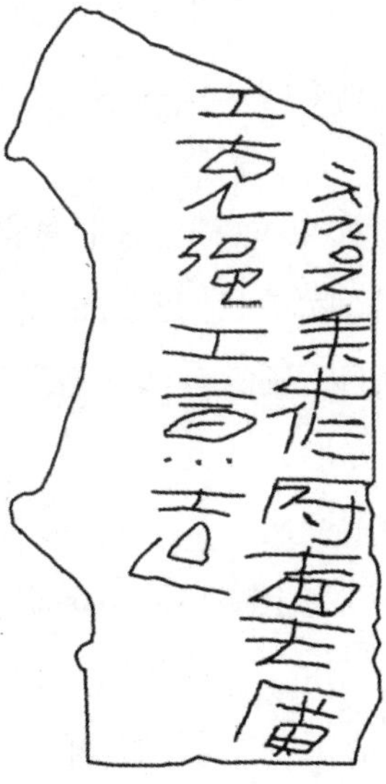

图68　汉代骨笺（七）文字结体图

用刀刻，而不是用毛笔来书写，就必须有不同于平时的书写规则，即需要变化字形。如第一行“府”字的左边撇画就变成了竖笔，上边一点也就免了。“原”字也就变成了这种模样。在骨笺上为了方便刻写，多以横竖笔画为主。只要不太影响辨认，能简就简，能省就省。如“中作”互相借用笔画，“口”形变为三角形等。古人变形文字的另一个目的就是为了美观。虽然方便、迅速是文字书写的第一要求，但书写美观也是文字表达功能不可缺少的要素之一。如第二行的“原”字，按正常写法，“原”字的左边应长长拉出一撇画才对，但如果这样书写，出来的文字形态又与这件书法的整体风格不协调，即破坏了整体风格，所以应该变化才行。

从这仅一行半的残缺文字里，我们仍然可以清楚地欣赏到汉代人文字书写的功力。“大度浑然”是其精神表现的主要方面。我们在评论一件好的书法作品时，常以“有血有肉”“有筋有骨”来赞扬。骨笺上的文字由于其书写材料的特殊性，我们无法看到在宣纸上所表现的那种笔墨韵味，但骨笺上文字在书写时“笔力”所表现出的“筋骨”，“结体”所表现出的“神情”，却一目了然，使人赞叹。首行“府”字，二行“充”字、“工”字、“造”字，都表现出大气磅礴、筋骨健强的精神来。特别是“工”字，仅有三道笔画，但看不出有一丝的懈怠。上下两横画向上微微有些弧度，线条干净，无有波折。上横稍短一些，居于下横画的中心，而两头短小的部分让人用目光还能感觉到。这种细微的变化在人心目中的影响力，有时比大起大落浓妆艳抹要大得多。

在一件书法作品里，如果文字能够书写得神情飞扬，这件作品自然会光彩夺目。所谓“神情”，就是我们常说的笔墨技巧和文字结构。在这片骨笺文字里，以“造”字为例，正常写法“造”字内“口”应为正方形，在其他骨笺文字上不少也作正方形，而此处“造”字的“口”却写成了三角形，角尖向上，在整个字中特别突出。而“造”字上部“⺧”部分，上面的小撇画也被省掉了。这部分一般是上横短而下横长，在此处却变为上横长而下横短，取势向下，正好与“三角形”取势向上相配合。“辶”也变得极简单，并与“三角形”配合，形成了一个新的外角。这种别具一格的结体，并没有游离于整体之外，而是与整体风格紧密相连，并增加了整体书法的特色。

我们在这里强调骨力刚健，但并不鼓励粗野狂乱；我们在这里欣赏结体奇特，但并不提倡无法无天。形神兼备，是书法作品表现魅力的最好方法。

30 承前启后是汉家

此骨笺高约2.4厘米，宽约1.3厘米，仅余两行残文，首行右边亦残，伤字近半，下部似缺字两排。剩余文曰“□元二年□川工官令广守／望推工当令史造作府”。（图69）

首行“元”上缺字处尚留有部分笔画，以其他骨笺文字首字推测，“元”上应是“始”字。“二年”两字的书写几乎连在了一起，“年”字的写法与今草书体相似，与《居延汉简》《公羊草字砖》上的写法亦基本相同。“二年”下一字，初看字形似“河”字。若为“河”，以常例“河”下应为“南”。（图70）但此下明显是“川”字。检《汉书·地理志》，在州、郡一级设置中，地名称“川”者，唯“颍川郡”一处。此字右边虽似一“页”，左边则不似“颍”的左旁写法，所以不能断言为“颍”字。二行首

图69 汉代骨笺（八）文字照

图70 汉代骨笺（八）文字结体图

字“望”应是人名。“望”在这里基本上是篆书的写法。篆书中“望”主要有两种结体，一是上部左边作“亡”形，另一是作“臣”形。《说文》：“月满与日相望，以朝君也。”所以，从月，从臣，从壬。壬，朝廷之义。作“名望”“声望”等义时，以“臣”作旁。金文《师田父尊》，汉印《广望侯印》，汉碑《礼器碑》《西狭颂》上“望”作“臣”字写法。《说文》：“出亡在外，望其还也。”作“盼望”“远望”等义时，以“亡”作旁。金文《无惠鼎》、汉印《望山亭侯》、汉碑《曹全碑》等，“望”皆作“亡”字写法。古时这两种写法意义稍有不同，今则统一为“亡”字写法。二行第二字，原以为是“护”字，检各种字典“护”无此写法。以字形看又似一“推”字。“推工”二字连用应为职官名，然检有关汉代职官表，又不见“推工”一职。从目前所能见的资料看，与“推”字有关的官名，主要是掌刑狱诉讼的官员。唐代有“推官”，为节度使、观察使的属官。宋代有“推吏”“推事”“推丞”等，皆属大理寺，主推问、审理刑案。而此处汉代的“推工”则不知何义。骨笺文字中与“工”相连的多为“卒工”“护工”等，“推工”或是临时设置的一种职务，或是管理如“刑徒”“髡钳”之类人物充任工匠时的职官名。如果今后能进一步将此类职称考证清楚，那么，骨笺文字中出现的许多新名称，对汉代的职官制度将会是一个重大的补充。

汉代是中国文字发展的重要阶段。在此期间，汉字的真、草、隶、篆各种书体都得到了发展。篆书由于其书写的不便，日常书写多不采用。这时的篆书主要用于装饰性文字、艺术性文字及比较大的场合，如匾额、碑额等。而有些好古者则在日常的书写中不时地流露出篆书的笔意，如此件文字中的“望”“当”等字。当时，篆书虽已不是日常的书写体了，但人们认字、习字，仍是要从认识、解析篆书开始的。篆书是中国汉字的根本。不融会贯通篆书，就无法准确、全面地了解汉字。特别是从事书法艺术研究的人，更应该研究篆书。

应该说，汉代是中国文字“百花齐放”的时代，各种书体基本具备。隶书自不用说。楷书虽还没有像唐代那样规整，但不论在日常简牍或巨碣大碑中，已经有许多楷书化的文字结构了。在这小小的骨笺文字中，我们就可以经常看到这一点。其他如汉《张迁碑》《西狭颂》等碑石中就更多了。草书是汉代发展最快，最有现实意义的一种书体。特别是竹木简与骨笺上的“草隶”，为魏晋书法大家在行草书艺术上的创作发展奠定了坚实的基础。当年，在论证晋王羲之《兰亭序》真伪时，曾有这样一个观点，就是：魏晋时期的书法以隶书为主，不可能发展出如《兰亭序》这样精美的行草书来。近百年来随着汉代竹木简的大量出土，特别是近年来汉代骨笺的出土，更是证明了早在西汉时期草书就已经开始发展了。魏晋时期是中国文字行草书发展的高峰时期，但它绝不是无源之水，无本之木。所以，研究欣赏汉骨笺上的文字，就能够了解中国文字变化的轨迹，就能够了解这些骨笺文字承前启后的重要性。

31 由骨笺文字看“章法”问题

这是一件较为完整的骨笺文字，高约3厘米，宽约2.2厘米。骨笺下部虽残近半，但文字部分却未大损。（图71）由于骨笺千年来在地下接触的土质原因导致此片骨笺变成了黑色，加之字口又浅，使得字迹不能清楚地辨出，经处理后稍有改观。全文三行如下：“元凤二年河南工官令广成丞□／工卒史若令史成作府啬夫□／武成冗工充素劼工□。”（图72）

这片骨笺文字虽多，但因表面磨损，且有龟裂纹与文字的笔画交织在一起，使得许多字难以辨认。首行“广成丞□”，“广”与“成”之间似乎还有笔画，不能辨认。“广”字左边一撇则简化得几乎看不见。《银雀山汉墓竹简》《居延汉简甲乙编》上“广”字，皆有此种写法。二行“卒史若令”，“卒史”为官名，秦汉时为郡丞的主要属吏，秩百石，即享有百石的俸禄。汉时常有“百石卒史”一词。汉《孔庙碑》载“置百石卒史一人”。至汉代中叶以后，此官职渐为诸曹、掾吏所取代或居其下。“若令”即“若卢令”的简称，汉少府属官，主藏兵器及掌诏狱。《汉书・百官公卿表》：“少府属官有若卢令丞。”《注》：“若卢，官名也，藏兵器……主弩射。”东汉初，“若卢令”废。前文曾多次论及这些汉代骨笺与库藏兵器有关，由此看来，是有一定道理的。

三行首字为“武”字，上部短横画在此处刻为长横。“充”下为“粂”。

图71　汉代骨笺（九）文字照

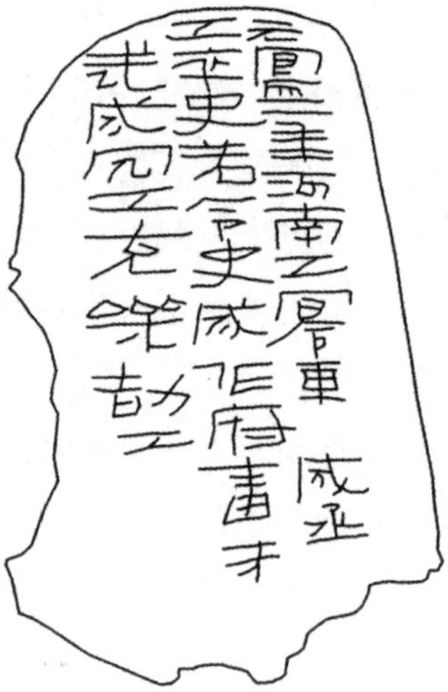

图72　汉代骨笺（九）文字结体图

《龙龛手鉴·厶部》：“粢，古文，音素。”《字汇补·厶部》：“粢，同素。”汉代有“素臣”之称，素，义为空。未正式立为“臣”者称“素臣”。杜预《春秋左氏传序》载“丘明为素臣”。又有“素官”之称，指一般士族所充任的清寒之官。《晋书·桓玄传》：“故折玄兄弟而为素官。”此处称“素劼工”当是候补、记名官之类，“劼工”又写作“揖工”“嗟工”。

我常常这样想：这小小骨笺之上，寥寥几行文字，真有那么多艺术性让人欣赏、学习吗？可是当细细读完每一篇骨笺文字后，总觉得有许多话要讲。这并不是“盲目崇古”“古代至上”。因为吸收古人文字艺术自然合法的精神，对当今从事文字艺术的人来说，乃是十分重要的一项工作。我们从骨笺文字上可以看到这样一种现象：古人并不把这种文字当作艺术品来写，但完成后的效果却具有一定的艺术性。这是因为在这骨笺上写字时，“分间布白”技巧的充分运用，从而产生出了一定的艺术感染力。这种技巧后世人称之为“章法”。什么是“章法”？包世臣在《艺舟双楫》上说：“分行布白，非停匀之说也，若以端若引绳为深于章法，此则史匠之能事耳。”可见“章法”并不是“整齐”就行。刘熙载说：“书之章法有大小，小如一字及数字，大如一行及数行，一幅及数幅，皆须有相避相形，相呼相应之妙。”

就是说，“章法”之妙关键在于有“呼应”。董其昌在《画禅室随笔》中说得更清楚：“古人论书，以章法为一大事，盖所谓行间茂密是也。……右军《兰亭序》，章法为古今第一。其字皆映带而生，或大或小，随手所如，皆入法则……”所以，不论是一件书法作品，还是普通的文书，要想产生平面构图上的美观效果，都必须讲求“章法”这一技巧，不论是你有意为之还是无意为之。有意，说明你是在追求这一能够产生美的技巧；无意，说明你已经融会贯通了这种技巧。我们来看此骨笺上文字的“章法”：首行，前紧后松，末尾再收。二行疏中有密，反将笔画少的文字写得宽松，如“史”“成”“令”等。正如欧阳询《三十六法》上所说：“大字促令小，小字放令大，自然宽猛得宜。”三行为整篇收尾的重要之笔，故匀停得当。整篇文字取势为横向。古人在书写隶书时，为产生构图上的美，常将行距缩小，字距放大，如今之横写格式。这种格式更能体现出隶书“扁”的美观性来。从此片骨笺文字上，我们可以清楚地看到这一点。

32 贡品合众工，书迹参造化

此骨笺高约2厘米，宽约1.8厘米。文字部分上部残损近半，余字四行，前两行五字，三行六字，四行二字。所遗文字较为清晰。（图73）文曰“护工令史辅工／曹掾护作府／参冗工素揖工／造甲”。（图74）

仅在这半片骨笺上，就出现了汉代职官、工匠称谓达七种之多。“护工”，《汉书·百官公卿表》及其他有关职官词典上均未见之。“护”字汉时多用于武官名前，如“护军”“护田”“护漕”等职官。我们知道这种骨笺是记录某种贡品的，这些贡品有些是为宫内生产的军用品，“护工”或是生产这种物品的人员的称号。“令史”是汉代的主要职官之一，主掌文书案牍。“令史”限满可补郎、丞、尉等职。“辅工”与“护工”一样都是临时设置的官职。“辅工”一职，各种职官书上不见记载。古时有“辅弼”“辅臣”“辅相”等称谓，全为辅助天子的重臣，与“辅工”有天壤之别。但“辅助”的意义恐怕是一致的。在这里“辅工”或是辅助工匠技师工作的次等工人。因为是给皇宫内直接生产物品，所以，临时设置了各种职称，以分

图73　汉代骨笺（十）文字照

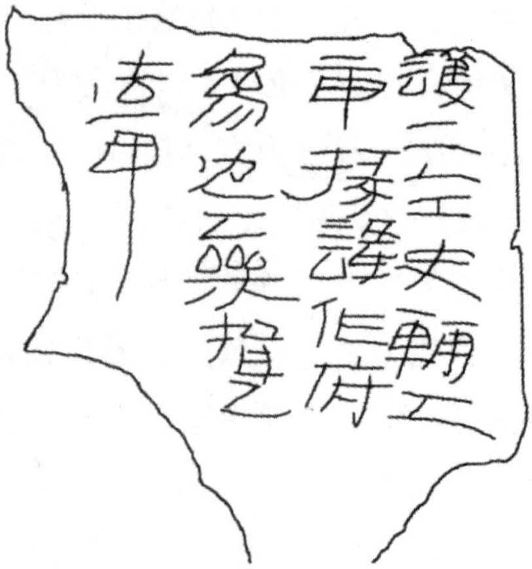
图74　汉代骨笺（十）文字结体图

清各自的责任。“曹掾”，简称为“掾”，汉时佐属官吏的通称。汉官有“掾属”“掾史”等。“掾”为诸曹之长，古亦称“曹掾”。汉代时凡丞相府、公府、州郡、县皆设置“掾”。“掾”有今日“官员”的意思。“护作府”，《汉书》及其他史书上不见载；“作府”，《汉书》及其他史书上也不见载。在目前出土的秦汉封泥、汉印、汉骨笺文字，尤其是这种汉骨笺文字上，几乎每片上都有“作府”二字。从“作府”二字的出现频率，及其所涉及的事务上来分析，“作府”肯定是制造、储藏器物的部门，或属“少府”，或属“将作大匠寺”，或是一个临时的独立部门，现在还不得而知。可以肯定地说，这些职官名与此骨笺的作用一样，是在一定时期、一定范围内曾经使用过的，即在汉宣帝以前的一段时间内使用过。至今还没有见到汉宣帝或汉宣帝以后诸帝时的骨笺出现。

三行前三字为“参冗工”，这三字恐不能连读作为一个职官名。“冗工”本身已是附从之工了。“参”有“参佐”之义。附从之上再加以参佐辅助是讲不通的，而且汉代没有称“参”的官职。“参”在这里应为人名，是上边文字残去的某官的名字。“枲”通“素”，前文已介绍过，是指非正式的官员。“揖工”，诸职官典籍上均不曾见。汉时有“辑濯令”，是掌船务运输的职官名。“辑”通“楫”，“楫”又与“揖”音同，古人将二字通用，故此“揖工”亦为“楫工”。“楫工”当为从事船务修造的工匠名。此骨笺仅半片，就出现了这么多官员、工匠名称，这件物品一定是工艺精细、制作较复杂的物品，说不定就是一艘船。如果是这样的话，本人于前文所推论的骨笺还有一片附在仓库内物品之上的说法就显得不够准确。因为再小的船只上附挂一个小小的骨笺，恐怕也不合常理，何况这船只也放不进皇宫的仓库里。这种骨笺作为档案记录的功能可能要多些。最后一字为“甲”亦可见。是指骨笺有甲、乙两片，还是物品有甲、乙两种，尚待研究。

据说，当初仓颉造字，上观天象，下察地理。天地万物无穷的变化为仓颉的造字提供了丰富的资料和想象。所以，这种以象形为基础发展起来的中国文字——汉字，其中包含着许多与自然相联系的因素。文字的变化发展，同时也参照着自然、社会的变化与发展。我们从“参”字的变化就能看到这一点。“参”，古字作“曑”形。《说文》：“曑，商星也。从晶，㐱声。”金文上的“参”作三颗星星在人头上，光芒下射之形“”。到汉代时已将“参”的古形变为“”形了，下面的人形已不存在，似乎人已经进到了房子里而向外观望星辰。汉时“参”的字义也延伸了许多，有“配合”“参与”“商讨”等十余种意义。所以，此骨笺上“参”字下的三撇画，也就代表了“许多”的意思。“参”在这里应为人名。

此骨笺上文字的书法风格，仍以隶书用笔为主，掺杂以大篆、古籀的笔意，如二行“掾”字，三行“参”“素”“揖”等。这半片骨笺上文字虽然不多，但体现出的书法意味却极浓重，这是刻写者在刻写时用笔变化多、结体又丰富的结果。北宋朱长文在《续书断》上说：“自秦行篆籀，汉用分隶。字有义理，法贵谨严。魏晋而下，始减损笔画以就字势。惟公（指颜真卿）合篆籀之义理，行分隶之谨严，放而不流，拘而不拙，善之至也。”不独魏晋人开始这种“减损笔画以就字势”的书法实践，从骨笺文字看，实际上，汉代人已经开始这种书法实践了。

33 让后人猜度与赞叹的文字

此片汉骨笺上部损近半，存留部分高、宽均为1.9厘米。文三行，行四、五字不等，（图75）曰“守令若秦／安世作府啬／昌飬工世”。（图76）

因为文字残损，以上内容显然不能望文生义。根据与其他骨笺文字对照来看，此骨笺上有几个词组还是完整的，如“守令”“若秦”“安世作府”等。我有这样一个想法：也许一部分骨笺上的职官名称前加了形容词，这些形容词就是汉代的吉语之类，用来形容、赞美这些职官的，如“千秋护工”“佐喜工”“安世作府”等。此处因文字残损，“若秦”二字之后是否为职官名也不可知。从其他骨笺文字上看，“若秦”后是一“丞”字。“若秦”如果是形容词，是否在形容此“丞”办事干练有效如“秦时之丞”呢？“安世作府”的“安世”，是汉代常用的吉祥语。汉瓦当文中有“安世益富”“安世大吉”等。汉代还有一种乐曲称为“安世乐”，初名为“房中祠乐”，是宗庙内所奏乐曲，汉惠帝二年（前193）更名为“安世乐”，共有歌词十七章，基本上都是歌颂帝王功业之辞。可见“安世”作为吉祥语，在汉代初期就已经出现了。“安世作府”是否在形容“作府”的工作是为皇帝“安世”而作呢？其他如“千秋护工”，是否在形容“护工”所造之物能“千秋万代”留传，或所做的事业是“千秋万代”的事呢？

图75　汉代骨笺（十一）文字照

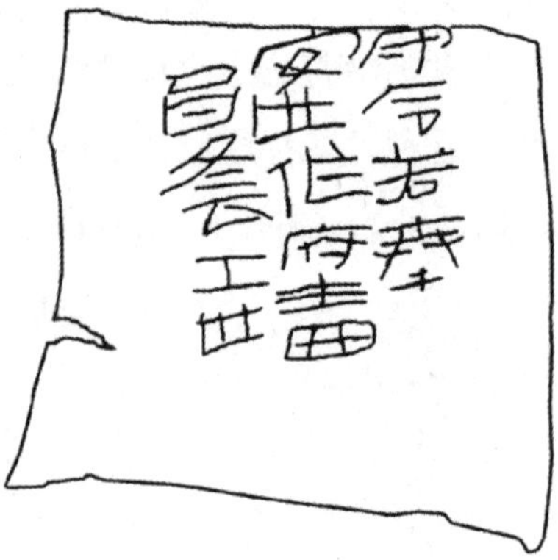

图76　汉代骨笺（十一）文字结体图

以上所述只是推论而已。当然，换一个角度，我们还可以将这些吉祥语作为“人名”来看待。一般骨笺上的人名多为一字，若此为“人名”，将会出现两个字的人名位于职官名后，亦是不常见的现象。另外，三行前二字极生僻少见。“吕”，《说文》上不见载。《龙龛手鉴·口部》：“吕，芳逼反。”《字汇补·口部》：“吕，音近匹，义阙。”“餋”，《说文》上也没有载，其他字典更不见。根据汉字“六书”规则，及古人书写文字时的变化习惯，余推测此字的结构是做了上下调动的。“餋”即“镹”的变形，也即今“长”字。《集韵·养韵》：“长，古作镹。”古时也有将“长”写作“苌”字的，类此。“吕餋”二字似是一职官名。但古人用了两种极生僻的字，“吕”只有音，不知义，无法知道这究竟是何种官名，只能留给后人继续猜度了。

从书法艺术的角度讲，此片骨笺的刻写者对文字的结构还是有一定了解的。整篇虽是隶书写法，但个别字还是有一定变化的，如一行“秦”字，上部写法就掺入了篆书的笔意。二行“安世”之“世”字，汉瓦当上多此写法，亦是篆隶结合的笔法。“世”字中间两小竖应有一短横，此处与下长横合用，篆刻学上称之为“借用”。“餋”字结构的上下变动，这种现象在商周金文中是常见的。总之，文字的书写目的就是为了让人阅读。汉代时文字已有了很大的发展，这种生僻与不常见的变化也是极少见的现象。作为偶尔使用的手法，并不影响汉字的发展。我们在汉代早期其他石刻、砖刻文字上所能见到的大多数是一种篆隶结合的“古隶”体，如《刑徒砖铭》《禳盗刻石》《莱子侯刻石》等。这些石刻、砖刻文字与这些汉骨笺上的文字一样，都是隶书加篆书的风格。清末名家杨守敬在《平碑记》中称赞《莱子侯刻石》时说：“是刻苍劲简质，汉隶之存者为最古，亦为最高。”西汉早期的碑石较少，清代学人研究汉字书体由篆变化为隶的轨迹，简牍之外，就是这为数不多的几块石刻了。杨守敬如果知道会有汉代骨笺文字出现的话，他绝不会感叹“汉隶之存为最古”者是《莱子侯刻石》了，因为这些骨笺要比《莱子侯刻石》早约一百年，它的书法价值更值得我们今人学习与研究。

34 自然流露产生美

此骨笺上下皆残，高约2.2厘米，宽约1.9厘米，存字四行，前三行六字，末一行三字，（图77）文曰“南阳工官护工／□丞广德令史／□伏安徒冗工／□造甲”。（图78）

首行“南阳工官”，即南阳郡的工官。《汉书·地理志》：“南阳郡……县三十六：宛……有工官、铁官。莽曰南阳。”宛县，王莽时改称为南阳，也即南阳郡官府所在地。南阳郡既设有工官，又设有铁官，可见此骨笺上记录的物品，肯定是以金属制作的物品为多，如：刀、剑、弓、矢及车船附件之类。二行“广德”应为人名。“广德”前有“丞”，即“丞”之名为“广德”。三行“安徒”二字是余所见骨笺文字中唯一出现的。检汉代职官无有“安徒”一职。“安徒”一词又不似人名。余以为“安徒”二字应分开解释：“安”放置在“徒”之前有“以”“用”之义。“徒”在此处应有两种意义：一为“步卒”。《礼记·祭义》：“五十不为甸徒。”孔颖达疏：“徒，谓步卒。”“步卒”，步兵之称。“安徒冗工”四字连读，即谓用“步卒”来充当“冗工”。“冗工”，即附从、散用之工，相当于今天所谓的“临时工”。“冗”的异体字是“宂”，今通作“冗”。“徒”的第二种意思是服徭役的人。《广韵·模韵》：“徒，隶也。”《周礼·天官·冢

图77　汉代骨笺（十二）文字照

图78　汉代骨笺（十二）文字结体图

宰》："胥十有二人，徒百有二十人。"杨倞注："人徒，谓胥徒给徭役者也。""安徒冗工"此处或称用服徭役的人充当工人。

此片骨笺上文字虽不多，但仍出现了一些以前未见或少见的地名、职官名等。可以说，汉代骨笺文字上所包含的有关历史学的信息量，绝不亚于前些年所出土的秦代封泥。这些骨笺文字的书法价值，秦封泥文字也是不能与之比肩的。我们可以从任何一片有文字的骨笺上欣赏到有价值的书法。

此片残损骨笺上的文字，书写风格仍是以隶书为主，用笔方正，如《张迁碑》《西狭颂》《封龙山》之类。首行"南阳工官"四字，字形呈上下稍长的方形；二行"广德令史"四字，字形则是左右稍长的方形。特别是"德"字的写法，几乎与《西狭颂》上"德"字的写法一模一样。这些为数不多的文字中，也有一些特别的写法，如一行"护"，是草隶结合的写法；二行"广"，是楷书化的写法；三行"安"则完全像是草书的写法。汉代骨笺上的文字，是迄今为止可以看到的较早的"隶书"形态之一。简牍、石刻之外，字数较多的文字载体就算是骨笺了。这种骨笺文字的写法与秦篆相比较，所不同之处在于用笔的圆转与方折。骨笺上的许多字如果改为圆转用笔，就有可能变为秦篆；如果方折用笔表现突出，就是隶书；如果杂以草书用笔，那就是汉骨笺上的主要书体"草隶"。从书法欣赏的角度讲，这种"草隶"痛快率真，点画多变，趣味横生。从字体结构上看，这种"草隶"字体或方或扁，力量多往四周伸张，松而不散，收而不促。布白匀中有变，疏密得当。由于是用刀刻的缘故，文字的撇捺多无波脚。偏旁部首也多有变化。这些特点，使骨笺文字的书法意境之中增添了一种自然闲散的情调。黄山谷在论书法用笔时曾说："作书最忌用意装缀，太用意便不成书矣。"这可能也是对汉骨笺上书法精神的最好诠释。

35 一字一语亦珍贵

此骨笺文字部分完整无缺，高约3.5厘米，宽约2厘米。（图79）从文字内容上看，在汉骨笺文字中属序码一类。全文一行七字曰"两千二百六十三"。（图80）

起初，人们都认为，没有刻写年号或只有年数的骨笺及这种简单的序码类，是汉武帝以前诸帝时所刻，因为纪年和称号是汉武帝元鼎四年（前113）以后才开始的，此前的年号皆为“有司所追命”。有人进一步证明“郡国工官”之设早在西汉之初云云，因为没有年号的骨笺文字上常有“某某工官”一词。其实，我们从骨笺文字的书法特点、用笔习惯、骨笺形制、工艺制作等方面来分析，只写了“四年”的骨笺比刻写了“始元”等年号的骨笺质地更坚硬，文字书写更成熟。在我们今天所能见到的骨笺上，还没有见到更早一些或更晚一些的年号可资参考。就已出现的年号来看，这些骨笺的使用当在汉武帝、汉昭帝、汉宣帝时期的百年之内。有无年号的骨笺都在这一时期使用，用处不同，书记者不同，文字风格也就不同。不能说只刻写了“四年”等年数的骨笺就比有年号的骨笺要早些。

此片骨笺是一种文字较少的序码骨笺。这种序码类骨笺是否与那种刻有职官、人名的骨笺相配合使用呢？就是说，那种长文的骨笺记录时间、产地、制作人员等资料，这种类似序码文字的骨笺记录物品的数量，那么，哪一种物品能达到成千上万的数量呢？从其他骨笺文字上分析，最大的可能是箭矢、戈戟、车船附件之类。读《汉书·昭帝纪》有这样一条信息：始元六

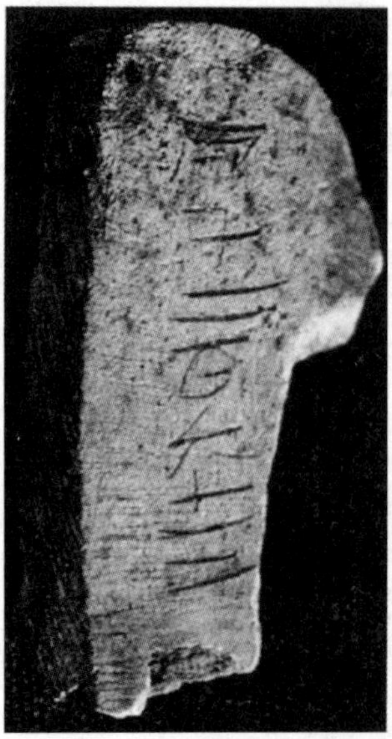

图79 汉代骨笺（十三）文字照

图80 汉代骨笺（十三）文字结体图

年二月“议罢盐铁榷酤”。“榷酤”就是“专卖”。应劭注：“武帝时，以国用不足，县官悉自卖盐铁、酤酒。昭帝务本抑末，不与天下争利，故罢之。”可见盐、铁、酒业是西汉初期的重要行业。古时盐铁是一个国家的命脉，酒又是人们生活中的重要物品，所以，各郡县给京城进贡盐、铁、酒等物品是其重要任务之一。这骨笺上的数字有一部分应当与盐、铁、酒有关。

虽然此骨笺只有一行文字，但我们仔细阅读时，仍觉得有许多可以品味的地方。首先，这种骨笺文字毕竟是用刀刻写而成的，与毛笔书写的效果有一定的区别。如“两”字，从目前出土的汉代竹木简文字上可以见到与此相近写法的字形，但此处“两”字写法的特点却在于内紧外松，又不同于竹木简上文字——这是用刀尖刻画或用较细较硬些的毛笔才能写出的效果。我们在欣赏古代书法作品时，常赞叹竹木简书用笔的自由，结体的美妙，常赞叹“章草”书法潇洒高古，当执笔临习时，却怎么也达不到应有的效果。这是因为临习者在选择书写工具上存在一些问题。临习这种书法时，首要追求“形似”。形要似，就必须使用笔锋稍硬一些的毛笔，如狼毫、兔毫、加健等。笔锋硬就有了刀刻之感，临习时就能接近原作的用笔特点与感觉，就能接近“形似”。

其次，此骨笺上“百”字下部是个圆形结构。笔痕比横道笔画要浅，这是因为刻字者将刀停留在骨笺上转动骨笺所产生的效果，使“百”字产生了一种天真烂漫的感觉。如果我们把这一行文字当成书法作品欣赏的话，“百”字就是这件作品中的“字眼”。每一件完整的书法作品都应有一个或数个“字眼”，它是这件书法作品艺术魅力的关键与灵魂。读罢骨笺文字，当悟此中道理。

汉代墨迹

此部分介绍汉代人留传至今的真实墨迹。由此能直接地观察到汉代人书写时的用笔、结体、书法艺术表现等方面的特点。同时，从汉代人的用字、用词、语言结构等方面，又能正确、直接地了解到汉代人的风俗、人情、典章制度等，能对千百年来史籍上一些以讹传讹的错误给予纠正。行家们说“绢八百，纸一千”。古代常用绢来写来画，其能存于世间最长只八百年，而纸张存世也不过一千年，这当然是指在正常状态下保存的时间。所以，北宋以前的书画就极难见到，幸而能传至今日的，也是寥若晨星，被世人奉为国宝。那么，汉代的这些墨迹何以逾千年而不坏呢？主要是与这些墨迹所附着的物体有关，这些附着物或为竹，或为木，或为砖、陶器皿之类，质地坚硬，大多存在于地下，与空气隔绝，又免去了战争、天灾之厄，所以能够存在至今，并造福于今天的人们。

36 汉陶盆朱书央告文

此汉陶盆出土于民国二十四年（1935）山西修筑同蒲铁路的工地上。原物早失，幸当时山西学人马鉴臣先生手绘其形，又精心双钩出全部文字（字形如下），书法精神丝毫无爽，使之传至今日，可称功德大矣。此陶盆文字共二十三行，每行九字、十字不等，共计二百一十九字。全文曰“熹平二年

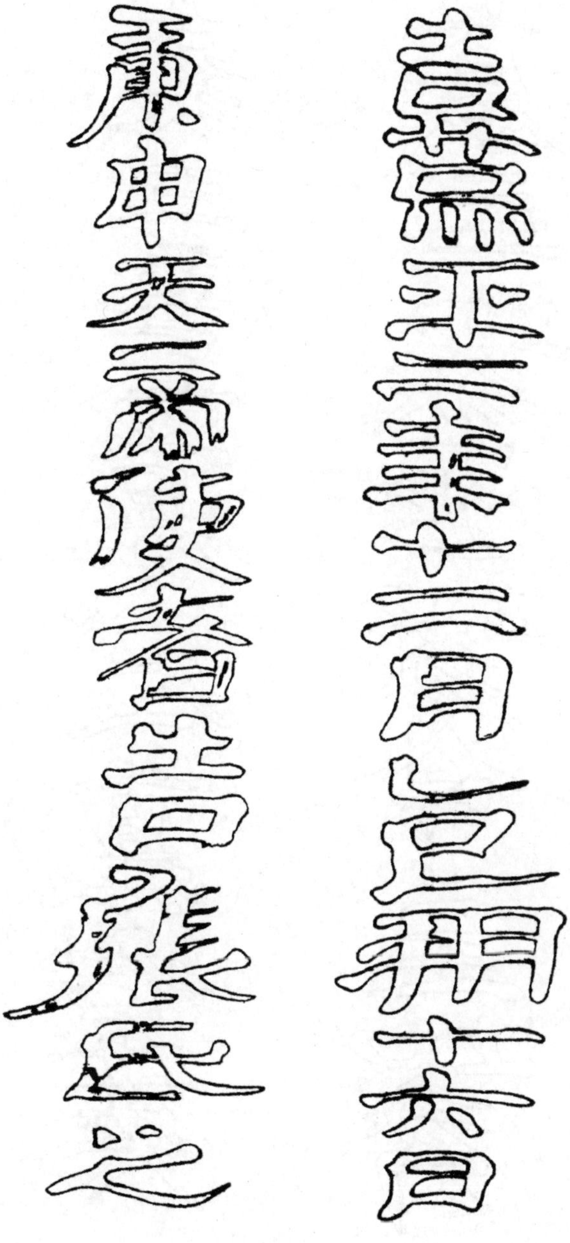
熹平二年十二月乙巳朔十六日
庚申天帝使者告張氏之

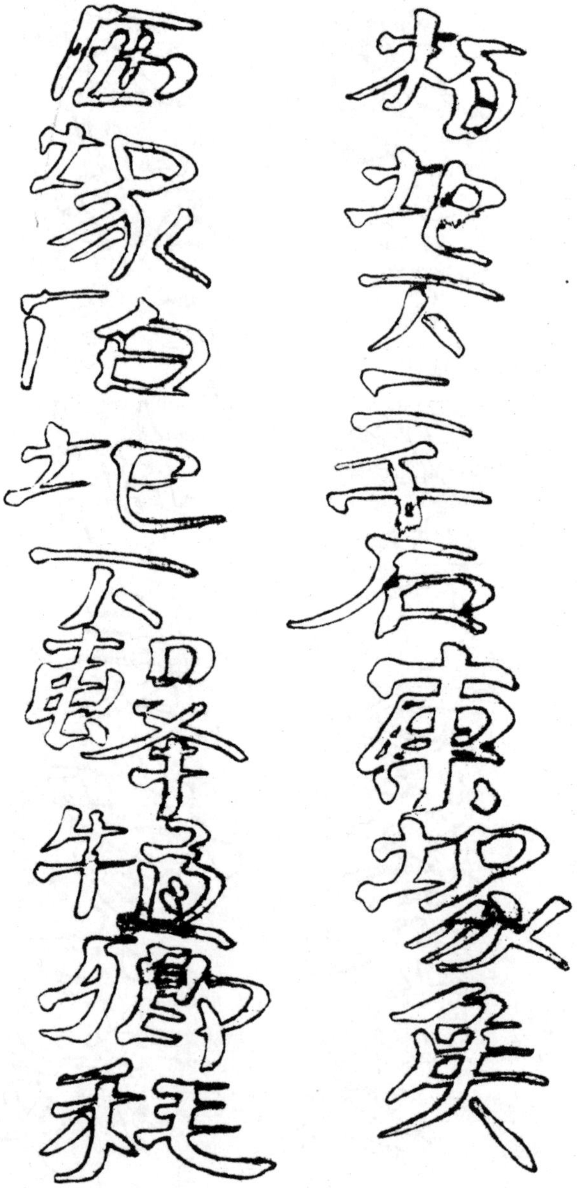

主死人錄各魂各魄主死人

於今後世無有死者上黨
人參九枚欲持代生人鉛人

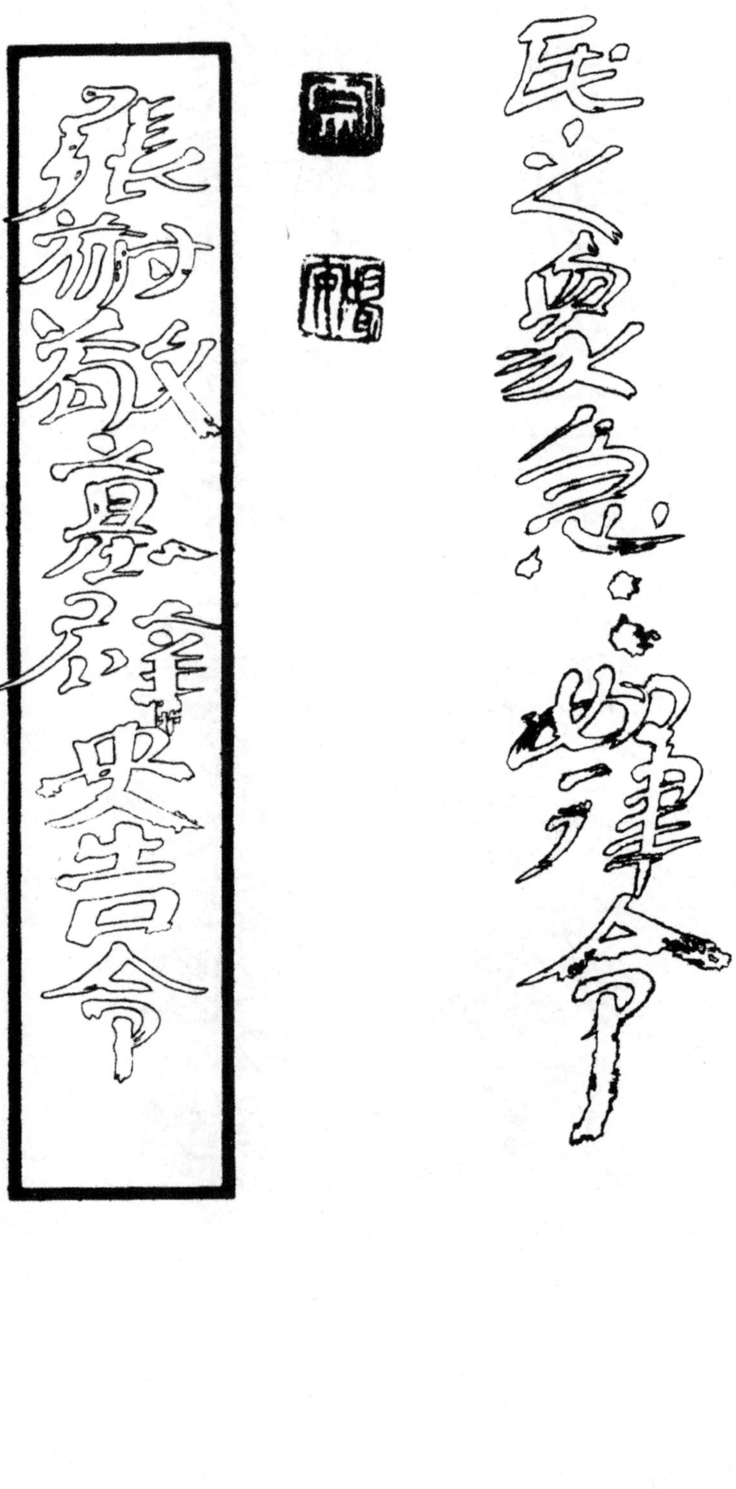

十二月乙巳朔十六日／庚申天帝使者告张氏之／家三丘五墓墓左墓右中央／墓主冢丞冢令主冢司／命魂门亭长冢中游／徼等敢告移丘丞墓／柏地下二千石东冢侯／西冢伯地下击犆卿秏／里伍长等今日吉良非／用他故但以死人张叔敬／薄命蚤死当来下归／丘墓黄神生五岳／主死人录召魂召魄主死人／藉生人筑高台死人归／深自貍眉须以落下为／土灰今故进上复除之药／欲令后世无有死者上党／人参九枚欲持代生人铅人／持代死人黄豆瓜子死人持／给地下赋立制牡厲辟／除土咎欲令禍央不行专／到约勑地吏勿复烦扰张／氏之家急急如律令”。

文中二行“天帝使者”，后世简称为“天使”。此“天使”却与西方宗教“天使”的形象、意义略有不同。西方宗教的“天使”多带翅膀，而中国古代的“村巫”即可自称为“天使”。古人敬畏上天，认为天上有“天帝”，如人间之有帝王，主宰世间一切事物，包括阴间的鬼神。东汉以前，中国尚未有完整的宗教形式与组织，民间宗教多以自然崇拜与祖先崇拜为主。自商周“贞人”发展而来的“术士”，于秦汉时得到了帝王们的认可与重用。在“术士”们的“术语”里，“天帝”是一个极重要的词汇。许多行为要假借“天帝”来实施，许多语言要假借“天帝”来宣布。围绕在帝王身边的“术士”们如此，民间的“巫师”“神婆”们更是如此。此处的“天帝使者”即“村巫”们的自封。他们在民间的婚丧礼仪中起着重要的作用。他们以“天帝使者”的名义代生人发言，与鬼神沟通，以达到鬼神因畏惧“天帝”的威严而不敢来侵扰生人的目的。可以说这种对“天帝”的崇拜是中国道教发展的基础与雏形。

从第四行至第九行，文中所出现的阴间职官名如“丞”“令”“司命”“亭长”之类，是古代人想象中的天上、人间、地下的人事制度相同所致。这些职官名，全是汉代当时正在实施的职官名。

生人不但祝祷自己不受鬼神、灾异的侵扰，而且乞求下界的官吏让死去的家人也能安息。陶盆央告文第十六行至二十行就是这个意思。为了家中不再死人，就献给下界“上党人参九枚”以为替代。“上党”，地名。秦并天下后置上党郡，其地在今山西省东南部长治市一带。因其地域形势极高，有“与天为党”之势，故名“上党”。上党出产人参，品质较好，今谓之“党参”。人参其形似人，所以，将“人参九枚”埋入地下，就如将生人一家九口埋入地下一样（“九枚”也有众多之义），以后家中就不会再有人死了。此举极具想象力，也极具浪漫色彩，同时也增强了活着的人们对今后生活的信心，减少了活着的人们对死亡的恐惧。这就是“巫师”为什么能够存在千百年的理由，这也是各种宗教能够发展的最基本原因之一。人们在追求物质生活的同时，一定要有精神生活。那种“唯物质”的观点，“无所畏惧”的观点，终究要使社会、个人的存在价值遭到破坏。所以，人如有了敬畏之心，就是有了智慧。

古人在为生人考虑完了以后，也要考虑死者在下界的生活。“铅人”，以前人们以为是“铅铸之人”，不确。至今也未见有古代“铅铸之人”出土。“铅人”即陶人，今称为“陶俑”。汉时的陶人上常饰以白粉或绿釉、黄釉。汉代时釉瓷制品尚不发达，绿釉、黄釉的成分主要由铅组成，温度要求不高，便于烧制。陶瓷学上称此种釉为“低温釉”或“铅釉”。“铅人”即这种饰了“铅釉”的陶人。古代的白粉也多为铅烧制而成，饰以白粉也可称为“铅人”。给地下埋入“铅人”，就是让它来替代死人在阴间服役。人世间的各种制度阴界岂能没有，除了服役，税赋也是少不了的，所以将“黄豆瓜子”等由“死人持给地下赋”。南朝宋谢法曹《祭古冢文》中称，在城北掘地得一古冢，“棺上有五铢钱百余枚，水中有甘蔗节及梅李核、瓜瓣”等，祭文曰“蔗传余节，瓜表遗犀”。“犀”，为瓜中的子。《字汇·牛部》：“犀，瓠犀，瓠中之子。”此二句即言，甘蔗靠“节”来传世，瓜则依子来再生。这里用黄豆、瓜子充赋，即取瓜子有子子不断之义，全是为地下死者着想，可见汉时人丧仪用品的寓意之深。

第二十行至二十一行，“立制牡厲辟除土咎”。“牡厲”即“牡蛎”，是一种水中的软体动物，可入药，能止血。古人认为“血”是灾难的象征，故用牡蛎烧成灰和以土，涂于墓壁之上，用牡蛎止血的药性和功能，来禳除灾祸。《说文》：“咎，灾也。”《书经·大禹谟》：“天降之咎。”

该说的说了，该做的也做了，这位自称是“天帝使者”的“巫师”对地下鬼神言道：专文已经行到，请不要再“烦扰张氏之家”了，“急急如律令”!“如律令”是汉代公文常用的后缀语，意思即此文如法律的条令一般，具有一定的权威性。“急急如律令”即“迅速执行这如法律条令内容”。近年出土的汉代朱砂所书的文字上，末尾常见有此句，或简为“如律令”，有些人便认为这是道家之物。因为在文学作品中，有道士“作法”的场面时，常见道士嘴里念着“急急如律令”之类。中国的道教创于东汉后期。起初的道教形式，如汉顺帝时四川张道陵的“五斗米道”，汉灵帝熹平年间河北张角的“太平道”等，他们在宣教时教文多仿公文形式，文后大多缀有“急急如律令”的字样。后来道士在作法事时多继承此例，以示自己话语的权威性。所以，汉时文章有“如律令”之语，并不一定是道家之言，《汉书》上也常可见此语。

此文中有一些异体、借用或今日已经简化变形了的文字，应当指出来，以便阅读。四行“塚”今作“冢”。第六行至第七行，“墓柏地下二千石”，原文“㙁”即今“墓”，“坔”即今“地”。“墓柏”，墓前之柏树。“二千石”，给“墓柏”封的官秩，享“二千石”俸禄，即如泰山之松封为“五大夫”一样。八行“击犆卿”写作“毄犆卿”。“毄”即“擊”，今作“击”，有“治理”之义。《易·蒙卦》：“击蒙，不利为寇，利御寇。”陆德明释文：“击，治也。”“犆”此处读“直”，通“职”。“卿”，爵秩名。“击犆卿”即在地下从事治理事务而职位为卿的“人”。第八行至九行“秏里”，即“蒿里”，指墓地。汉代乐府中有《蒿里行》，“秏”与“蒿”同音，同义。九行“今”写作“仱”。十一行“蚤死”即“早死”。《广韵·皓韵》：“蚤，古借为早暮字。”《论衡·问孔》：“颜渊蚤死。”十五行“貍”同“埋”。“貍”有二音，一读“里”，为动物名；一读“埋”，通“埋葬”之“埋”。《五经文字·豸部》：“貍，经典或借用为埋字。”《管子·山至数》：“民不得以织为緣绡而貍之于地。”十八行“人参”写作“人条”，“铅人”写作“鈆人”。二十行“牡蛎”作“牡厲”。二十一行“祸殃”作“祸央”。《集韵·果韵》：“祸，古作厲。”以上诸字，或为民间俗体，或为古今通义，读者当自明之。

综观此陶盆朱砂文字，无论从文字结构、用笔特点、书法风格等哪方面来欣赏，都可称为汉代人的书法精品。其格调挥洒自如而蕴含法度，妙趣横生而天真自然。虽然这只是汉代一般文人的应时之作，但由于写手经常书写这类文字，对于文字的书写技巧掌握得极为熟练，正所谓“熟能生巧”。我们从其中不难见到那些结构精妙、书写大度的字形来。首行“熹平”二字，大小得当。二行“张氏”之“张”，开合有度。五行“魂门亭长”，大笔森严，令人望而生畏。十二行“五岳”之“岳”，上小下大，形如山岳，巍然屹立。十九行“黄豆瓜子”四字，形态忽长忽短，极具诙谐之笔，将一种万事已备又锦上添花的感觉表露了出来。末一行“急急如律令”，第二个“急”字简化为两点，正好像第一个“急”字迅跑时后面扬起的烟尘，而“急”字下部一撇拉出的“飞白”，更加强了“急”字急速飞奔的感觉。

与河南洛阳出土的“急就奇觚”砖上文字做比较，此汉陶盆上文字的书法风格与之同出一脉。相传西汉史游作《急就章》，是当时习字学书的基础课本。《急就章》上的书体草隶结合，便于书写实用。我们所见到的汉代民间书体多类此形，想必这些书手都是临习《急就章》而成的吧。此陶盆文字书于汉末，这时的隶书体在官方文牍或贵族的碑石书写中已臻很高的艺术境界，而同时兴起的行草书艺术也已得到了一定的发展。从这件书法作品中可以看到，即便是民间的书手，也开始意识到书法作品中需要表现性格、情趣等丰富多彩的内容。敦厚、闲适、激动、哀伤，各种感情都要从书法作品中表现出来，那才是书写高手。阅读过这篇文字，观赏过这篇书法，不能不使我们感叹：古人常常能做到这一点，而今天的我们却常常不能做到。是今天我们的感情世界不丰富吗？是我们练习书法的积极性不高吗？当然不是。只是我们没有全心全意地进入到文字内容的感情世界之中，只是“某是书法家”这种心态隔离了写字与艺术的交融。如此而已。

37 一件汉代民间文字的欣赏

这是一件汉罐上用朱砂书写的文字。（图81）此汉罐为深蓝色陶质，高19厘米，腹径12厘米，口径5厘米，口沿径10厘米，是汉代陶罐的典型造型。文字部分约占汉罐表面面积的二分之一，共八行，每行八、九、十字不等。朱砂文字历时近两千年，至今依然清晰可见，稍加湿润更是灿烂夺目。全文

图81　汉代陶罐上所书朱砂文字是今天人们所见到汉代书法的真迹之一

曰："永元十四年十二月丁卯朔十八日甲申，天帝黄神，下墣墓开。襄解五土刑，襄解县官吏事口舌，謳言廰解五土气，土刑转病不化。请告南方赤帝之神君，服丹纱，主南方，百鬼无过。"

从文字内容上看，此罐不像是放在墓穴内的陪葬品，倒像是"村巫"为病人"作法事"时埋在地下的"祷告文"。这位事主除有病外，还有与官家"吏事"的"口舌"之灾。古人认为世间生人的一切疾病苦难都与地下的鬼神有关联，所以，先要镇住鬼神，才能化解病情。（图82）

"永元"，东汉和帝刘肇的年号（89～105）。"永元十四年"，即公元102年。"丁卯朔""甲申"，皆为古代日、月、年时间的记法。检《后汉书·孝和孝殇帝纪》，永元十四年未见十二月，只记至十一月。再检陈垣先生《二十史朔闰表》，是年十二月果为"丁卯"，知当月无大事，史书故省。"天帝黄神"，古人对天上、地下之神的称呼。"天帝"即"上天之帝"。《诗·鄘风·君子偕老》："胡然而天也？胡然而帝也。"《荀子·正论》："居如大神，动如天帝。""黄神"即地下之神。古人以五色配五行五方，土居中，故以黄为中央正色。《易·坤·文言》："天玄而地黄。"在中国尚未出现"宗教"以前，古人多以祖先崇拜与自然崇拜为主，"黄神"或是古人对"黄帝"的敬称，因为古代"术士""巫师"皆以"黄帝"为始祖。《史记·老子韩非列传》："喜刑名法术之学，而其归本于黄老。”王充《论衡·自然》：“黄者，黄帝也；老者，老子也。”东汉末，道家兴起时，即以“黄老”为祖。“太平道”张角起义时，即打出“苍天已死，黄天当立”的旗号。可见古人对“黄神”的敬畏。“下塻墓开”，“塻”为墓字的变体，即将墓下边的“土”写到了旁边。同一字在同一时间出现时，稍稍加以变化以增加它的美感，这是书法作品中常见的方法。（图83）“墓开”，地下之鬼出入方便，故而成害。“襄”为“禳”的俗体。《说文》：“禳，磔禳祀，除疠殃也。”《左传·昭公二十六年》：“齐有彗星，齐侯使禳之。”颜师古曰：“禳，除祸也。”《儒林外史》第五十四回：“莫不是你伤着甚么神道？替你请个尼僧来禳解禳解罢。”“五土刑”，古代人称五行之中五曰土，“五土”即言“土”。“刑”在此为灾害、伤害义。“五土刑”即“土灾”，土中之灾害。“誳”，音“复”。《集韵·屋韵》：“誳，音备。”齐备，尽全力之义。“厤”，诸字典皆不见载，不知其义，不知其音。与其他汉陶器上同类文字作比较分析，此字应为“厭”字的异体。“厭”今作“厌”，有“镇压”“制服”之义，释为“厌”字在此正好与文义相通。“厌解”即镇住、解去灾害之义。古时有“厌胜钱”即辟邪、禳灾之物。“气”，古人认为“气”是构成万物的元素。《易经·系辞上》：“精气为物。”《论衡·自然》：“天地合气，

图82　汉代陶罐上所书文字有用朱砂书写，也有用白垩土书写，颜色各不相同

图83　汉代陶罐上文字的书体有行书，也有隶书

万物自生。”《论衡·无形》：“人以气为寿，形随气而动。气性不均，则于体不同。”“气”也是构成人体精神的元素。所以这里称“气，土刑转病不化。”人的内神“气”与外在的“土害”转变成灾病，附于人身久久不能化开。于是，这位书写文字的“村巫”请“天帝黄神”转告“南方赤帝之神君”，让他来帮事主禳去灾难。“赤帝”，古人认为上天的五帝之一，为火精之帝。《史记·天官书》：“赤帝行德，天牢为之空。”《史记索隐》：“则是，赤帝行德，主舒散，故天牢为之空。”请“赤帝”来禳灾有两重意思：一是“赤帝”属“火精之帝”，火能驱除邪气；二是“赤帝”行德，主舒散灾难。“服丹纱，主南方，百鬼无过。”这几句即如古代“志”或“颂”一类文章后面的“颂辞”一样。前两句说“赤帝”身着红色纱衣，主管南方诸事。“服”，即穿着。“丹”，红色，代表“赤帝”。红色亦辟邪之色，大约意缘于此。南方湿热，多瘴气，多鬼疠，古人或以为鬼多从南方来。（图84）

此篇文字距今约两千年，又是民间“村巫”的祷告文，要想完全弄懂其中的意义是有困难的，对普通读者来说也实在无必要，只要能理解其中一些关键词以及一些异体字的意思，能欣赏到它的书法艺术性就足够了。为了清楚地了解、欣赏此件文字的书法艺术，下面分两个层次来叙述。

第一，艺术性的表现。所谓艺术性，就是一件文字作品完成后，整体上给予欣赏阅读者感官上的一种愉悦，以及传达到欣赏阅读者内心深处的一

图84　汉代陶罐上书写的文字，展现了那个时代的书写风貌

种震撼力。这一点在古人那里，尤其是在民间写手那里恐怕不是自觉地有意去做的。“村巫”在给陶罐上书写朱砂文字的时候，说不定嘴里还念念有词呢。他写字的主要目的并不是表现书法艺术，但写出来后不论别人懂不懂，都是有人要观看的。于是在“巫师”的心中必然涌动着一种极力表现的欲望，这种欲望就使得这篇文字产生了后世书法理论上所谓的“章法”“用笔”“结构”等艺术现象。“章法”是一件书法作品的基本要素，没有“章法”，行文则不畅。行文不畅，自然就是一盘散沙，没有法度，也就不能称之为书法艺术。此件作品，行与行之间，字与字之间，大小得当，疏密有致。“如老翁携幼孙行，长短参差，而情意真挚，痛痒相关。”（包世臣语）也就是说，此件作品是有一定“章法”可言的。“用笔”一项在此处最易观察到。因为是原迹，汉代人笔墨运用的起伏变化一目了然。笔画的搭配有中锋、有侧锋，有提、有按。用笔方面总体来讲是以飘逸为主。“结构”是指文字的结体是否合理、和谐，这也是一件书法作品成功的关键。如同时出现两个“墓”字，就将其中一个加以变化，“墓”作“塻”。笔画简单的字，增加一些笔画使之丰满，如“土”作“玉”；笔画太繁的字，则适当减少，使之简练，如“穰”作“襄”等。以上几点如果具备，这件作品也就具备了可称为书法艺术品的基本条件。当然，书法艺术品除了具备这些基本条件外，还要具备表现“个性”的充分条件。

第二，个性的表现。个性就是作者对文字结体的独特理解和掌握程度，以及书写时根据字词内容、个人情绪而产生的字形变化，其中包括单个字的变化与整体篇章的书写变化两部分。首行“年”字，长短四横依次排列，表示时间一天一天地过去。二行“帝”字，下部“巾”，包在内部，不使其太下垂，以避开下面上下结构显长形的“黄”字。四行，为强调“口舌”之灾，故将“口舌”二字书写得较大。（图85）此件作品基本不见篆书笔意，行书与隶体的结合是其主体用笔的特征。这也是由书写者书写目的所决定的，即易写易读。既然这是一篇“巫师”写就的“祷告文”，是与鬼神打交道的，所以，书写上就存在一些怪诞之气，借以增加气氛。如将“墓”改写成“塻”，“謟”字为“备”义，却失“备”形。“廲”字太生僻，更不知从何而来。这些字词的运用与变形，就是“巫师”在表现自己的个性与非凡之处。

应该再次强调的是，这件“书法”作品是约两千年前所写的。每个时代都有每个时代的特点，每个时代的文字也有为这个时代服务的主要功能。我们可以从这件作品中学习古人的用笔、章法及结构，学习古人书写文字时的自信、自得的情趣。（图86）但生僻之词、怪诞之字的运用，就大可不必“追古”了，因为我们这个时代对文字艺术的要求是“表达”，而不是“猜度”。

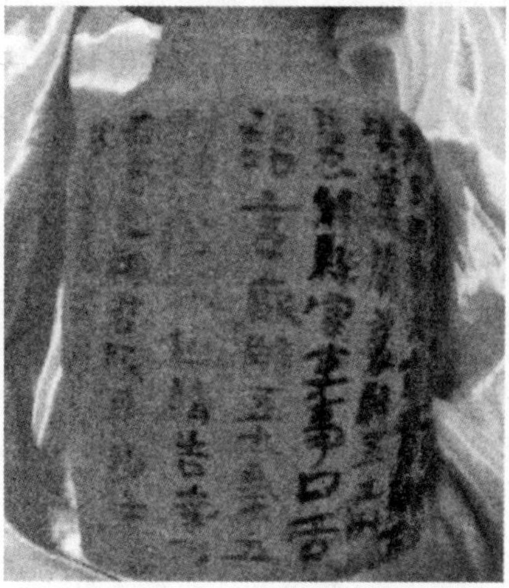

图85　汉代人书写的章法变化最值得今人学习

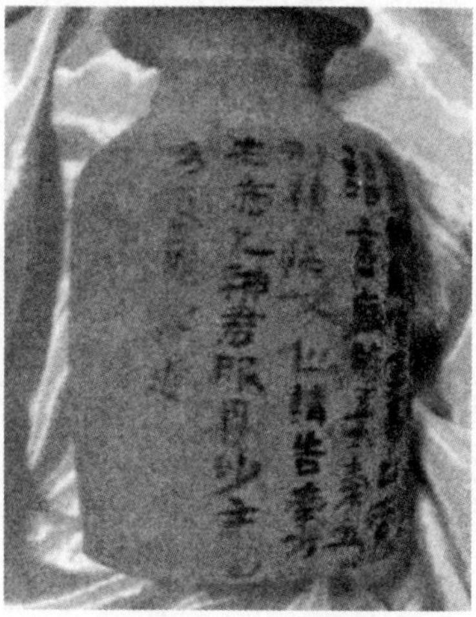

图86　汉代人书写的笔法沉稳是其特点

38 神瓶丹书，千年炳耀

按照今天的习惯看法，我们多将此种形状的器皿一律称之为“罐”。但此器上有汉代人所书“神瓶丹书”四字，知汉代人实将此种器皿称为“瓶”。所以，在此仍沿用古称。此瓶高17厘米，腹径16厘米，口内径7厘米，口沿外径11.5厘米。朱砂文字写满表面，共三十行，每行六、七、八字不等。有些字因损泐不清，故不能尽知其字数共有多少。（图87）全文如下：

“延熹五年闰月庚戌朔十二日辛寅、天帝使者、青鸟使者、黄神子，谨以律令为李氏之众镇解厌，除咎央，后死李。

“重复八魁九妖，天煞破召，及死所欲塟。塟其土危，星□不良，月宿失度。及葬所犯坐，皆为除患央。李□人移，遊幸勿劳苦，勿责人神，勿责溢者，勿责父母、兄弟，勿责孙子、妇子，勿责妻子，失声叹息。勿责宗子□里。故以人参、铅人为代，当重□□天央所过，央□□行，如欲有害，待人参、铅人膺□。神瓶丹书之消，下听大神五召，五精六主其乡。子午卯酉，□以阴阳。千秋万岁，长乐未央。死人过除，生人为官，如律令。”

全文虽残损了不少字，但大多数依然清楚可见，文字内容也基本能够了解。这是东汉时期“巫师”为一李姓死者改换葬穴而书写的告文。文中“李”字下空一格不写字，以示对李氏的尊重。这种行文格式，一直沿用到民国，有的空格，有的抬格，视情况而定。（图88）此法今已废除。首行，“延熹”为东汉桓帝年号。“延熹五年”，即公元162年。检《后汉书·桓帝纪》延熹五年之中未见书闰月为几月。检《二十史朔闰表》知闰月为十月。三行“天帝使者、青鸟使者、黄神子”都是“巫师”的自称，以示自己身份的合法性与权威性。“青鸟”，传说中西王母的使者与侍者。班固《汉武故事》：“有顷，王母至，……有二青鸟如鸾，夹侍王母旁。”后多以“青鸟”指神的使者。六行“厌”，此处写作“厭”，其他陶器文字上又作“厤”“厴”。“厌”，此处为抑制、镇服各种邪恶、灾害之义。古有“厌胜”一词。《史记·高祖本纪》：“秦始皇常曰：‘东南有天子气’，于是因东游以厌之。”《广雅》：“厌，镇也。”此处“镇”“解”“厌”

图87　你想了解一千多年前的人们是如何写字的，汉代陶罐上文字最可靠

图88　汉代陶罐上文字多有异体变形文字，这是时代特色，今天的读者应当注意

意义相同字的排列，目的在于使语气上有一定的变化，使语意有一定的加强。七行，“咎”，《尔雅·释诂上》：“咎，病也。”《说文·人部》：“咎，灾也。”“央”通“殃”。“除咎央”，即“除灾殃”。八行，“八甦”，“甦”，鬼的俗体。《玉篇·鬼部》：“甦，鬼也。”“八鬼九妖”形容灾害甚多。十六行，“塟”即“葬”字。《隶辨》集录汉人书多此类写法。（图89）北魏郑道昭《郑文公下碑》上“葬”字也是如此写法。十五行末二字不甚清晰，细审似为“溢者”二字。“溢”古时通“佾”，二字读音相近，意为古代舞蹈、礼仪活动时的行列。《汉书·礼乐志二》：“千童罗舞成八溢。”颜师古注：“溢与佾同，佾，列也。”“溢者”，即作法事仪式队伍中的人。十七行，“妇子”，此处应为“儿媳”义。《尔雅·释亲》：“子之妻为妇。”“妇子”也当妻子讲。《诗·豳风·七月》：“同我妇子，馌彼南亩。”因后面十八行又出现“妻子”一词，此处不当为“妻子”义。秦中方言有“媳妇子”，指“儿媳”，“妇子”应是省称。十九行“宗子”，古代宗法制度，嫡长子称为“宗子”，以承继大宗。《诗·大雅·板》：“怀德维宁，宗子维城。”《郑笺》：“宗子，谓王之嫡子也。”二十二行，“害”写作“宫”。汉《孔彪碑》及马王堆出土竹简《老子篇》《孙膑篇》上“害”字皆如此写法。二十四行“㕘”即“参”字。“人参”“铅人”是汉代陪葬必不可少之物。文中称：“如欲有害”，就可以“人参、铅人膺”，“膺”有当、承应、抵当之义。《字汇补·肉部》：

图89 汉代民间书写者因文字使用对象不同而有所自由发挥

“膺，当也。”《书经·武成》：“诞膺天命，以抚方夏。”《诗·鲁颂·閟宫》：“戎狄是膺，荆舒是惩。”“膺”与“惩”同义。“膺”下一字不甚清楚，似是一“刑”字。“刑”为灾害之义。（图90）此句意为：如要加害生人，有人参、铅人承当此灾难。最后三行，因瓶面上所剩空间不多，所以，较前面几行文字要写得紧密些。（图91）从文章内容看，此种文字应是汉代的“巫师”们随手即写的文字，并不需要有底稿，随想、随念、随写，文辞属俗俚之类，故今人多不知所云。但其中不少信息，却可作为研究汉代历史、民情的第一手资料。如汉代许多年间的时间闰朔，《汉书》《后汉书》《资治通鉴》等史书上并未一一记录，据此文字的时间闰朔，则可补史书之不足，也为研究历史者提供了一些古代天文历法的资料。再如汉代的丧葬礼仪、习惯等，用“人参”“铅人”陪葬，既可代替死者在下界服役，又可避免地下鬼神加害世间生人，因为“人参”“铅人”就代表世间生人。古人为死者祷告、作法事，不仅仅是为了死者，多数意义上还是为了生人。即如此陶瓶文字末尾所言：“死人过除，生人为官。”多么好的愿望，而且这种愿望将如“律令”一般，马上就要执行。

此篇文字虽有不少字迹不能辨出，但细细读来，大多数的文字还是能够看出其笔意的。首行四字为全篇最大字形，是典型的汉代“八分书”写法。如将此四字刻在碑石上，然后再拓印出来，我们会毫不迟疑地说：这是汉隶。《石门颂》《礼器碑》之类与此风格无异。而当我们直接观看汉代人的这种墨迹时，我们就犹豫了，因为我们可以看出这些文字用笔的起伏，用

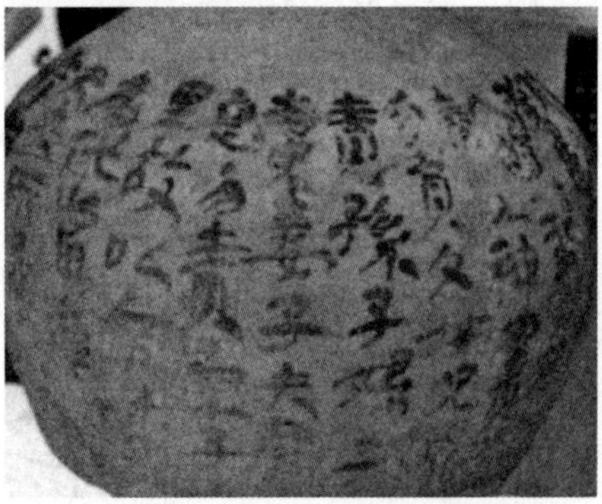

图90　汉代陶罐上朱砂文字或可以作为今人最好的临习楷模

图91　颇具章法的朱砂文字

墨的浓淡，一种活泼、有生气的文字在我们眼前跳跃。（图92）按我们今天的标准，我们或者想说这是“行书”，因为它是那样的灵动，并不像我们从碑石上看到的那种“隶书”，也不像今天以写“隶书”著名的书法家所写的那种“隶书”。可是这的的确确是“隶书”，是汉代人所写的“隶书”。按今天书法理论上的分类，此篇文字隶书的用笔成分占了八成以上。“巫师”的祷告文，毕竟不是专业的书法作品。他虽然也遵循了那个时代的主要书写风格，但因职业的习惯和内容的要求，此文极有可能是在作法事的现场写的。所以，这种文字必然会出现跳动的、活泼的、多样的风格。如首行“年”字，神采飞扬；二行“闰月”二字，敦实可爱；“庚戌”之“戌”，奇特地翘起了双肩。在汉《夏承碑》中有这种写法出现。五行“以”字，笔画较少，左旁古人常写作“口”形（汉隶写法最多），为了避免单薄之感，书写者将此部分墨色加重；右旁“人”，撇画轻而劲健，捺笔重而厚实，虽为简单的一个字，却采用了多样的着墨变化。不敢说这是古人的有意所为，但习惯成自然，由此也可以看出古人在文字书写基本功上的用力之深。从第十行开始，朱砂色彩忽然加重，光鲜照人，字迹如新，近两千年前汉代人书写文字时的用笔特点一目了然。汉代人所使用的毛笔，正如前人所说，是以羊毫为主，夹以兔毫之类。从这几行文字的线条看，线条丰厚而富有弹力。

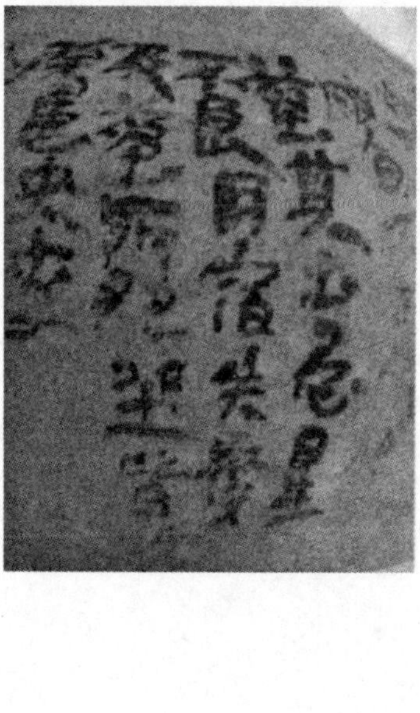

图92　活泼有生气，是汉代人书写的特点

十行“其”字，最末一笔，手腕一回，轻点一下，“其”字骨肉于是具备。十一行“月”字，左右两笔一轻一重，提按分明。这说明古人所用之笔既厚重又有一定的弹力，纯粹的狼毫硬笔是达不到这种效果的。十一行最后一字“度”，特别有个性。上部横画拉出字外，下边“又”部，没有按正常结构撇捺两笔左右延伸，而是将最后一笔直拉到瓶底处，几乎等于整个字的长度，把“月宿失度”后的不安情绪，充分在“度”字上表现了出来。十四行第二字“遊”，这是本篇文字中最有趣味的一个字。用现代人的说法，就是极有个性，极有时代感（指我们这个时代的感觉），诚不知这位“巫师”是如何一种想法写出这种字形的。“遊”字左部宛转曲折后向下拉一横笔，就算是“走之”了。这种感觉，在清初傅山、王铎，清末吴昌硕、王一亭等人的书法作品中时常见到。所以，我们这个时代的人看到此字的写法时感到很熟悉，很崇拜，因为当今不少人都在学这几位书法家的作品风格，这位汉代的“巫师”也算是这种“风格”的先驱吧。二十四行“神瓶丹书”四字，余以为，这是本篇文章从文字到内容的灵魂所在。（图93）此四字居整篇文字的后部，这时“巫师”的手也写“热”了，精神也进入了“状态”。“神瓶丹书”四字，从用笔上看，不温不火，神凝气定，无一丝懈怠。毫不夸张地说，魏晋南北朝时期，钟繇、皇象、索靖、“二王”等大家圣手的书法精神皆

图93　此件陶罐文字中“神瓶丹书”四字写得最具风采，也最能代表此件器物的内容

从此处而生。从结构上看，此四字不偏不倚，中规中矩；神情内敛，疏密有致，丝毫不做夸张的变化。唯"丹"字左边浓重一笔，展现出字义的内涵。

品味这些文字，我们会有这样一种感觉：它灵动潇洒的笔势，是自然而然涌流出来的。有速度，但不轻率；富流动，却又坚实。所谓"下笔如有神"，即此境界。

39 断续文字，灿烂如星

此瓶高23.7厘米，底径6.4厘米，肩径12.5厘米，口径6.2厘米，口沿外径8.5厘米。瓶体上大下小，深灰色陶质，是典型的东汉陶瓶形状，俗称"棒槌瓶"。由于此瓶表面被侵蚀严重，其上文字大多斑驳，少量残存文字已断续不能成文。从文字痕迹上分析，此瓶原有文字十八行，每行十二字。所幸首行前二字尚可辨认，知为汉光和年间物。（图94，图95）

"光和"为东汉灵帝刘宏的年号，共有七年（178—184）。检《后

图94　此件陶罐文字虽残损，但书写精湛，可做书法范本

图95　仅看"光和"二字就可见东汉书法的成熟

汉书·灵帝纪》，未见"光和七年"的记载，"六年"之后只书"大有之年"，无内容，不知何故。文中有"黄神""葬""厌"等字形，最后一行尚能看出"如律令"的字痕来。可知此瓶仍是"告文"之类。我们虽不

能知全文内容，但其中有些词句甚是优美，似乎更具有一些“文学性”，值得欣赏。七行至九行，曰：“神化为土，龙化为□。□白为虎，□白为覆。葬□有白为敬，蛭白蛭当。”（图96）这些词句在至今所能见到的汉陶文字中是第一次出现。我们知道，在中国的丧礼中白色是主要的颜色。故此文中有“葬□有白为敬”的说法。《说文》：“白，西方色也。阴用事，物色白。”《周礼·春官·宗伯》：保章氏“以五云之物，辨吉凶”。“五云”即五色云。汉郑玄注：“青为虫，白为丧，赤为兵荒，黑为水，黄为丰。”白色除代表丧事外，还有洁净的意义。这也是古今中外丧礼中使用白色、“以白为敬”的原因之一。《易·说卦》：“巽为木、为风……为白，为长。”孔颖达疏：“为白，取其风吹去尘，故洁白也。”《汉书·匡衡传》：“任温良之人，退刻薄之吏，显洁白之士，昭无欲之路。”今天一般人只知道白色是葬礼中的主要色调，象征阴间之事，实际上还有一层意义被忽视了，那就是用白色来表示对死者的尊敬，来表示上帝已赦免了死者的罪过，死者已是洁白的了。人死了，就如一张白纸，当重新再来。由此可见古人胸襟宽广、待人敦厚、能够原谅别人的一面。这也是中国传统文化中值得称赞的一个方面。九行，“蛭”通“至”，谐其音。十一行“曰有踋朵”，“踋”读如“纠”。《龙龛手鉴》：“踋，……丑行之貌。”“踋”，形容走路样子不好看，东倒西歪。“朵”即“朵”的异体。以手牵小儿学走路谓之“朵”。“踋朵”即需要用手牵着行走。

谈到此瓶文字的书法艺术性，章法疏朗是其特点之一。此瓶上大多数文

图96　晋代二王书风实由此为开端

字虽不能识读，但其整体结构还能清楚地看出。与其他汉代陶器上文字相比较，此篇文字行与行之间，字与字之间留空较多，而且均匀得当，整篇没有前松后紧、上宽下窄的弊病。（图97，图98）字与字、行与行之间要留多少空间，书写者似乎早就成竹在胸。所以，他书写起来就有一种闲庭信步、悠然自得的感觉显露出来。行笔或走或停，结体或长或短，全是自然而成，毫无做作态。观赏这样的文字，无疑是一种享受，是对当今处于烦躁之中人们心灵的一种净化。

五代时书法大家杨凝式有一件书法精品《韭花帖》，历代被人称颂不绝。其章法结构的特点就是闲散疏朗，行距、字距很大。董其昌评论道："少师《韭花帖》，略带行体，萧散有致，比少师他书欹侧取态者有殊"，黄庭坚有诗为赞："世人尽学兰亭面，欲换凡骨无金丹。谁知洛阳杨疯子，下笔便到乌丝栏。"诗中说：人们都学习王羲之的《兰亭序》帖，而苦于不能脱其窠臼。而杨凝式（因其书法以狂乱著称，后人称为杨疯子）下笔就达到了一种新的境地。后人以为杨凝式学王羲之书法的精神故能脱俗，其实王羲之与杨凝式的"根"都在两汉人书法的境界之中。观赏此瓶文字，不能不让人想到王羲之，想到杨凝式，想到《韭花帖》。

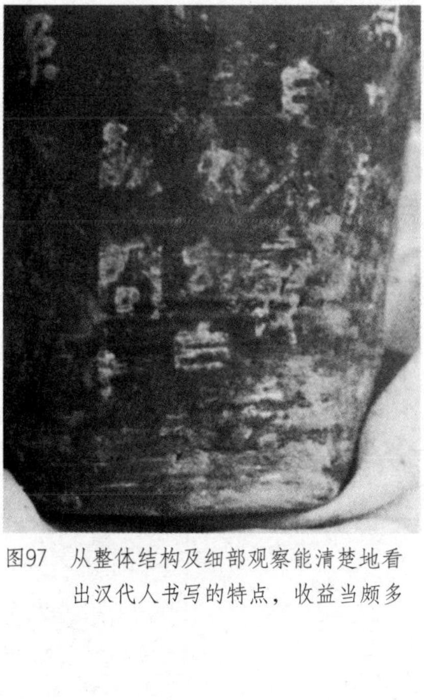

图97　从整体结构及细部观察能清楚地看出汉代人书写的特点，收益当颇多

图98　全篇布白得当是汉代人的拿手好戏

此瓶书法上的第二个特点就是书写规范。这篇文字书写规整，不急不躁，异体字使用得也不多。这也是与当时社会上要求书写、传抄中避免使用怪异字的呼声是分不开的。汉灵帝“光和”年以前就是“熹平”年。那时，因为没有统一印刷的书籍，儒生们读书全靠传抄，文字讹讹，弊端日出，有蔡邕、杨赐等人，奏请正定六经文字，由蔡邕自书丹于碑使工刻石立于太学门外，作为经籍文字的标准版本。此后，错讹文字之风得到了一定的遏制。这是“熹平四年”（175）的事，距此瓶书写的时间正好早十年。也就是说，这十年来人们在文字书写的规范上有了一定认识，特别是那些有一定文化水平的人。而书写此瓶的“巫师”也一定具有相当的文化水准，从他的遣词造句、书写优美规范就可证明这点。

首行“光和”二字。“光”字作为整篇第一字，没有见一丝仓促下笔、结构生疏的感觉，而是笔笔回锋内敛，神凝气定。末一笔画，挺劲而无火气，修养十足。二行“黄”字，稍呈长形，用笔活泼可爱。七行“神化为土”四字较为清楚。若不说这是汉代陶瓶上的文字，将此四字换一个地方，我们恐怕都不会说这是汉代人所书的，而会认为是魏晋人或唐人的作品。出现这种现象是因为这篇文字楷书化的特点比较明显。一般人总是以“汉代的隶书、魏晋的行书、唐代的楷书”这种文字发展的模式来欣赏认识书法作品。这种文字发展进程表，只是一个大框架。其实，各种文字体势在文字发展到一定的时期（特别是汉代）都是交叉发展和完善的。某一时期，某一种字体作为主体，并不意味着其他字体不存在。在十四行，只有一个“乡”字特别清晰。前文曾见一“乡”字，写法与此大异。此“乡”字结体平稳，没有大起大落的笔势。左边部首用笔稍细，书写极精致讲究，笔锋的弹力使用得恰到好处。中间与右部则稍稍厚重一些。这些用笔上的稍加变化，那种刻板生硬的草莽之气就顿时消散了。若将此“乡”字放到王羲之的书法作品之中，你会无法辨出哪个字是汉代人书写的，哪个字是王羲之书写的。这是因为被后人誉为“书圣”的王羲之，其书法艺术的“根”就在汉代，就在这些汉代书家的书迹之中。

40 灵动的汉代文字

此汉罐较一般有文字的汉代瓶、罐稍大一些，高约25厘米，底径22.5厘米，肩径26厘米，口径7.5厘米。（图99）口上外沿已残损，可以看出原样为外翻沿形式。此罐烧制时温度较高，表面已有瓷化现象，较为光滑而坚硬，因而当时所书写的朱砂文字不能很好地吸附在陶罐表面而容易脱落。（图100）加之千百年的时间，时至今日大多数文字已不能辨认了。依据字痕，我们还能看出此罐上的文字分为两部分：一是祷告文部分，共十六行，每行约十字；二是咒符部分，共有三道大字咒符，咒符行间又夹有两行字。

此罐在行文的书写格式上有一特殊情况：文字虽是竖写，但排列却是由左至右，与一般旧时的行文顺序相反。

首行尚能看出有“建宁三年六月”的字样。最后一行还能看到有汉罐上常见的文字“如律令”，“如”字尚存大半。“建宁三年六月”几字，较后面其他文字都要大几倍。这是为了突出“时日”而如此。“建宁”为东汉灵帝刘宏的第一个年号。“建宁三年”即公元170年。二行“旦□良可以葬，四门关□”，第二字不可识。（图101，图102）“旦”，为早上之义。《说文》曰：“旦，明也，从日见一上。一，地也。”在这里应是指农历的每月初一日。曹操《求言令》：“自今以后，诸掾属、治中、别驾，常以

图99 汉代陶罐上的朱砂文字保持一定湿度后则更清楚

图100 朱砂文字细部

月旦各言其失，吾将览焉。”《南齐书·礼志上》：“秦人以十月旦为岁首。”“良可以葬。”《说文》：“良，善也。”在这里应指“良辰”之良。“良”又是“埌”的异体。“埌”作坟墓讲。《庄子·列御寇》：“阖胡尝视其良。”陆德明释文：“良或作埌，音浪，冢也。”这两种意思在此处都能讲通。一是：“今日为良辰吉日，可以下葬。”因“良”上还有一字不可辨，或是形容“良”字的。假设此字为“吉”，另一种意思即：“风水极佳的坟墓已成（吉埌），可以下葬了。”“四门关□”，“四门”指东南西北，四方之门。《书经·尧典》：“宾于四门，四门穆穆。”此句意为：四方之门关闭，鬼魂就只能进入他的墓穴，而不能乱跑扰人了。

正如前文所言，此罐上的文字虽只剩片言只字，但从隐隐约约风韵犹存的行气中，依然能够透出文字完整时的神采飞扬。首行几字形大色重，用笔沉着有力，隶书味浓。东汉建宁年间的几通名碑如《张寿残碑》《衡方碑》《史晨碑》《夏承碑》《西狭颂》等，书法风格正与此几字合。《西狭颂》上“建宁”二字，更与此类同。从第二行开始，文字变小，“良可以葬”等字，是典型的行书风格。案上正好有苏轼书《表忠观碑》的旧拓本，随手翻阅，竟发现东坡书风与此书法风格十分相近。如“良”“可以”“四门”等字，皆能从碑中找出风格形态相似的字来。这些字大都用笔厚重，中锋侧锋兼施。起笔回锋，末笔收锋，都在运动中进行。观其书法，就能感受到这种

图101　注意观察用笔的轻重

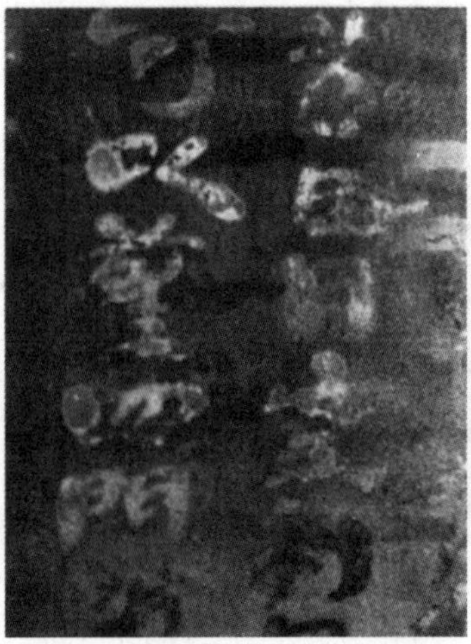
图102　圆润也是汉代人书写的特点

动感是始终如一的。第十二行“生人”之“人”字，末笔不似一般人写字时重笔捺出，而是采用回腕翻锋的写法。宋代书家吸收此法的最多，如米芾、苏轼、蔡京等。第十三行“死生异”之“死”字，上部一横向上弓，两头向下，弧度较大，极似一宝盖头。仅从这一横笔上，就能看出汉人的精神来。（见图100）“生”字笔画虽少，但细细品味，其中用笔、结体上的特点并不难看出，即文字在构成中运用了“向背”的手法。“生”字第一道横画向上取势，背向下稍弓，第二道取平势，第三道则向下取势，背面上弓，两端向下。“生”字的几道横，形成了一个上下呼应、笔画之间遥相支持的字形，这样一来，文字就不会生硬刻板，仿佛有了生命，产生了动感。就像树上的叶子，如果是一律朝着一个方向长，那就不是活的、有生命的树了。活树的叶子都有“向背”。

此篇文字虽每行都有数字可识，但完整的词句已难见到，所以也就不必进行考释了。罐上有三道大字咒符，书写各不相同，惜字迹模糊，不能完整识出。在强光下，尚能看出其中一道咒符的基本形状，手摹出来以供研究民俗者参考。此罐上咒符灵验不灵验，我们无从知道，但我们知道这些文字是灵动的，值得学习。（图103、图104）

图103　民间祛灾的咒符

图104　祛灾的咒符写清楚后大约是这样的

41 古意直逼《大开通》

此汉瓶陶质，色深蓝，其上文字完整少损。书法极似“石门十三品”中的《大开通》。（图105）但此文字是用血和颜料混合成“墨”而书写的，千百年来“墨色”已起了变化，黑而暗，只有在强光下才能辨清。此“墨”不知是用人血还是其他动物的血调和成的。中国古代传说狗血、猪血可以辟邪，或是此类也不一定。

此瓶高25厘米，底径8厘米，肩径13厘米，口径5厘米，口沿外径8.5厘米。瓶上文字，大字四行，每行三字。大字行间有小字共四行，每行九字。大字文曰：“人道通，鬼道塞。阳道南，阴道北。”（图106）小字文曰：“解八鬼九妖祟月扰葬；解大患小患复鱼之鬼；解天句地拔上朔之神；解天苏地苏丘丞墓侯。”大字为典型的隶书写法，小字则为流畅的行书写法。此瓶仍是汉代的一种“厌胜”之物，即镇压、抑制鬼邪的“法物”。其上文字由巫师负责书写，并主持举行一定的仪式后埋入地下。此瓶不一定是与死者同时埋入地下的，也有生人感到有鬼魅作祟时或死者“托梦”言其在阴间有不利之事而频扰生人时，生人便请巫师来作法事，并制“厌胜”之物，用以

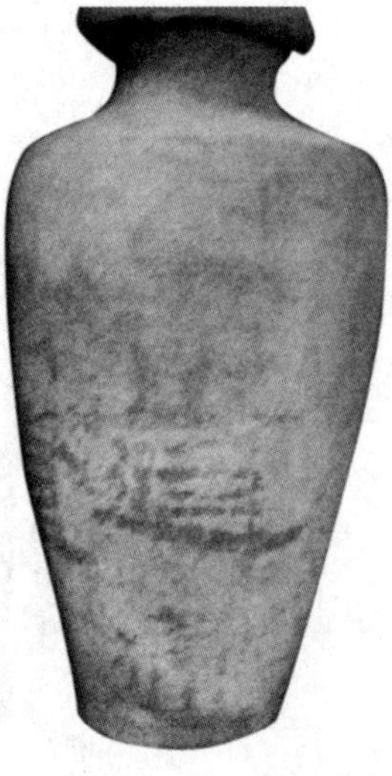

图105　此陶罐上的书法极似“石门十三品”中的《大开通》

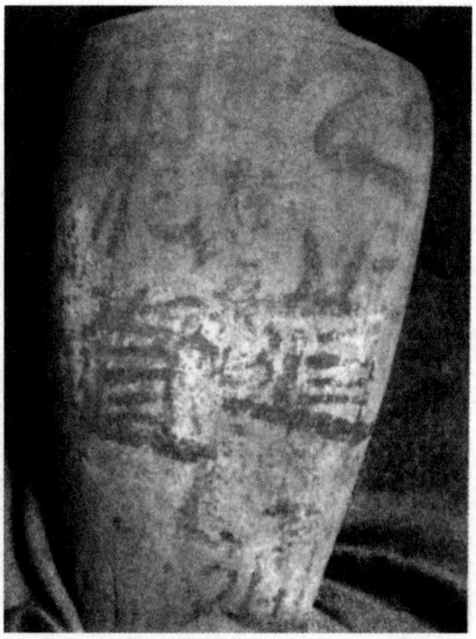

图106　汉人书法用笔法在此展现无遗

驱邪镇妖。汉魏、六朝小说家言如《汉武故事》《搜神记》《列异记》等，多记有此类故事。

大字中所谓“人道通，鬼道塞”者，是巫师咒语。人鬼二道不能相通，将鬼道闭塞住，鬼就不能随便来人世间扰人了。“阳道南，阴道北。”是言人鬼二道应相背而驰，各行其道，互不相干，否则就要有灾难。古时小说家讲人鬼交流的故事，多数都无好结果，就是说明这个道理。小字部分每行之首都有一“解”。这是在强调此瓶代表巫师，可以“解除”各种灾难鬼邪。首行“八鬼九妖”，是言作祟的鬼妖之多。“鬼”写作“甶”。二行“复重”，“重”即“重”，读如“虫”。古时指丧礼中用木制成的牌位。《仪礼·士丧礼》：“重木，刊凿之。甸人置重于中庭，三分庭，一在南。”《尔雅·释言》：“还、复，返也。”即往来、返还之义。《易·泰卦》：“无往不复。”古时将人死后招其魂归来称为“复”。《礼记·檀弓下》：“复，尽爱之道也。”郑玄注：“复谓招魂。”“复重”，即魂归于牌位之上。鬼魂久居“重”上，不回阴间，人鬼不能相安，这也是一种灾患，故要解之。三行“天句”，“句”本义为“勾”。《说文》：“句，曲也。”古音读如“勾”，后人在曲勾之义时读“勾”，章句之义时读“具”。后改曲勾义为“勾”字。此处“句”为拘捕、捉拿义。古语道“小鬼勾魂”即此。“天句”，即上天要拘人魂魄。“地拔”，“拔”，取也，言地府之吏来“拔取”人的魂魄。“朔”为北方的称谓，“上朔之神”，即北方之神，亦主阴间事务的鬼神。四行“赤”即“赫”。《集韵·陌韵》：“赫，《说文》：‘火赤貌’。亦作赤。”《方言》卷十二：“赤，怒也。”《诗·小雅·节南山》：“赫赫师尹，民具尔瞻。”“赤”，又为干旱之义。《诗·大雅·云汉》：“赫赫炎炎，云我无所。”《毛传》：“赫赫，旱气也。”“天赤地赤”，或指天地旱灾，或指天怒地怒。“丘丞墓侯”，前文已有说明。古人以为地下一切制度如人间，职官称谓一样，故称丘陵之神吏为丞，墓穴之神吏为侯。

正如标题所称，此件陶瓶上的书法艺术极近汉代摩崖石刻《大开通》的特点。《大开通》，全称《汉鄐君开通褒斜道刻石》。因其文字之大汉代未见，故称《大开通》。此石刻于东汉明帝永平六年（63）。石在陕西勉县之北，是现存东汉摩崖刻石中最早的一种，古意盎然，为世人所重。此瓶上大字基本上具备了与《大开通》相同的艺术特点：第一，以篆作隶，藏头护尾。第一行第一字“人”，起笔回转四顾，用墨饱满有力，是典型的汉篆笔法。只观看石刻拓本，是无法欣赏到古人这种力量与内涵相结合的用笔真谛的。四行大字每行都有一“道”字，而各具面貌。（图107）“道”上部是一“首”字，“首”是人头之义。此处“首”上三点笔画，如人的头发直直竖起，极具夸张性。而且这一部分就几乎占到了整个字的一半，笔墨敦实可爱。《大开通》上“道”字，与此结构写法基本一致。第二，方正安闲，静中寓动。四行大字的笔画基本取向都是横平竖直。“通”“道”二字的“走之”末一笔，也写得平直饱满。“通”字上之“甬”部，挺劲正直，与“走之”的饱满相配合，使整个字的结构布局有一种静中寓动的感觉。而“道”字的“首”部，在整个字中如此夸大，一种奇伟之气逼人却步，真是不可思议。二行首字“鬼”，忽写作长形，而且多出一条“腿”来，干瘦凌厉，令人望而生畏，是真“鬼”字。三行“阳”字，左旁笔画少，却占了整个字的一半，观之并无不协调之感，这是因为左旁虽简，但加大了笔道，加重了笔墨，右旁繁则改为细笔，着墨亦轻。轻重繁简，和谐得当，自然能产生一种不同寻常的效果来。四行“阴”字的处理是用同样的手法。康有为在《广艺舟双楫》中评论《大开通》时说：“变圆为方，削繁成简，遂成汉分。”

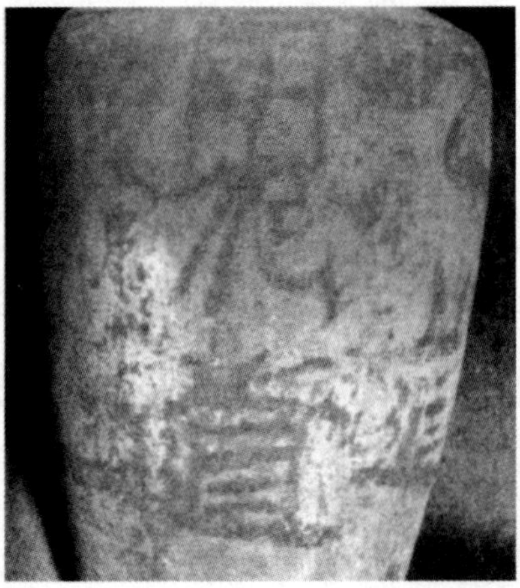

图107　此陶罐上有四个“道”字，写法用笔各不相同，这就是古代书法的特点

《大开通》是“以篆笔做隶者。”若以康氏此语来评此瓶上文字，也可谓恰如其分，名副其实。

除大字外，瓶上小字同样别有特点。每句起首的四个“解”字，也各不相同。所谓“钟张之绝，二王之妙”，实在都是出于此处。这再次证明魏晋人的绝妙行书是从汉人那里发展而来的。观此可知，汉代人的行草书法已臻绝妙之境地。只是当时并未将此种写法作为官方的主要书体，在传世的众多碑石中也是以篆隶为主体。所以，在汉代竹木简尚未出土前，在汉人朱砂墨迹尚未出土前，人们无法了解到汉代人的行草书究竟发展到了怎样一种地步。所谓“隶书是汉代人的专长”，这种说法是没有错的，但要说汉代无行草书体，那就不符合事实了。今天，我们在这里谈论汉代陶瓶、陶罐上的文字，对于中国文字发展史来说，对于中国书法发展史来说，其意义和价值是可想而知的。

42 汉代人的信札

这是一件汉代人写在木简上的信札，共二十片，每片长约28厘米，宽3—4厘米。每片上有文字或一行或二行，每行十五六字不等。由于残损和木简表面的污垢，使人无法读出木简上全部内容。但从个别较清晰的文字内容、行文语气上来推论，此件木简应当是汉代的“信札”或“谢恩表”之类。（图108）

文中有“为司隶校尉”之语。司隶校尉为职官名。“司隶”一职周代时已设置。据《周礼·秋官司寇》，“司隶”为“司寇”的属官，主管“五隶”事务。“五隶”即罪隶、蛮隶、闽隶、夷隶、貉隶。检《汉书·百官公卿表》，至汉武帝征和四年（前89），以捕巫蛊事，始设置“司隶校尉”一职。“持节，从中都官徒千二百人。”此职初为军队官员，后罢兵去节，专掌监察京师百官，三公以下无所不纠。汉成帝元延四年（前9）废去，绥和二年（前7）复置。在另一片木简上较清楚地写着这样一句话：“方可卸职告归，奈何后为惧……”从此句话的语气来看，是在询问某人“卸职告归”事宜。因此说此件木简是汉代人的信札可能性极大。“卸”在此处写作

“卸”。另有一片木简上写着这样字句：“谢恩奏收”。因为“司隶校尉”已经是很大的官了，如果此木简为某“司隶校尉”所写的话，这里称“谢恩”必定是“谢皇帝之恩”，所以，称此木简文字为“谢恩表”之类，也是有可能的。“表”是古代奏章的一种。《释名·释书契》：“下言于上曰表。”如诸葛亮的《出师表》、李密的《陈情表》等。因暂时无法辨出年号，故不知涉及的是哪位皇帝在位时的“司隶校尉”。

从目前出土并已发表的几种竹木简书法来看，与此木简上书法相近的并不多。西汉时期木简如《银雀山汉简孙膑兵法》《张家山汉简盖庐》，篆隶相兼，与秦简书法相近。《居延纪年简》《玉门花汉简》等，用笔纵横，结体扁平，隶草结合的味浓，又是另一种风格。要说与此木简书法风格相近的，东汉初年的《武威医药木牍》尚可与之比较。此木简文字的艺术风格有这样几点可以欣赏（图109、图110）：首先，此木简出于西北地区，有北方大漠的雄强气势，笔墨之间流动着一种自信与轻快的节奏感。从文字的结体，行气布白，书写的洗练、起伏、墨趣等方面，都为后世的行草书开儒雅风流之先河。细品此木简文字的笔墨，不难看出其中的异趣。第二，这种

图108　在纸张发明之前，古人多在竹木简上书写

图109　竹木简文字的书写有它自身的特点

图110　竹木简书可称为“草隶”

“行书”是汉代文案人员及民间写手使用的一种书体，在结构用笔上兼收篆隶两种书体的特点。隶书作为当时的“官方书体”，盛行于朝廷上下，一般文人的日常写作不可能不受隶书用笔结构的影响。此木简上“为”字下部，“司”字右边，“可”字竖钩，“恩”字下部“心”字的写法，都有着浓重的“隶书”意味。第三，结体长短结合，自由多变。在这一点上魏晋人大多是不敢这么做的。如“尉”字左边拉得很长，而且这部分向左倾斜，右边“寸”部，置于左部分的中段，稍向右倾斜——这样，“尉”字整体就有了一种上宽下窄、立锥于地的感觉，“挺立劲健”显于眼前。“可”“卸”二字最后一笔都采用了长长下拖的笔法。汉代人多喜用此笔法，如《石门颂》中的“命”字，《五凤刻石》中的“年”字等。

另外，此木简文字起笔落笔的顿挫感，魏晋人吸收此法最多。初唐褚遂良的《临王献之飞鸟帖》《大字阴符经》等，则体现了汉代人木简书法中散而不松、简而不陋、中宫凝聚的特点。可见魏晋、初唐书家对汉人行草书法特点与精神方面的理解与传承。

43 且将汉篆作秦篆

曾于咸阳出一罐，青色陶质，折肩形，高33厘米，底径15厘米，肩径45厘米，口径9厘米，口径外沿13厘米。此罐肩与底部、肩与口部呈两个相合成的锥形。（图111）在折肩上部刻有文字两行，每行三字，曰：“当利吴氏千斗。”文字是陶罐烧制完成后再刻上去的，因质地较硬，不易刻画，致使文字的运笔显得不太流利，结体不甚规整优美。（图112）所幸当时刻写完成后，又给笔道内填饰了朱砂，今日观来，依然鲜艳如新，所以文字不难辨认。（图113）

从这几个字的用笔结构来看，应是汉代早期的篆书写法。“当利”之“利”字右部按篆书结构的写法，中间应该还有一斜出的笔道，此处都省去。此种写法在秦汉印章文字中较为常见，汉时民间器物上题字此形则更多。二行“千斗”之“千”，上部一撇画刻成了一点，中间横画短得亦几乎成了一点，不看原物只看拓本的话，是难以识出此字的。“斗”字结体较为简练，《金文

图111　折肩陶罐是汉代陶罐代表制式之一

图112　汉代陶罐上刻画的文字

图113　此件陶罐上文字拓本

大字典》上多此类“斗”字写法。“千斗”是言数量众多，并不实指数量。在农业社会里，粮食能够多多，当然是最大的吉利事。此“当利吴氏千斗”六字，字义不难理解，是汉代常见的吉语祝词，这种罐形也是汉代常见的陪葬品。但它却不同于我们以前所见到的书有“祝祷文”之类的瓶罐。这种罐不是“厌胜”之物，它的作用与汉墓中陪葬的陶鼎、陶仓一样，是显示主人身份的，并象征死者在阴间也能享受人世的富贵，同时也愿死者能“保佑”人间其家族继续兴旺发达。“当”在这里是副词，相当于“必定”“应该”义。《古书虚字集释》：“当，犹定也，必也。”《白虎通德论·考黜》：“既能进善，当能戒恶，故赐虎贲。”《史记·留侯世家》：“有顷，父亦来，喜曰：‘当如是。’”“利”在这里是关键词。“利”有吉利、利益、富饶等义。在这里应该当“有利于”“对……有利”之义讲。《庄子·天地》：“爱人利物之谓仁。”《孟子·梁惠王上》：“亦将有以利吾国乎？”此罐的尺寸很大，不是一般普通人家的陪葬品。主人是有一定身份和财富的，所以，罐上文字“利”，应是以“吉利”“有利于”为主要意思的祝愿词，即此罐地下的主人，必定利于吴氏家族得千斗之利。为了强调这个“利”字，此罐的主人在“当利吴氏千斗”六字的左右两边，用朱砂色各写了两个鲜红的篆书“利”字。这两个“利”字的左边都画有两竖道作为装饰烘托。（图114）这两个字由于是用毛笔写的，在用笔上便于把握，书写完成后，文字的书法艺术性也就充分地表现了出来。从这两个“利”字用笔、结体等方面，我们可以看出它有着相同于“秦篆”的书法特点，即用笔宛转圆润，沉着凝重；结体宽厚肃穆，上密下疏，端庄威严。在秦《峄山刻石》《泰山刻石》《诅楚文》上都能看到类此形的“利”字。汉代人完全继承秦篆书法风格的文字传世不多。接近秦篆风格的有《袁安碑》《袁敞碑》以及《嵩山三阙》等几种。从这两个“利”字上，我们还可以看到，它还有自己的一些书法特点：一方面表现得中规中矩，另一方面又表现得轻松宽博。线条上与秦篆一样粗细均匀不作明显变化，线条在运行中却表现出一定的弹力，转折处则呈圆弧形。此“利”字左边下部两笔画做折肩状向下拉出，有力度但不生硬，起笔先逆锋，收笔必回锋，温润流畅，毫无火气。这种篆书在汉代人那里是不多见的，况且是传至今日的汉代人亲手书写的墨迹。

根据此罐的形制，考古专家断为西汉早期之物。罐上的墨迹虽只有一“利”字，却一样能帮助我们上窥到秦代书法用笔、用墨的特点，了解秦人的书法精神。秦代墨迹存于今日者更是凤毛麟角，此罐上文字离秦不远，桃李尚能相代，虽只一字，亦可称稀世之珍。

图114　汉代人写的篆书体完全继承了秦相李斯的风格

汉代印章文字

西汉初年，特别是到了汉武帝时期，社会相对稳定，经济得以发展，国家政治、社会生活空前地活跃了起来。随着公文往来的频繁，货物传递的增多，印章作为凭信，使用的范围也越来越大，使用的频率也越来越高，印章的刻制工艺、书写艺术同时也得到了很大的发展。在整个书法篆刻史上，有人将汉代印章与明清篆刻喻为两座不可超越的艺术高峰，而明清诸篆刻大家又无一不是从汉印中吸取了营养而羽化飞升的。汉印从内容上分为官印和私印两种，从文字写法上分为缪篆与鸟虫篆两派。缪篆是汉印文字的主要写作形式与特殊结体方法，所以，研究了解汉印文字，就是研究、了解缪篆。汉代印章文字是中国文字艺术发展的高级阶段。

44 小巧私印“吾丘里”

此印为铜质，三阶梯形坛纽。印面为正方形，宽高均为1.1厘米，印体高0.9厘米。印文从右至左排列，共两行，一行两字，二行一字，文曰“吾丘里”。（图115）

此印章为白文阴刻，四周刻有边线。（图116）“吾丘”为复姓，今已不多见。战国时有“吾丘鴆”，为中山国武士。《吕氏春秋·贵卒》：“赵氏攻中山。中山之人多力者曰吾丘鴆，衣铁甲、操铁杖以战……”汉时有“吾

图115　汉代“吾丘里”印章印面照

图116　汉代“吾丘里”印章印蜕图

丘寿王”，汉武帝时拜为“东郡都尉”，后升为“光禄大夫”。《汉书》有传。元代的书法家吾丘衍，今人知道得较多。吾丘衍精通经史百家之言，长于音律，尤善书法，以篆隶称于世，人称“贞白先生”。“吾丘”有时也写作“虞丘”。《文选·西都赋序》：“故言语侍从之臣，若司马相如、虞丘寿王……之属。”“虞”，古时读音也有“吾”声，“吾”有时也读“虞”声。作为姓氏时“吾”应读“五”声才对。

在印章中，采用框线或界格线的手法，是为了丰富印面的线条，便于印章的章法布白。“吾丘里”三字，笔画都不算太繁，属于上下排列的文字较多。为了避免这三个字在印面上因平均排列而造成的刻板毛病，刻印者将第一字“吾”稍稍拉长，使“吾”字占到印面高度三分之二的位置。这一拉长，不是将“吾”拉成细长状来占有面积——那样的话，刻出来的文字就会显得瘦弱而无风韵。刻印者在这里巧妙地采用了“留白”的方法，将“吾”字上下结构的中间部分距离拉开。这样文字在笔画的粗细、长短都不发生变化的情况下，整个字形就加长了许多。“丘”字因篆书的写法极为简单，不需要占太多位置，所以把它排到只有三分之一的位置内并不显得拥挤。这一排法使我们感到，在视觉上“吾”字下部的“口”，既可看作是上边“吾”字的一部分，又可看作是下边“丘”字的一部分，达到了视觉上的平衡，从而使我们对印面上的文字产生了美的感受。而“口”部在视觉上产生的上下移位，并不影响我们对文字本身的识读。

如果不去思考章法布局，只是将“吾丘里”三个字均匀整齐地安排在印面上，我们虽不能说这不是“印章”，但这不是“篆刻艺术品”，不是篆刻家们创造的“艺术品”，只是“印章”而已。古人对于印章的刻制是极为重视的，它是一个人身份地位、学识修养的象征。古人对于印章是不会轻易为之的，他们会费尽心思来布白、来创作的。古人有这种对印章的重视观念，有这种创作思考的习惯，自然就不会出“庸品”“俗品”，印章自然也就有了“艺术性”。我们来看一下这方印的艺术性。首先在布白上，右边“吾丘”二字同在一边，占有的宽度为印面的三分之二。左边的“里”字虽独占一边，却处在仅有三分之一宽度的狭窄范围内。这一狭窄范围，却正好便于本身就呈竖长形的“里”字来排列。“里”字上部为重点，占有整个字的三分之二以上长度；而下部只有两横画，故不去太强调突出它，以免造成“抢眼”的感觉。这样一来，整个印面就表现出了一种“疏可走马，密不透风”的艺术效果。至此，我们发现：在这小小的印章上，出现了三个“三分之二”的数学概念。第一，“吾丘”二字占整个印面宽度的“三分之二”；第二，“吾丘”二字在上下排列上，“吾”字又占有整个印面高度的“三分之二”；第三，“里”字被放置在只有三分之一的宽度里，“里”字的上部重点部分，占去了这狭窄地带高度的“三分之二”位置。这种数学上的所谓“三分之二”，在古人那里一定只是视觉上的感觉，无须靠计算来完成，但这种感觉正好与西方艺术家所推崇的“黄金分割法”相接近。我们虽不能借此证明中国古代这些篆刻家是“黄金分割法”的创始人，但至少可以证明：古今中外的艺术家们，在追求构图和谐、视觉愉悦方面的看法是基本一致的，都是在努力追求着如何去表现美感。

在刀法运用上，此印采用了“凿刻”的方法，用刀随意自由，单刀直入，无有回复。这种刀法使得印面上的线条表现出既坚挺瘦硬，又活泼自如的感觉来。这种线条与结构巧妙地结合在一起，动静有致，十分可爱。

这枚印章虽小，其中却包含了许多值得今人学习的地方。

45 四平八稳的汉印

此印为铜质，桥纽，印面为正方形。（图117）宽高均为1.7厘米，印体高1.7厘米。印文从右至左排列，二字，白文阴刻，曰："闵寿。"

此印的形制为汉印中较常见的一种，印文为铸造而成。字口深浅均匀，母模的刀工变化亦充分地在印文上表现出来，这是工艺制造上的精心所致。印章表面虽有绿锈斑斑，但字口却丝毫无损，印蜕字迹也清晰。（图118）一般将汉代印章尺寸在1.5厘米以上者称为"大印章"，此印宽高均为1.7厘米，形大字清，可称上品了。

"闵"为姓氏。《广韵·轸韵》："闵，姓，孔子弟子闵损。""闵"姓在中国历史上的名人不少。明代万历年间乌程人闵齐伋就是当时最有名的古籍版本收藏家与刻书家。他的多色套版印刷，是中国书籍印刷史上最辉煌的一页，被后人誉为"闵刻本"。"闵寿"之印，虽是私家印章，但从其做工、尺寸、文字书写等方面看，也不是一般普通人所能拥有的。汉代印章的主要功能是签发文书、传递信件、身份凭信等。由此可知，此印的主人是有一定社会地位或一定级别的官员，因为普通百姓通常是不需要印章的。

从篆刻的艺术角度来欣赏，此印的文字在结体、布白等方面，充分表现出汉代印章四平八稳的特点。印章上的文字，不同于其他器物、碑碣上的文

图117 汉代"闵寿"印章印面照

图118 汉代"闵寿"印章印蜕图

字，它是要求在一定的尺寸内，在大多数都是方形的区域内来处理和表现文字的。由于这些条件的限制，印章上的文字基本上都是以方形构图为主的。我们来看一下这个“闵”字。在结体上，刻印者采用了上紧下松类似秦篆的写法。但不同于秦篆的是，印章上“闵”字上下宽度基本一致。如果是秦篆的写法，下部应比上部稍宽些。当然，这种上下宽度基本一致的处理方法，也是印章本身的特点所要求的。印章上“寿”字的几个部分则采取了平衡分布的方法，上、中、下三部分所占比例相差无几。但从“寿”字上部下延出的一道长长的笔画，却将这几个部分从气韵上贯穿在了一起，避免了松散堆砌、缺乏变化的弊病，可称绝妙一笔。自有文字以来，“寿”字的使用频率就极高，产生了各种“寿”字的写法，其结体变化多不可计，出现了所谓“百寿图”。南宋绍定年间（1228—1233），静江令史渭于当地夫子岩上凿刻了一百个寿字，这可能是中国历史上最早的“百寿图”了。明代正德年间（1506—1521），昆明人赵壁又编写出“百寿”字书，分二十四种体势，即汇集了寿字的一百种写法，用真、草、隶、篆等不同笔法写成，堪称“蔚为大观”。由此可见中国文字在结构既博大精深的一面，又有繁复多变、难以掌握的一面。从事物两面性上看待问题，这也是中国文字工作者为什么极力要求改革、简化、规范中国文字的根本原因所在，是随着社会发展所需要解决的重要问题之一。文字作为文化载体，作为工具，其功能自然是以方便、快捷的使用为主要目的。如果一种文字成为人们工作、生活中的负担与羁绊，那么这种文字就一定有改革的必要。汉代人在文字上所提倡的简洁方便的精神，是值得现代人学习的。

当然，在这里我们是抛开文字的基本功能来欣赏文字艺术的，主要是欣赏汉代印章文字的艺术性的。大凡这类“满白文”的印章，其艺术性都有这样几方面的特点：一是平稳规矩，但不刻板生硬。这主要是指文字的结体与线条的运用。前面已经讲过它的结体特点是方正中寓有变化。线条运用的特点总体表现为规整，但线条在运行中也有轻重变化而产生的生动的一面。如“闵”字最右边一竖笔，先粗再细，再粗，就像是用毛笔写字时起笔落笔，入锋回锋一样，生动活泼。二是白线与红线巧妙配合。整体上看这方印，是可以称之为“满白文”类的印章。“闵寿”两个字顶天立地，白色线条几乎占满了整个印面。线条的白与印底的红交相呼应，白线起伏运动的变化亦使得红线同时有了变化。上面所说“闵”字右边一竖笔白线的变化过程，也正好反映出印章最右边所留红线由细变粗的过程。在印章上红线与白线是对应跳动的。一方“白文印”，刻出白线固然重要，但如何留下红线同样是极其重要的。所以，白线与红线能否相互依存、合理分布，是这方“白文印”是否具有艺术性的关键。

46 寓动于静彭氏印

此印为铜质，龟纽。（图119）印面正方形，宽高均为1.3厘米，印体高1.6厘米。印文自右至左逆时针作回文排列，文两行，行二字，曰：“彭得意印。”（图120）

“彭”为姓氏。《广韵·庚韵》：“彭，姓，大彭之后。”《左传》：“楚有令尹彭仲爽，汉有大司空彭宣。”《通志·氏族略第二》：“彭氏，即大彭之国。在商时为诸侯伯。古祝融氏之后，有陆终氏，六子。第三子彭祖建国于彭，子孙以国为氏。”彭姓甚为古远，在屈原的《离骚》中也多次提到“彭咸”这个人，如“虽不同于今之人兮，愿依彭咸之遗则。”“彭咸”传说为殷朝的大夫，投水自尽，以谏朝廷。屈原日后竟效此法。“得”字此处写作“㝵”形。《五音集韵·德韵》：“㝵，得之古字。”检傅嘉

图119　汉代“彭得意印”照

图120　汉代“彭得意印”印面照

仪、张都陵编著的《金石文字类编》，汉印中“得”字多此写法。“得”作为人名，在此为“满足”“如愿以偿”之义。（图121）《史记·管晏列传》：“意气扬扬，甚自得也。”《韩非子·饰邪》：“赵代先得意于燕，后得意于齐，国乱节高。”唐孟郊诗：“春风得意马蹄疾，一日看尽长安花。”古人选择姓名用词自然是用好字眼。

图121　汉代“彭得意印”印蜕图

此印文字自然流畅，书写风格是整体的稳重与局部笔画的灵动相结合，在动静之间流露出和谐浑然的气氛。第一字“彭”，左边较规整，像一位正襟危坐的老将军。彭字左边最后一横画，不动声色地向右延伸出长长一段，用来承接右边三画。这一变化使“彭”字有了一种生动的感觉。右边的三道笔画，也不是轻率地撇出三下就了事，而是有起有伏，笔意丰富。这三画的笔意造型，接近于汉印章上常用的所谓“鸟虫篆”的写法。用“鸟虫篆”印章上的文字与此对照，还真有相似之处。“得”字的笔画取势以侧斜为主，整体字形并不是横平竖直的方形结构。为什么要这样处理呢？这是由下面“意”字的结构所决定的。“意”字笔画较多，横画竖画也较多。制印者不想采取将文字大小变化的手法来求得印面上的结构变化，而是将每个字都平均放在一字的位置内，用个别字结体内部的变化，来求得整体文字的变化。这样，“得”字笔画相对少些，但用侧斜之法取势，“留白”“留红”得当，既不显得空疏又占据了很大的面积。“意”字则用方形结构，细笔刻画，既能清楚地表达字形、字义，又能使个体文字的书写风格与整体艺术风格不致相差太远。“印”字实际上是中和了其他三字的特点，方圆之笔兼用，侧斜笔势与横平笔势共有。“印”字上部的斜笔，正好与对角“得”字的书写风格相对应；下部的横平竖直，又与邻接的“彭”“意”二字相配合。有人会说，“印”字上部本来就是那种写法，不一定是有意要写成斜笔的。但是我们随意翻检任何一部关于印章的字典就可看到，“印”字横平竖直的结构写法不可计数。在此处“印”字上部采用斜笔法，是有意而为之的。古人制印，文字怎样处理，一定是要经过深思熟虑以后才产生，绝不会轻易为之，因为刻制印章对古人而言是一件神圣的事情。

此印为凿刻而成，细观字口内，有双刀行过的痕迹。笔画虽细，字口底部却很平整，故拓出印蜕来清晰如新。龟纽印多为官印，或是官员及有身份地位的人使用的一种印章形式。龟纽印一般制作工艺精良，文字构图精美，可称上品。

47 干净利落可称曹

此印为铜质，桥纽，印文为铸造而成，字口清晰完整。（图122）印章周身附有浅薄绿色锈，锈底露出红色印面，这是铜质经过千百年而产生的一种氧化层。考古界将古代铜器上产生的这种锈色称为“红斑绿锈”。有无这种锈色，也是观察和鉴定古代铜器真伪的基本方法之一。此印面为正方形，宽高均为1.5厘米，印体高亦为1.5厘米。印文自右至左排列，共两字曰“曹称”。

“曹”字的本体上部为两“東”字并列，下部为一“曰”字。《说文》：“䊢，狱之两曹也。在廷东。从棘，治事者，从曰。”徐锴《说文解字系传》：“䊢音曹，曰，言词理狱也。”古代将诉讼时的原告与被告称之为“两曹”。原告与被告并列站在大庭之东，会意为“棘”；问案者面对“二东”用言词来办理狱事，会意为“曰”。“䊢”后简为“曹”。《古文尚书》：“两选具备。”“两选”即“两曹”。“曹”又引申为“辈”“类”之义。古文中常有“我曹”如何，即言“我辈”如何。杜甫有诗："尔曹身与名俱灭，不废江河万古流。""尔曹"即"你辈"。"曹"又为"偶""众"之义，及古代官署的称谓。徐灏《说文注笺·曰部》："职官分曹治事谓之曹，如兵曹、刑曹之类皆是，不专谓治狱。"

在此印中，"曹"为姓氏。《通志·氏族略第二》："曹氏：叔振铎，文王子而武王弟也。武王克商，封之于陶邱……为宋景公所灭。子孙以国为氏。"在中国历史上最有名的曹姓人物就是曹操父子了。"称"原意为测物重量、衡量、揣度之义，又引申为祝贺、显扬名声、举荐、称心如意、美好等义。作为人名用词，当是显扬名声或称心如意之类。《论语·卫灵公》：子曰："君子疾没世而名不称焉。"《管子·幼官》："收天下之豪杰，有天下之称材。""称材"即"美材""称用之材"。

此印文字表现的形式，在篆刻艺术上被称为"满白文"（图123），这种形式是汉代印章的代表形式。此方印为铸造而成，并非"急就"之作。它的母模刻制是非常专注用心才制作出来的，从印蜕所显示的效果我们就可以看到，印章铸成后，所有的笔道都干净利落、无懈可击。单说线条质量，几乎看不出什么毛病来。"曹称"二字在各自的范围内规规矩矩，印面上并无字形避让、笔画轻重变化等手法出现。这种横平竖直粗细均匀的文字结构，并没有让我们感到平庸与刻板。欣赏这方规规矩矩的印章，同样能传达给我们一种"美"的感觉。这种"美"就是"和谐"的美。此印章的线条流畅匀

图122　汉代"曹称"印章印面照

图123　汉代"曹称"印章印蜕图

称，不急不躁，不温不火，表现出古人心境安详的一面。当然，这里并不是一点变化没有，“曹”上两“東”，就不是按标准写法机械地排列在上部的，而是将两“東”下部左右最外一笔拉下来，形成一个“门”形，将“曰”字放在其中。这样，“曹”字就不是上下结构了，而变成了内外结构，观之浑然一体。这样一来，也就更能使“曹”字在长形范围内，充分表现出它的美感来。“称”由于是左右结构，在这长形的范围内不用变化，只是将重心向上移动，让下部显得稍稍长些。这样就使得“称”字更加舒展修长，线条流畅，直如美人亭亭玉立在眼前。所以，一方篆刻作品是否成功，能否产生美感，并不一定非要看文字结体是否奇特怪异，线条是否变化多端。和谐流畅，干净利落，观之使人心情愉快，也同样是一件成功的作品，同样能够使人产生美感。

48 笔画随形转，文字刀刻成

此印为铜质权形印。（图124）印面呈圆形，直径1.5厘米，印体高1.3厘米，印文自右至左排列，共两字，曰“桥它”。

“桥”为姓氏。汉蔡邕《故太尉桥公庙碑》：“桥氏之先出自黄帝，帝葬于桥山，子孙不在十二姓者咸以为姓。”此碑文于《汉语大字典》上不知转自何处。检有关碑石刻文辞典十数种，均未见记载此碑。或曰此碑久已失传，只留文字。据《史记·五帝本纪》：“黄帝二十五子，其得姓者十四人。”十四人十二姓，是因有两人重姓。十二姓为姬、酉、祁、己、滕、葴、任、荀、僖、姞、儇、衣。十二姓之外，皆以黄帝陵所在地“桥山”为姓氏。《汉书·儒林传序》：“自鲁商瞿子木受《易》孔子，以授鲁桥庇子庸。”颜师古注：“姓桥，名庇，字子庸。”颜师古此注分出“桥”姓来，不错，但“字子庸”就未必了。因古人对尊重的人讳称姓名，多在姓名第二字后加一“子”字以示尊敬。“桥庇子庸”就是“桥庇庸”，上句“商瞿子木”就是“商瞿木”。“它”字在此处应读“宜”声，通“陀”义。余所著《金文小考》中齐侯盘铭文曰：“它它熙熙，男女无期。”“它它”同“陀陀”。《集韵·支韵》：“陀，陀陀，美也。”《广韵·支韵》：“熙，和也。”有欢乐和好之义。“它它熙熙”即如今文之“和和美美”。“它”通“陀”，读“宜”声，美好之义，正是作人名的好词汇。（图125）

此印为凿刻而成，字口甚浅，又经水土腐蚀，锈迹斑斑。从印蜕上看，字迹尚属清晰，当初以刀代笔在印面上行走时留下来的痕迹也清楚可见。“桥”字左边木字旁，上部为整个字的起笔，较为用力，所以线条显得坚挺刚健；下部则走刀稍缓，刻出的线条似有波折感，透出一丝墨韵来。“它”字的笔画较少，转折不多，便于刻刀行走，所以线条显得光滑圆润，不如“桥”字苍劲有力。此印为圆形，就像汉代瓦当一样，为求得文字与圆形的统一和谐，多注意文字与圆形的配合变化。“桥”字右旁上部“夭”，篆书写法撇捺两画是伸向两边的，此处为了配合圆形印边，则改为“⺕”形了。“桥”字右旁下部的笔画刻成了左长右短，内部小“口”为斜底的形状。“它”字篆书写法本身就具有圆形，在此处为更便于配合印边的圆形，只是将“它”字下部的弧度与印章边沿的弧度刻画得较为统一就行了。此印在整体布白上还有一些特点可以欣赏。首先，印章外沿有一圈白线，这是为了避免印面上的线条过于单调所为。加上一圈白线，也能使“圆”的特点更加突出。其次，“桥”字笔画较繁，字形在印面上占有大半的位置。在“桥”与“它”之间刻上一条界格线，这样就抑制了“桥”字的气势过于掩盖“它”字，也避免了印面上出现拥挤的现象。因为“它”字的笔画较少，如二字中

图124 汉代“桥它”印章印面照

图125 汉代“桥它”印章印蜕图

间无界格线，也容易将“桥”字的左边与“它”字混为一体。中间加上一条界格线，也可以给只占据印面三分之一位置的“它”字增加一些分量。在圆形印章之中，大凡印文之间笔画繁简相差较大的，古人基本上都采用了加界格线的手法，以此来取得平衡。

49 自然之美可以为师

此印为铜质，覆斗形纽。（图126）在斑斑绿锈之下，透出晶亮的水银色印底，可以想见当初此印的晶莹可爱。印面为正方形，宽高均为1.2厘米，印体高1厘米，印文自右至左排列，共两字，文曰“辛顺”。（图127）

《说文》：“辛，秋时万物成而孰。金刚味辛，辛痛，即泣出。”又，带刺激味的蔬菜谓之“辛”。嵇康《养生论》：“薰辛害目，豚鱼不养，常世所识也。”“辛”又有“劳苦”“悲伤”等意。作为天干之称，“辛”排在第八位。《尔雅·释天》：“（太岁）在辛曰重光。”“辛”在这里为姓氏。《通志·氏族略第二》：“辛氏，即莘氏也，莘、辛声相近，遂为辛氏。周太史辛甲，文王封之于长子。有辛俞美，为昭王友。”《万姓统谱·真韵》：“辛，夏启封支子于莘，后去草为氏。”“去草”即去“莘”字的草字头。汉有辛庆忌，宋有辛弃疾，皆历史名人。“顺”，《说文·页部》，“顺，理

图126 汉代“辛顺”印章印面照

图127 汉代“辛顺”印章印蜕图

也”，道理也。《汉书·文帝纪》：“孝悌，天下之大顺也；力田，为生之本也。”“顺”，今多作顺应、依顺、和顺义。《诗·郑风·女曰鸡鸣》：“知子之顺之，杂佩以问之。”郑玄笺：“顺，谓与己和顺。”《史记·礼书》“本末相顺，终始相应”。另，“顺”又通“慎”，谨慎义。《墨子·非攻下》：“必顺虑其义而后为之行。”于省吾新证：“顺，慎，古通字。”《荀子·强国》：“故为人上者，不可不顺也。”杨倞注：“或曰：（顺）当为‘慎’。”作为人名，“顺”当以“和顺”或“慎”的意义为主。

此印与前文所见圆形印章一样，印文两字繁简相差较大，在印面上所占位置比例也不同。为了平衡视觉上对文字大小的差异感，刻印者采用了印章处理的常见手法，在两字之间加上一竖笔界格线，用来加强右边“辛”字的重量。“辛”字在篆书字形上无多大变化，笔画也不多，所占位置自然也少。汉代人很少将印章上笔画少的字写大、写粗来达到占据位置的目的。如果印面上文字繁简相差较大，他们一定会想办法处理的。有时增加或减少一些笔画，以求平衡，当然这种方法是以不破坏文字的正确性为前提的；有时则如此印，采取增加界格线的方法。“顺”字在这方印上是主角，占有大半位置。从文字结构上看，“顺”字并无多少奇特之处。秦《泰山刻石》上“顺”字的写法几乎与此相同。倒是在线条的运用上，“顺”字还有一些可以欣赏借鉴的地方。“顺”字左边“川”部，用笔流利，极似川中之水，畅通无阻，奔流而下。细观这三道笔画，起伏波动，毛笔书写的感觉较多，而这三道笔画用笔上又各不相同，有长有短，有轻有重。为了避免“川”字感觉上的单调，刻印者又在右边一、二笔画之间加上一点，此法在篆刻艺术上称之为“破”，其目的就是丰富线条的变化。一般人都认为，古代印章上的斑驳残缺是因使用时损坏以及千百年来的腐蚀所致。但此印上“顺”字“川”部的这一“点”残缺，可以肯定地说是刻印者自己“做”出来的效果。从印章原物可以清楚地看到，此印是凿刻而成的，与文字的线条一样，这一“点”是刀痕，而不是残损后的缺伤。

当然，此印同时也具有自然残损的痕迹，如“辛”字右边外线下方的两“点”及印章左下边沿等。一方古代印章，由于年代久远，使得印面残损磨泐形成了斑点，也造成了线条上的一些粗细变化。这种因自然之力所产生的效果，是人工手法所不能达到的。后世的篆刻家们为了追求这种效果，常在印章刻成后，将印章敲打成斑驳状，以求古意。不能说这不是一种技法，但如何运用好这种技法，却不是人人都能做到的。这就要求篆刻者多观察多了解古印本身制造和自然残缺痕迹的特点，注意这些残缺的合理性及其美感。与任何事物一样，这种做法有可取者，也有不可取者，这就要看各自的眼光了。总之，前人所谓的“师法造化”，今日推崇的所谓“自然之美”，无疑都是精辟之论。但如何运用到自己的实践之中，那就要看个人的修养了。

50 严肃活泼“肖疾”印

此印为铜质，覆斗形纽。（图128）印面为正方形，宽高均为1.2厘米，印体高亦为1.2厘米。印文自右至左排列，共两字，曰：“肖疾。”此印为凿刻而成，线条稳健有力。

“肖”，《说文·肉部》：“肖，骨肉相似也。从肉，从小声。不似其先，故曰不肖也。”我们常听到的“不肖子孙”一语中，使用的就是“肖”的本义，意思是说：这样的子孙不像其先人处世的样子。当然，“不肖”还指容貌上的不相似。“肖”除了相似之义外，还有仿效、细微等义。王安石《张君玉墓志铭》：“我仪其蓄，以博厥闻；我肖其涤，以清厥身。”《方言》卷十二：“肖，小也。”

“肖”作为姓氏，应是“萧”的变体。古人因各种变故，常有姓氏改变的先例，或谐音，或拆字。此“肖”即是“萧”的谐音变来的。在《辞源》《现代汉语词典》上皆如此指出。《百家姓》《辞源》等典籍中，也没有将“肖”作为姓氏单独列出。但“肖”作为姓氏时，古今如此写法的亦不在少数。《金石文字类编》上所引“肖”字的古印文、金文及近代篆刻家印文等，有数十种之多。可见“萧”姓写作“肖”形，已存在两千余年了，正所谓已是约定俗成了。但溯本求源，作为姓氏，“萧”字应该还是其原宗。（图129）

“疾”，《说文》：“疾，病也。”王国维《观堂集林》上对“毛公鼎”铭文中“疾”字作考时说，“疾”之本字，像人的下部中了箭矢之形。

图128　汉代“肖疾”印章印面照

图129　汉代“肖疾”印章印蜕图

古时多战事，人中了箭矢自然就算有了疾病。“疾”还有祸害、毛病、苦难、嫉妒等义，这些意义使得“疾”字不宜直接当作姓名。如“辛弃疾”，要加一“弃”字，还有人加一“去”字等。此处“疾”当“迅速”“尽力”“声音宏大”讲。唐孟郊《登科后》：“春风得意马蹄疾。”《穀梁传·桓公十四年》：“听远音者，闻其疾而不闻其舒。”范宁集解：“疾，谓激扬之声。”此印“疾”字内部“矢”的写法稍稍特别，篆书一般作“[illegible]”形，此处则有草书连笔的意思，写成了“[illegible]”形。甲骨文、金文上有与此形相似的。出现这种情况是因为以刀作笔，在较硬质地上刻画，不易提按而多连带所造成的效果。

此标题上称“严肃活泼”云云，所谓“严肃”是指此印的线条严正规矩，无拖拉多余之笔。此印采用单刀直入法，所有笔画一次性完成，无回复之刀痕。如“肖”字下部“月”内两横笔画，刻写得极干净利落；“疾”左边长长一撇由下入刀，直奔上边横线，无丝毫犹豫的感觉。因为“肖疾”两个字的笔画繁简基本相同，所以，运用界格线时，就不用考虑偏重何方，只要选择在中心位置贯穿而下就行了。由于这条中心界格线的存在，整个印面被平均分割成两个部分，加之有规整的白色框线与红色边沿，使得印章整体产生出一种肃穆严整的效果。所谓“活泼”是指“肖疾”两个字的结构。“肖”字下部的“月”，在印面上被倾斜放置，形成了一个三角形的势态，而且“月”字左边竖笔在上方并不写出头，只让下方一笔出头，这样，文字的结构就有了变化，产生了一种跳跃的感觉。而“肖”字上部的“小”，也是依次作短、长、短的变化，节奏感极强。“疾”字左边外部两点，篆书标准写法应作“爿”状，而此处却因着刀较轻，笔意似点到为止。细观原印，此处“爿”部分的笔画似有似无，但大约的形状尚能看出。而“疾”字内部的“矢”，则鼓足了气力，劲刀出入，一气呵成。整个“疾”字轻重缓急处理得十分得当。观之，不由得让人赞叹。

51 笔画增减更得意

此印为铜质，桥纽形。（图130）印章表面色如黑漆，沉着光亮。古代铜合金器物内所含的水银、铅锌等元素，经千百年时间，浸出器物表面。这种光亮的浸出层，后人称为“黑漆汞”。在此印黑色的光亮之上，还有几处极绿的锈斑，考古界称之为“孔雀绿”，这是印章内铜质经过长时间氧化所产生的结果。由于铜器内部的质量不同，在地下时所接触的土质酸碱程度不同，生成的锈色也就不同。此印面为长方形，宽1.3厘米，高1厘米，印体高1.5厘米。印文自右至左排列，两字，曰：“李利。”（图131）

“李”作为姓氏甚为古老。《通志·氏族略第四》：“李氏，嬴姓。高阳氏生大业，大业生女华，女华生皋陶，字庭坚，为尧大理，因官命族理

图130 汉代“李利”印章印面照

图131 汉代“李利”印章印蜕图

氏。夏商之季有理徵……得罪于纣，其妻契和氏携子利贞逃于伊侯之墟，食木子而得，遂改理为李氏。”“木子”即“李”，是一种果子。《诗·大雅·抑》：“投我以桃，报之以李。”历史上李氏名人极多，秦有李斯，汉有李广，唐朝更是李姓天下。李氏是中国现今最大的姓氏之一。

“利”，《说文》：“利，铦也。从刀，和然后利，从和省。”“利”首先是锋利之义，然后有聚合之义。《易·乾·文言》：“利者，义之和也。”荀爽注：“阴阳相和，各得其宜，然后利。”“利”又有迅猛、吉利、善良等义。作为姓名用词，“利”的以上几种意义均可采用。

这方印章是真正的“急就章”。现成的印坯，四周刻上边线作为装饰，印面上的文字向着同一方向稍稍有些倾斜。根据这些现象推测，刻印者当时可能是一手执刀，一手握印，悬空刻制而造成的这种结果。从此印线条效果上可以看出，印文并没有经过“设计”，整个印面上文字的线条较细，字口较轻较浅，“李”字上部的线条有“点”到为止的意思；下部“子”上面的小圆形与下面的一横画，距离拉得很大，其形像一个光头小孩挥动着双手在起舞。“利”字的线条显得特别细而坚韧。“利”字右边“刂”部，此处写法极似古代犁地时所用工具“犁”的形态。所以，“利”又被认为是“犁”的初字。屈翼鹏《殷墟文字·甲编考释》：“按，利当是犁之初文。从禾，从刀。”前人在解释“利”字右旁“勿”形上所出现的小点儿时说，这就是“犁”在犁地出土时所带起的土块形象。“利”字的左旁在此书写得较为繁复夸张，形似一株稻禾，上面挂满了沉甸甸的穗子，其形状即如古人所谓的“嘉禾”，是古人认为的五种瑞兆之一。在汉《西狭颂》摩崖石刻的旁边，汉代人刻有一《五瑞图》，有图有文。“五瑞”即黄龙、白鹿、嘉禾、木连理、甘露，全是盛世祥瑞的象征。所以，这里将“禾”写成“𥝌”形，并不是刻印者的想当然，在甲骨文、金文中“禾”多有此写法。其形意在强调突出“禾”字的本义，强调突出祥瑞、丰收的一面，增加或减少文字的笔画，用来加深读者对这一文字的印象，而又不影响文字本身的意义。这种手法在文字艺术上是经常使用的，当然这种手法不能扩展到日常使用的文字书写之中。

52 简而不陋的汉印

此印为铜质，坛形纽，长方形印面。（图132）宽0.9厘米，高1.4厘米，印体高0.8厘米。印文上下排列，两字，曰：“辛晔。”（图133）

“辛”为姓氏，传说夏启封支系子孙于“莘”地，“莘”与“辛”近，后世遂以地名“辛”为氏。商有辛甲者，商之大臣，有才能，因屡谏纣王，纣王不听，遂离商至周，后周王拜其为太史。汉时有左将军辛庆忌，屯兵西域，甚有威名，《汉书》上有传。“晔”，《说文》：“晔，光也。”段玉裁《说文解字注》称：“也当作皃。”意思就是说，“晔”也有光明灿烂之相貌。《后汉书·张衡传》：“丰隆軯其震霆兮，列缺晔其照夜。”唐韩愈《答李翊书》：“根之茂者其实遂，膏之沃者其光晔。”“晔”还有一义为“盛隆之貌”。宋玉《神女赋·序》：“美貌横生，晔兮如华，温乎如莹。”“晔”有时写作“暕”，《龙龛手鉴·日部》：“暕，同晔。”汉代印章文字中有此写法。

我们称此印“简单”，是对其外在形式而言的。此印没有装饰性的边框线，没有调节变化的界格线，甚至连印章坯料外沿都没有打磨得四方见

图132　汉代“辛晔”印章印面照

图133　汉代“辛晔”半通印章印蜕图

棱。为了能够“急就”使用的目的，迅速凿刻此印，自然有许多不同于精心设计后所刻印章的地方。首先看“辛”字，与其他“急就章”一样，此印仍是采取“单刀法”来完成。第一字“辛”字横笔较多。稍了解一点篆刻的人都知道，刻刀在印面上刻画时所形成的线条，入刀处为“尖”状，收刀处为“顿”状。“辛”字第一笔起刀从右至左，在印面上线条所形成的效果，可以清楚地看到这点。当然，要在入刀时先做一些效果，采用一些手法，那就是另外一回事了。第二道横笔是从左方入刀，在右方收刀。第三道线条两端有两点向上翘的短画，但并不影响我们的观察，可以看出此线条是从右至左刻出来的。最后一道横笔则又是从左至右刻画而成的。这种左右变换入刀的手法，并不一定是刻印者有意而为的，不是事先设计好一定要去这样做。这完全是古时刻印者长期养成的一种“习惯”。对于再简单、再“急就”的印章，他们也要用一种“责任心”去完成。所谓“责任心”，就是指古代刻印者将“刻印”作为一种“仪式”来完成的心理。这个“仪式”不是人人都能够从事的，它要求有一定的学识、修养、地位，所以古时的刻印者对自己从事的事业是用“十二分”认真的态度来对待的，久而久之，自然会养成一种“责任心”。有了这种“习惯成自然”的做事态度——责任心，就不会将“简单”变为简陋，更不会将“简单”变为不忍目睹的劣质品。

“晔”字在印面上似乎不如“辛”字端正。“晔”字整体上表现得雍容富贵。整个字形略微向右下方倾斜，有些像雍容的贵夫人款款而行的样子。“晔”右部分，草字头左下那一块红留得最妙。许多“晔”字的写法，都是将草字头下这一部分的笔画两边写得很平均，如果是这样的写法，印面上红白的分布也就平均。此处采用的这种结体方法，出头的一笔伸向右边，把左边这部分空出来是为了留些红色，避免了“晔”字中心部分笔画太多、太满的问题，也就是说在印面上要留有一个“气眼”。不论是书法艺术或篆刻艺术，这都是一个重要的技法，它能使一件作品产生“灵性”。当然，不是所有作品都要运用所有的技法来完成，要根据实际情况采取不同的技法。

这方印章看起来简单，但刻印者绝不“简单”，从线条的质量、结体的变化就能够证明这一点。

53 此马非彼马，腾胜当细分

此印为铜质，坛形纽。（图134）因出土较早，经多人把玩，印章表面锈色全无，黄灿如金。然字口却棱峻如初刻，盖出印蜕来清晰鲜亮。印为长方形，宽1厘米，高1.6厘米，印体高1.2厘米。印文上下排列，两字，文曰：“王腾。”（图135）

《说文》：“王，天下所归往也。”董仲舒曰：“古之造文者，三画而连其中谓之王。三者，天、地、人也，而参通之者，王也。”秦以前，最高统治者称为王。《尔雅·释诂》：“王，君也。”秦以后君王始称皇帝，汉并天下后，又封同姓诸侯为王。“王”字除有君王之义外，还有“大”“匡正”等义。“王”读“望”声时，有“统治”“成王业”“胜过”等义。《史记·高祖本纪》：“（怀王）与诸将约，先入定关中者王之。’”“王”是中国最大、最老的姓氏之一。《通志·氏族略第四》：“王氏，天子之裔也。所出不一：有姬姓之王，有妫姓之王，有子姓之王，有虞姓之王。”“王”姓在中国历史上有许多名人，不用介绍大家已是耳熟能详了。

图134　汉代“王腾”半通印章印面照

图135　汉代“王腾”印章印蜕图

此印上文字初看时似为三个字，而第二字既像“胜”，又似“腾”。在篆书的写法上，“胜”与“腾”字的区别就在于右旁下这部分。“胜”字从力，“腾”字从马。而“胜”下之“力”又时时被省去，加之此印“王”下文字的结体拉得较开，容易产生视觉上的“错误”，所以，起初人们多以为此印为“王胜马”或“王腾马”，很少直接就看成是“王腾”。

“腾”，《说文》：“腾，传也。从马，朕声。”“腾”是和“马”联系较密切的一个字，有“奔驰”“腾越”之义。《楚辞·大招》：“腾驾步游。”又有“跳跃”之义。《汉书·李广传》：“广佯死，睨其傍有一胡儿骑善马，暂腾而上胡儿马。”“腾”还有升腾、凌驾、乘骑等义。“腾”字在此印文中并不是省去了右下部的“马”字，而是将“马”分出来，放在了下面。乍一看是两个字，实际上是一字。《金石文字类编》上所收秦汉印文中，“腾”字如此写法者有三四种之多。此时乃悟，此印的刻写者要在“王”字下加一条横向界格线的原因。“王”字本来已有三道横笔了，一般刻印者是不愿在此处再加一条横线的，唯恐重复的笔画太多、太花，影响了美观。但这位汉代篆刻家这样处理是有一定想法的。第一，在“王”字下加一界格线，与边线组合在一起，可使“王”字在视觉上有“国”字的感觉。这样做实际上就是为了增加“王”字的分量。因为下面“腾”字被分成了两个字形，在印面上占据了很大的位置，这样处理“王”字，就起到了视觉上平衡的作用。第二，在“王”字下加一界格线，就是为了提示读者：“王”字与下面的文字是分为两个部分的。此印为两部分，而不是三个字三部分。如果没有这条界格线，就更容易使人产生误会了。可见这条界格线在此处是极为重要的。

虽然此印的文字在印面上没有做到平均占有位置，但由于其结构的特殊变化，人们在视觉上还是有平均分配的效果。在线条的表现上，粗细均匀，起伏较小。虽是凿印，却能做到宽博舒展，用刀轻重始终如一，在结体上平静且有变化。第一字“王”，笔画较简单，刻印者使前两道横笔尽量往上靠，与最后一横拉开些距离，这也是篆书中“王”字常见的写法；最后一横笔并没有与上面两横笔保持平行，而是将这一笔画的右端稍稍向上抬高一些。这样，“王”字的三横笔就有了一定的变化，有了一些动感，避免了多道横笔重叠在一起所产生的烦琐与生硬。

“腾”字的这种分离形的结构，在古代文字写法中也是有先例的。比如将上下结构写成左右结构，将左右结构又变为上下结构，将一字之中的重要部分拿出来夸大，或将一部分缩小。一个中国汉字，在书法艺术的范畴里，在不失其意义的情况下，其笔画、部首可以根据画面构图的实际需要做一些变化，借此增强文字艺术的表现性。古代金文、秦汉印文常有这种手法，所以也就有了识读古文字的方法中“义近形旁任作，音近声旁任作”等说法。所有这种种手法都是一个目的，就是要便于书写，使结构和谐，产生美感。“腾”字起初我们虽未能正确识出，但并没有感到它是两个字，或感到在写法上有什么别扭的地方，特别是最下面“马”字的写法，一般篆书都是将“马”字上部中间那条竖笔撇出左边字外，而此处却是将上部横笔伸出字的左边。这种写法在《云梦睡虎地秦简》文字中曾出现过。此“马”字来历既古，而又具楚荆书法艺术的巧与秀，可见此“马”非一般之“马”。

54 众人和，世乃安

此印为铜质，纽为桥纽。（图136）印面为长方形，宽1.9厘米，高1.2厘米，印体高1厘米，印文自右至左排列，两字，文曰：“和众。”

“和众”一词作为印文，汉印中多有所见。“和”本作“咊”。《说文》：“咊，相应也。”《广韵·过韵》：“和，声相应。”“和”除了有声音相应、和顺、喜悦、聚合等义外，还指古代军营的军门。《孙子·军争》：“凡用兵之法，将受命于君，合军聚众，交和而舍，莫难于军争。”曹操注曰：“军门为和门。”郑玄注《周礼》：“军门曰和，今谓之壘门，立两旌以为之。”李善注《西征赋》：“和，军营之正门也。”这里将“和”与“和门”联系在一起，是想说，此印上的“和”字可能与军事有关。“众”就是“众多之人”，不用怎样考释。“和众”可能就是“合军聚众”的意思。“和众”印说不定还是古代调动军队的一种符印。（图137）

有人说“和众”印为吉祥语印章。此中“吉祥”的意义余一时尚未明白，故不能议论。如果按今天的说法，称此印为“闲文印”，倒觉得更贴切

图136　汉代“和众”印章印面照

图137　汉代“和众”印章印蜕图

些。秦汉时代有许多这类“闲文印”，或表达思想，或抒发性情，如“壹心慎事”“敬事”“志从”等。在这些“闲文印”章中，有一方四字印，可以说是诠释“和众”印的最好注脚，即“宜民和众”。《说文》：“宜，安也。”使民能够安定，使众能够和睦，这是古代士大夫对国家政治与个人生活的最大祈求。所以，“和众”应该还有“使民众能够和睦生活”之义。

此印为铸造而成，字口宽而深，线条方正而饱满，是典型的汉白文篆刻手法。印面上有四条边线，两字中间又有一条界格线，这就使得印面上的构图丰富而稳重，烘托出文字的严整方正。“和”字为左右结构，在这一位置内，左右两部分基本上按着“和”字的结体平均占有面积，并没有用夸张的手法扩大或缩小某一部分。这样就将“和”字的内涵和睦、平和之义在外形上充分地表现出来。“众”字为上下结构，从目，从“乑”，人数众多之义，所以繁体“众”字下有三个人形，象征众人。“众”字，今日直接作三人形。在这一位置内，上下结构的“众”字也没有做夸张的变化，整个印章表现的都是“平和”的主题。从此印线条所表现的效果来看，它的艺术风格可以概括为“饱满调和，朱白均匀”八个字。

55 长刀短匕尽滋味

此印为铜质，桥纽。印体白亮如银，初以为是银印，细观字口处，知为铜质。此亮色是印章当初表面光洁处理后保持至今的结果。（图138）印面为

长方形，宽1.1厘米，高2.2厘米，印体高1.2厘米，印文上下排列，两字，文曰：“百尝。”（图139）

图138　汉代“百尝”印章印面照

图139　汉代“百尝”印章印蜕图

“百”字的意义似乎不用多说，数量词。《说文·白部》：“百，十十也。”作为概数，常言数量众多。范仲淹《岳阳楼记》：“政通人和，百废俱兴。”“尝”，《说文·旨部》：“尝，口味之也。”辨别滋味为其本义。《礼记·曲礼下》：“君有疾，饮药，臣先尝之。”“尝”又引申为经历、经受。《左传·僖公二十八年》：“险阻艰难，备尝之矣。”“尝”又为副词，表示动作、行为已经发生，相当于“曾”“曾经”。《史记·陈涉世家》：“陈涉少时，尝与人佣耕。”又表示频度，相当于“常”“经常”。《三国演义》第一百零八回：“人皆疑吾有异志，吾尝怀恐惧。”“尝”在此印文中应该是百尝滋味的意思。这种滋味就是经历、阅历中的滋味，即人世间的滋味。“百尝”与安身、敬事等闲文印一样，都是秦汉时期文人士子经常佩带在身上的饰物，不一定直接使用它盖戳印记。古代士人喜欢在身上佩带一些玉制的饰品，以玉的坚硬晶莹，表示自己的人格清白、坚强。故古时有“君子佩玉”的说法。这种“闲文印”就是从佩玉发展出来的另一种佩饰。它更能直接地表达主人的身份与志趣。“百尝”不是说品尝百种食物味道，而是说要遍尝世间甜、酸、苦、辣的人生滋味。只有遍尝这些滋味，才能磨炼自己的意志，丰富自己的知识。

此“百尝”印的篆刻艺术风格，稍不同于同时代其他“闲文”印章的特点。此印虽是铸造而成，字口、线条却没有其他铸印的方正宽深，倒更像是后世篆刻家在石质印章上手刻的效果。线条起笔处多为尖形，如用单刀法刻就的感觉。“百”字笔画稍简，在印面上只占有三分之一的位置。“百”字下部稍呈弧度，基本保持了先秦篆书的书写风格，有别于汉代印文篆隶相兼的特点。“尝”字上部两边的竖画，就如两把长长的佩刀。古人身上常佩有刀，饮宴食肉全靠此物。这种佩刀除帮助进食外，有时还会用来干别的事。如《庄子·盗跖》上说：“介子推至忠也，自割其股以食（晋）文公。”随手解下佩刀，割下自己的肉让主子吃，“忠”虽“忠”也，但血淋淋的不好提倡。《世说新语》上还有“管宁割席”的故事。管宁嫌同学华韵出门看热闹，有误学业，就用佩刀将两人同坐的席子割断，表示决裂。这些故事虽与解释“尝”字关系不大，却说明了古人身上是常佩有刀的。佩刀在古时当然是分割食物的主要工具，所以，这个“尝”字就特别地突出了“刀”形。在“尝”字最下部“曰”上还有一“匕”字。“匕”在这里可不是指那种称之为“匕首”的小刀。“匕”是古人取食用的一种器具，就像今天汤匙形。用汤匙给口中送食物，所以，最下部“口”字中就多了些东西，变成“曰”了。从“尝”字的正确写法来看，此印文拓出后这一“尝”字应该是反写的。由“百尝”二字其他笔画上是看不出它的正反的，只有“尝”字下部这一“匕”字才透出了个中消息。正书时“匕”字上端应该朝向右方，此印上文字拓出后却向左方。检多种金文字形甚至《说文》部首上的“匕”字，都是上端向着右方。陈介祺《十钟山房印举》上收有两种“百尝”印，与此印文一样，“匕”字上端都是向着左边。这些情况再次证明了余前面的推论：此类印章不是用来盖印的，而是佩带在身上，直接阅读印章上文字的。直接看印上文字时，“匕”字就成了正书端写了。

总之，此印为了表现“尝”字的本义以及“百尝滋味”的志向，在文字结构、用笔上，都是费了一定心思的。此类文字“形象化”表现的技巧，颇值得借鉴。

56 “思士”古印纯朴厚

此印为铜质，坛纽，正方形。（图140）宽和高均为2厘米，印体高为1厘米。印文铸造而成，阴白文。印面中心有十字界格线，四周刻有边线。印文两行，行二字，自右至左排，曰：“云子思士。”（图141）

“云”同“雲”。《说文·云部》：“云，古文省雨。”“云”是“雲”的本字。在许多时候“云”不能写作“雲”，而今用“雲”的地方基本上都可以写作“云”。《广韵·文韵》：“云，言也。”即“说”之义。此为“云”的本义。有“人云亦云”“不知所云”等语。此处“云”应是这样两种意思：一为“有”。《广雅·释诂一》：“云，有也。”王念孙《疏证》：“云，为有无之有。”《荀子·法行》：“事已败矣，乃重太息，其云益乎!”《公羊传·文公二年》：“大旱之日短而云灾，故以灾书。”另一种意思则是作为助词置于句首，用来增加语气。《诗·邶风·简兮》：“云谁之思？西方美人。”《诗·鄘风·君子偕老》：“子之不淑，云如之何？”在此印文里，“云”字应该是作为“有”，或作为助词的成分多些。“子”的意义很多，此处是指古人对男子的通称。《玉篇·子部》：“子者，男子之通称也。”《穀梁传·宣公十年》：“其曰‘子’，尊之

图140　汉代“云子思士”印章印面照

图141　汉代“云子思士”印章印蜕图

也。”“思”，即思念、思慕之义。《史记·魏世家》：“家贫则思良妻，国乱则思良相。”“士”，是中国古代社会一个阶层的名称，先秦时为贵族中最低一级，位次于大夫。古时又将民分为四种。《穀梁传·成公元年》：“有士民、有商民、有农民、有工民。”范宁集解：“士民，学习道艺者。”后又将知识分子称为“士”。《字汇·士部》：“士，儒者。”《论衡·实知》：“故智能之士，不学不成，不问不知。”但这种“读书人”的“士”，与古代贵族的“士”还是有一定区别的。至于印文中所“思”的这种“士”，应该是品德好、有学识或有技艺的那种人。《白虎通·爵》：“士者，事也。任事之称也。故传曰：通古今、辨然否为士。”只有这种“高人”才能被称为“士”，才能被人思慕。

此印文“云子思士”，可理解为“有子思士”，或“唯子思士”。这是一方表达主人志趣的“闲文”印章。

此印章为反刻文，原因前文已经讲过，这是直接阅读印文的印章，印面上文字为正写。右边一行“云子”二字，因结构简单，虽为反文，但并不影响释读。“云”字上部两横画，起落笔方而钝，下部笔画则圆润如玉。“子”字，头部扁圆，线条丰满。“思”字，上部也是圆满丰厚，下部“心”字，形虽不整，这几点的用笔却拙朴有力，顿挫有致。最后一字“士”则敦实可爱，棱角分明。此印文整个线条上的特点是方圆结合。从印章布局上来看，两个对角相互呼应，刚柔并济，内容与形式结合得恰到好处，没有那种书生意气的张扬之势，真正达到了拙而不劣、巧而不乖的境地。

57 别样司马果不同

印文为“别部司马”四字，正方形，文两行，行二字，左右排列。印面宽、高均为2.4厘米，印体高2厘米。印表面红斑绿锈，古朴可人。因为是官印，用途较多，使用时间也较长，印章的边沿稍有磨泐，故四边有些笔画就不能完整印出。（图142）

“别部司马”是汉代职官名，有汉代印章在此为证，应无疑问。（图143）但检《汉书·百官公卿表》《西汉会要》《东汉会要》及孙星衍所辑《汉官六种》等书，皆不见有“别部司马”一职称。我们知道，“司马”是古代武官的一种，设立时间极早，在商、周甲骨文上都有“司马”的记载。《周礼·夏官》上称“司马”为六卿之一，掌军政及军赋。《诗经》《毛传》《国语》以及多种青铜器铭文上，都可以看到“司马”掌管军政事务的史实记载。到了汉代，“司马”则成了大将军、将军、校尉手下的属官及宫门的守将。《后汉书·张湛传》注、《后汉书·张奋传》注皆称：“洛阳十二门，……每门校尉一人，秩二千石；司马一人，秩千石。”汉时在边郡也设置有“司马”一职，专管边疆军事。《续汉志·补注》：“帝从之，以牛邯为护羌校尉，都于陇西令居县，拥节，长史、司马二人，皆六百石。”东西汉都有“司马”一职，何以独不见“别部司马”的官秩记载呢？甚至在多种古代职官词典中连“别部”的字样都见不到。检《中国历代官制词典》，“别”字条下，在汉代与军有关的“别”官中，有“别驾”“别将”“别作监”等几种。《通典·总论州佐》：“别驾从事史一人，从刺史行部，别乘传车，故谓之别驾，汉制也，历代皆有。”“别将”则是“别在他处的小将”。《汉书·高帝纪》：“项羽拔襄城，还，项梁尽召别将。”那么，“别部司马”就一定是别有办公地点，居于别处的“司马”了。当然，这时的“别部司马”已不是西汉初期掌握军政大权的那种“司马”了。也许是边郡上的小军官，如“度辽将军”“护羌校

图142　汉代“别部司马”印章印面照

图143　汉代“别部司马”印章印蜕图

尉”“乌桓校尉”等手下的小将，或者是如“洛阳十二门”各门守将手下的副将。

“别部司马”印，毕竟是汉代官家的印信。印章的线条、布局，气象宏大，果然不同于一般的私刻。这种类型的“满白文”印，在汉代印章中不算少见。陈介祺《十钟山房印举》中，“别部司马”印就有五六种。文字结构、篆刻风格与此印无太大区别。如果从篆刻的艺术性方面来比较和欣赏，此印的文字结体可能更“巧”一些，在视觉上可能更“活”一些。右边“别”字的左旁上部“口”，大多汉印都将此部分写作“口”形，此处则作一个躺倒的“工”字形，也有如同此形写法的，“工”字的左右两竖距离拉得较开，此处的笔画之间却离得很近，几乎成了“)(”形。此印这部分下面的“力”字，也不去太靠上边，留下了一定的空间（留红），来调节“满白文”印章太“满”而带来的“拥挤”感。右边第二字“部”，在线条的运用上也是采取了轻重缓急的方法，使之错落有致。“部”字左边的“音”部，第一横笔稍粗了些，下面的笔画就变得稍细一些，而中间两边的小点画，更是轻重分明，表现出一定的动感。有人会说，这些效果可能是印章经多年磨损而造成的。但此印章原物尚在，我们可以清楚地从印面上看到，主要点画的字口处并无磨损。原形呈现，确实不同于一般。由于此印章右边沿磨得稍微圆了些，边线无法印出，因此就显得印面文字的分布左边多，右边少。其实左右两边的文字所占位置是基本相同的。再一点，“司马”二字长线条多，形势开张，在视觉上这两个字就显得大些。“别部”二字短线条多，节奏急促，这两个字就显得小了些。所以，观赏此印章时，我得到了这样一个经验：在篆刻艺术上，需要处理文字在视觉上的大小不等时，需要突出文字的节奏感时，应考虑改变文字线条的长短来表现。这样才能使文字在印面的位置上合理巧妙地得到安排，从而使文字更能表现出美的艺术效果来。

58 陶工的陶印

此印为陶质，覆斗形纽，纽柄上有一穿孔。（图144）印面为长方形，宽3厘米，高4厘米，印体高为6厘米，文两行，行二字，对角排列，文曰：“咸

阳木得。”（图145）

图144　汉代陶印“咸阳木得”照

图145　汉代陶印“咸阳木得”全形拓图

此印出陕西咸阳之西，为汉代陶工制作陶器时用在陶器上的印记。秦汉时，为了保证工程及器物的质量，多要求工匠在其负责制造的砖瓦器物上盖上印记，以备核对检查。这种表示陶工姓氏的印记是陶印的主要内容。陶印还有另一内容，就是盖在器物上时表示器物主人的姓氏、身份及器物的用途。如“甘林”“杨府”，则表示在某项工程上专用。若为陪葬品，其上有“李氏当利”“马氏千秋”等，则是为了告下界鬼神，此器为某某专用，等等。此印的旧拓本上有吴恒轩（大澂）的跋语六行，释此印文为“同得木阳”，恒轩不解其意，谓为陶工戏作。余所见此类陶印有十数方之多，观其内容有为陶工私人印记用以施工者，有为陪葬品表示主人身份者，其中不乏对角阅读的印文。这种对角排列的文字在汉代瓦当文字和汉代印章文字中多能见到。此印文中“咸阳”二字为地名，是陶工所居之地。“木得”之“得”，应读为儿化，或读为“抖”音。“木得”是关中地区的方言，即对小男孩的爱称。有时作为乳名延续称呼到中年以后。因为是乳名，所以只有长辈或同辈中较为熟悉者才能呼之，老年以后则无人再呼。关中男子有此乳名者极多，也有习惯在日常生活中自称乳名者，尤其在乡间更是普遍。这位汉代陶工就是自称乳名，并且制为印章。恒轩虽在秦中为官数年，然吴人不谙关中方言，故不能尽解此印文字。“木得”也有写作“木椟”者。

此印是陶工随手而刻的印记，文字结体自由、放浪而又不失神情。在整体布局上，印面上半部分“咸”“木”二字，笔画简而占地少，故写得较小。下面“得”“阳”二字，笔画繁而占地多，故书写得较大。这样在印面上，文字大小繁简做到了合理安排，线条方能舒展大方的表现。咸阳为秦之故都，其地居民自然能够传承过去的文化。“得”字的写法秦篆的味道就甚浓。“得”字右旁上部浑圆结实，下部结构则古意盎然，《云梦睡虎地秦简》上“得”字几乎与此相同。“阳”字在此印文四字之中最为大气古拙。“阳”字左旁“阝”，如此写法者，在先秦的《石鼓文》、汉的《嵩山三阙铭》以及汉铜器刻文上方能见到。由于此印是陶质，凿刻较易，所以线条行走极流利舒畅。古代民间文字中不乏艺术精品，今天看来，同样可资借鉴。（图146）

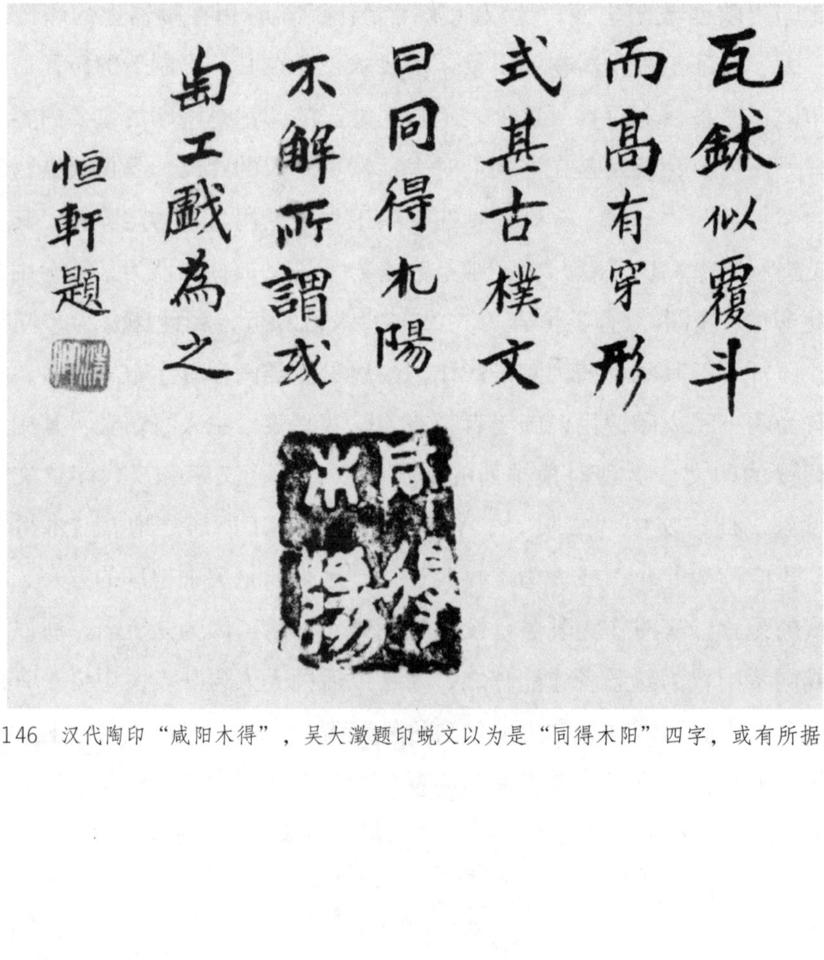

图146　汉代陶印“咸阳木得”，吴大澂题印蜕文以为是“同得木阳”四字，或有所据

汉代金属器物文字

汉代金属器物上的文字，一般多出现在宫廷日用品，贵族、大户私家日用品，祭祀用品等器物上，形制包括鼎、盆、灯、壶、鋗、盘、洗、镜等，以及戈、剑、弩机等兵器，另外还有一些权、量等杂器。这些文字或是铸造而成，或是凿刻而成，无不体现了汉代文字发展到高峰时期的多样风格与精良书写。这些文字常常是篆隶两体相兼，是一种不同于一般的书法艺术表现。经常欣赏学习这样的书法，定能洗去今日书法艺术之上沉积了多年的病垢。它是书法艺术上除病去痹的药石。

59 “更始将军”铸铁权

此铁权为半圆球形，圆球顶部有一桥形纽。（图147）铁权底径为5厘米，权高约4厘米。铁权上铸有阳文篆书七字，文曰：“更始元年重一斤。”民间对于古代重量的换算常有“唐四两，宋半斤”这样的谚语。就是说唐朝的一斤，合今制四市两；宋朝的一斤，合今制半市斤。此权上文字称“重一斤”，实际称量后，正好是今制半市斤（0.25公斤），可见汉制重量与宋时一致。（图148）

“更始”为西汉后期，淮阳王刘玄被绿林军拥为皇帝时的年号。刘玄，字圣公，西汉刘氏统治集团的远支皇族，东汉光武帝刘秀的族兄。初，参加

图147 汉代更始元年铁权照

图148 汉代更始元年铁权上文字拓本

平林人陈牧等人领导的平林兵，后与绿林军合，号“更始将军”。公元23年被拥为天子，年号“更始”，此时即为“更始元年”。王莽被灭后，刘玄入主长安，居长乐宫。后因内部斗争，叛乱四起。更始三年（25），赤眉军攻入长安，刘玄不久被杀。刘玄虽在西汉末做了几年“皇帝”，但《汉书》上并未将他列入皇帝系列的“本纪”之中，甚至“传”中也不见并列，只有《汉书·王莽传》中稍有提及。至宋时，范晔撰写的《后汉书》，才给了刘玄一席之地，但仍未列入“本纪”，而是在“列传”中与另一个起义军“皇帝”刘盆子合为一“传”。可见历史上的文人们并不看重刘玄的“皇帝”地位，因为他的“皇室血统”并不正宗。再说，当时真正操纵时局的是刘秀而不是刘玄。

此铁权铸造于“更始元年”，其时，正当战乱，人心未定，何以仓促既称帝号，又铸铁权呢？这是一种心理战的手法，其意在于向世人宣布：王莽政权已经灭亡，新的政权已经建立。就像秦始皇布诏天下，统一度量衡，统一文字一样。天下的度量衡、文字统一了，意味着天下人民也就统一了。

与西汉后期，特别是王莽时期的文字作品相比较，此铁权上的文字，结构规整，线条平和，是官方文件似的书法，是行布于天下的规范文字。在铁权上铸造文字的目的，是为了让天下百姓都能明白所要说明的事情。这种文字在书写上自然要求规范清楚，而且要代表皇帝的身份，当然更不能乱来。由于这种文字的目的性与身份体现，此铁权上的文字风格与汉代印章上的文字风格较为相近，都是在目的性与身份体现这样的前提下来书写的。“篆书的结构，隶书的用笔”是这种书法的主要风格特点。这里所谓的隶书用笔，不是后来经过夸张了的“蚕头燕尾”之类的隶书用笔，而是指汉代竹木简上所书、金属器物上所刻的那种隶书文字的用笔，以及像《五凤刻石》《三老讳字忌日刻石》《子游残碑》等那样的文字。我们知道，《说文》一书是中国最早、最系统的文字学著作，成书于东汉建光元年（121），是当时的学者许慎用了22年时间才完成的。《说文》之上所标列的字首，是在当时繁复的文字中，综合古文篆籀之体，因形见义，以中国文字结体的“六书”法则为基准所选择完成的“标准文字”。《说文》一书完成于东汉，而此铁权铸成于西汉末，相距近一百年，但铁权上文字与《说文》上文字在结构上几无差别，可见许慎在选择“标准文字”时所见的标准，一定是以官方书体为主的。在诏版上，在经石上，在度量衡的各种器物上，这些器物上所刻的文字，都是由当时的“大文士”们所写的。这些人对于文字自然有一定的研究，所写出来的文字，不论其“书法艺术”如何，都会符合中国文字结构的法则，即后来所谓的“六书”原则。

此权上文字从左至右排列，第一字“更”，权上写作“㪅”。《说文》：“㪅，改也，从攴，丙声。”后来的隶书多写作“更”形。“㪅”字上部“丙”，如人两肩形；下部“攴”，为执竹片轻击之义。《说文解字注》：“攴下曰。小击也。”“攴”同“扑”，打也。人有过，适当地打一下（小击），就能让他更改过失。这就是“更”字的本义。古人认为，文字正确的写法应遵循其本义。当然，随着时代的发展，文字也会发展变化。只要是按照文字规律而变化发展出来的文字写法，都应视为“正规”“正确”。铁权上“始”“年”“重”等笔画稍复杂一些的文字，与《说文》上篆书字首相比较，基本结构无大差别，这说明铁权上文字是非常正统、规范的篆书。但这些文字毕竟是某个人手写出来的，不可能与《说文》上的文字一模一样，它还是有一定的变化，有一定的艺术表现的。这些文字在书写运笔时的变化，正是这个人文字修养和个人情趣的表现。“始”字在《说文》部首上的写法是：右旁上部向上延伸较长，整个字呈竖长形。而此处则方正浑实，雍容大度。“年”字在《说文》中是将上部撇捺两笔向下延伸至底，包住了下部的“子”字。而此处却不见延伸，只是将笔画写清楚就行了。因为铁权上“年”字前面的“元”字已经有了两笔向下延伸到底的笔画，这里“年”字再写成那种形式，两字就会出现重复排列的毛病，这时必须有变化、有区别才能有美感。“重”字的写法是铁权上七个字中线条最茂密、体形最长的一个。“权”，就是衡量轻重的意思。“重”字在此权上是中心词汇，自然要突出表现，即表现出它的沉重感来。从铁权上“重”字的写法，正能看到这点。

此铁权文字与《说文》上所谓小篆的写法有相似之处，并不是说它就是秦相李斯所写的那种小篆。铁权上的这几个篆书，用笔方圆结合，方折不碍其流畅，圆润不失其挺拔，比起秦代的小篆来，线条、结构博雅优美之处，还是胜其一筹的。汉篆传世不多，西汉的篆书传世更是少见。要想了解、学习汉代人的篆书，除过为数不多的几方碑石外，汉代器物上所刻的文字，是值得我们重视的。

刘玄只坐了几年的“偏安皇帝”，在动乱之中的所谓“更始元年”，能铸出此铁权来实属不易，铁权能够保存至今亦实属不易，而我们今天能够看到表明那短短几年“偏安皇帝”年号的文字，更是不易。

60 汉攀氏鼎刻文

此鼎为东汉时物，铜质。（图149）内壁刻文一行，文曰：“攀氏三斗重九斤第十。”（图150）

“攀”，《说文》：“引也。从手，从樊。”《正字通・手部》：“攀，自下援上也。”“攀”，是攀援、攀引之义。“攀”在此处应为姓氏，但姓氏之中又未见此字。“攀”与“樊”形近声不同，余以为，在此“攀”即“樊”字的别写。“攀”作为姓氏，应该读“凡”声。古时，“樊”作为车马的器具时又读“攀”声。《周礼・春官宗佰》巾车：“樊缨，十有再就。”郑玄注：“樊，读如鞶带之鞶。”所以，刻工将“樊氏”写作“攀氏”，就是用谐音来假借的。另外“樊”“攀”二字的形也相近。但姓氏用字采用假借，容易引起误解，还是不用为好。

“樊”为姓氏，古已有之。《左传・定公四年》：“殷民七族：陶氏、

图149　汉代铜鼎照

图150　汉代攀氏铜鼎上文字拓本

施氏、繁氏、锜氏、樊氏、饥氏、终葵氏。”《通志·氏族略第三》：“樊氏：姬姓。周太王之子虞仲支孙仲山甫，为周宣王卿士，食采于樊，曰樊侯，因邑命氏。”

“斗”，古时的容量单位，十升为一斗，十斗为一石。《说文》：“斗，十升也，象形，有柄。”“三斗”是指此器的容量。“重九斤”是言此器本身的重量。“第十”是指此器在这一组器具中的排列序次。古人有时为了祭祀用，有时为了生活用，常常将各种器具作为一组来制作，少则三五件，多则几十件；如刻有铭文的，亦常标出序码，有的是将历年所制按一定序码往下排列，故这些序码常至数百。

铜器具上的刻文与铜印章上的刻文是有一定区别的。质材虽相近，文字的内容与功能却相差很远。印章要讲究方寸之间的布局排列，不同的人物、不同的用途，就有不同的布局及刀法。铜器上的刻文因面积较大，基本上不用考虑边沿

"出格"之类，用刀也自由得多。当然，这并不是说铜器上文字不讲章法，而是说，不如印章上那样讲究罢了。此器上这九个字，虽为一行，但一行之中文字的大小、用笔的轻重还是有一定变化的。第一字"攀"，姓氏字，较为突出，是此器所有文字中最大的一个。"氏"字线条书写得扁长结合，主要笔画都是横写，使"氏"字虽扁形，但最后一笔向下拉出，整个字就挺立了起来，线条亦极舒展。"三斗"二字体形较横，下面的"重"字就显长些。"九斤"二字稍扁，"第"字必然拉长。长短结合，轻重结合，是文字艺术表现的基本方法之一。

61 汉家烛灯形如豆

此为汉代烛灯连柱上所刻的文字。（图151）一行，共十五字，篆书。文曰："元成家行烛豆重二斤十四两第十十。"（图152）

"元成"为主人名，"元成家"指此器为主人家中所用物。"行烛"，"行"在这里有两种意思：一是指道路。《尔雅·释宫》："路、场、猷、行，道也。"《诗·豳风·七月》："女执懿筐，遵彼微行。"《毛传》：

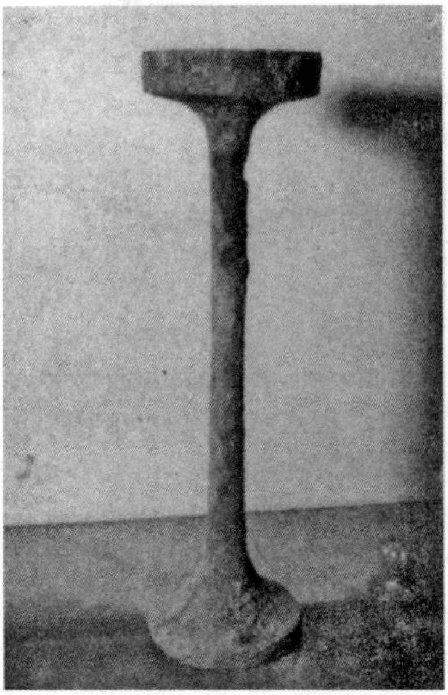

图151　汉代烛灯照

“微行，墙下径也。”另一种意思是指行走，运行。《墨子·公输》：“行十日十夜，而至于郢。”“烛”，《说文》：“烛，庭燎火烛也。”《仪礼·士丧礼》：“烛俟于馔东。”郑玄注：“火在地曰燎，执之曰烛。”故，“行烛”就有两种意思，一是指家院内道路上的灯，即今“路灯”，又称“庭燎”；二是指用手执着夜间巡视行走时所用的灯具。汉代许多灯具形都似“豆”，即如高足盘形。作为灯具时，上下两盘中间的连柱稍微长些，作为“豆”时则短些。将形如“豆”的烛灯称为“行烛豆”，汉时也有类似说法。

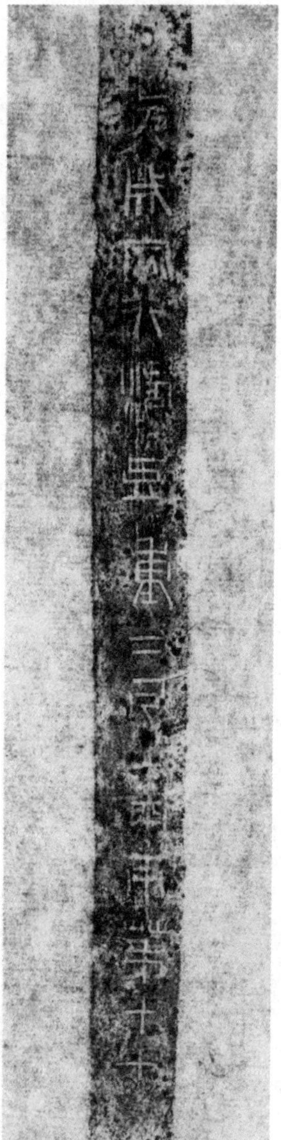
图152　汉代烛灯上文字拓本

此灯文称“重二斤十四两”。《汉书·律历志》：“十六两为斤。”“二斤十四两”也就是说将近汉制的三斤了。马衡先生《凡将斋金石丛稿》中引刘半农先生对汉代衡制的研究称：汉时（主要指王莽时）“一斤当今库平十分之三点七九七九三七五”。不知刘半农先生怎样计算得如此精细，但余对汉“更始元年”一斤铁权进行的衡量，知此汉一斤当为今半市斤（即0.25公斤），与刘半农先生、马衡先生所考略有出入。是否因为二先生所据为王莽权，余所据为汉权，二者重量又有所不同？至少余称汉“更始”年的一斤合今制0.25公斤，有实物为证，这一点是不会错的。此灯上文字言“重二斤十四两”，换算成今制大约为0.75公斤。如果是夜间巡行，手执约重0.75公斤的铜灯，轻重正好使用。

“第十十”，就是第一百，是此器制造时主人为区别各种用途以及便于管理计算家中器具，让工匠专门刻上的文字与序码。

虽然铜质灯具不是普通百姓家的物品，但对于贵族家庭来说，此“豆形灯”就是一般的器具了。虽刻有文字，也是比较随意的。这行文字采用的是“短促切刀法”刻制完成的。“元”字右下最后一笔，不是用一刀刻过，而是用了四刀方才完成，所以线条有一定的跳跃感，但缺乏一些流畅性。“成”字较为四平八稳。先秦金文“成”多不似此形，而汉隶中“成”类此者却较多，如《西狭颂》《乙瑛碑》等。虽说此件文字为篆书，但其中多有隶意；说其为隶书，但文字结构基本上都是篆书的。如“重”字，就是典型的篆书写法。正如前文曾言，此类文字的书法特点就是“汉篆”的特点，即以篆书结构为主，又杂以隶书体势，篆隶结合自成风格。对于学习篆书的人来说，此器文字的顿挫节奏感，是值得学习的。

62 阳信府中多佳物

此器从文字内容上看，应是烹饪时使用的一类锅，有盖。（图153）其上两处有文字，一在下部器上，一在盖上。从拓本所显示的形状来看，文字都刻在器与盖的边沿上。器上文字前面一部分因锈蚀，未能全部拓出，可见文九字：“铜鋗镂一，重四斤八两。”（图154）盖上文字则完整，共十六字：“阳信家铜鋗镂盖，重一斤八两，四年第一。”（图155）

图153 汉代铜鋗，为烹饪用器物

刘正成主编的《中国书法全集·秦汉金文陶文卷》，其上亦有汉代“阳信家”铜器金文数件，释文称，似“可推断为汉武帝刘彻的姐姐阳信公主府邸中所用器物”。又称，“阳信家”这些器物，“作于西汉中期，一九八一年陕西兴平茂陵一号无名冢一号从葬坑出土”。“阳信”考为“阳信公主”，未言明何据。《汉书》上也未见传纪，《二十五史人名大辞典》上也不见记载。《中国书法全集》上称“阳信家”此批器物出土于1981年，但余所藏此批“阳信家”器物上的文字拓片皆是旧拓，至少是20世纪60年代以前所拓，因为这批金文拓本的原主人1960年以前就去世了。由此至少可以证明“阳信家”之物1981年以前已有出土。从器物的质量、数量、铭文等方面来分析，“阳信家”即便不是“阳信公主”家，也一定是皇族贵胄之类的大户人家。在《中国书法全集》上所载“阳信家”器物金文上，有“奉主买邯郸”之语，意即“奉主之命买物于邯郸”，或“侍奉主人去邯郸时所购买”。由此透露的信息可知，皇家贵族府上所用的器物，有些是专门定制的，有些则是外出购来的，然后再刻上铭文。在汉代时，手工业、商业已有

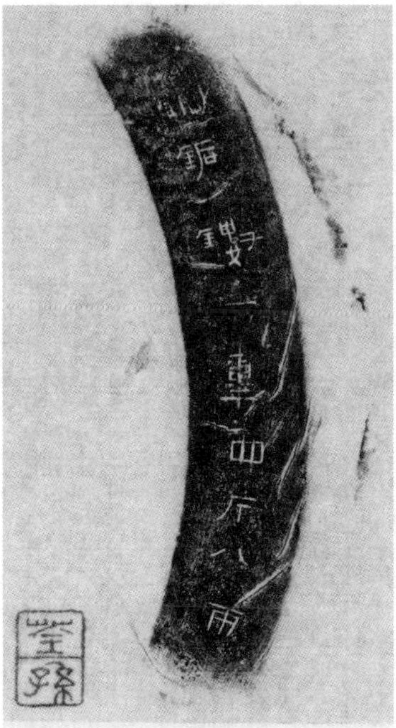

图154 汉代“阳信家”铜鉅器上文字拓本

图155 汉代“阳信家”铜鉅盖上文字拓本

了一定发展，购物已成了必要的事情。所以，这种日常使用的器皿，如有文字的，都可能是购回后再凿刻以文字。

“鉆”，有两种意思两种读音。一读“象”，古代器具名，形如小箱。一读“胡”，专用词，“鏂鉆”之“鉆”，“鏂”读如“欧”。“鏂鉆”，即古代器物上装饰的那种“铺首”，或大门上的环饰之类。《集韵·侯韵》：“门铺谓之鏂鉆。”“镂”，《说文》：“镂，釜也。”即烹饪用的一种锅。“铜鉆镂”，即铜质，上面装饰有铺首或环饰的锅类。此件盖上文字最后有“四年第一”等字。“四年”，不知是汉时何帝何年号中之“四年”。如果“阳信”确为“阳信公主”，那么此器自然是汉武帝时物了。汉武帝前后共用了十一个年号，有建元、元光、元朔、元狩、元鼎、元封、太初、天汉、太始、征和、后元。其中，据说元鼎四年以前均无年号，皆为“有司所追命”。一般认为只写年数而不书年号的，是因为当时没有年号。那么，此器的制造也就是在武帝元鼎四年（前113）以前了。而元鼎以前所“追命”的四个年号中都有“四年”，即建元四年至元狩四年（前137～前119），此器或为这十八年之内所制造的。“第一”，这是汉代铜器铭文中常见的词语，表示此器在一批器具中的次序。

按照书法上的用笔、结构等方面来分析，此器上的两件文字应属隶书写法，尽管其中有某些字颇具篆书的笔意。如“家”字内下之“豖”，右边两笔写到了外边，这是篆书写法的特点。余检有关古文字的辞典十数种，有百十种“家”字的写法，而此种形态的“家”字，唯有此器上一种，真可谓“孤品”了。“镂”字右旁，可以说是篆隶相结合，特别是下部器上的“镂”字，几乎将字分成了三部分，很是宽大，但在这种特定的环境中，并不因此而显得松散，反而更显得宽博大气，别有趣味。盖上文字的“盖”字，甚至是草书隶书相结合的写法。“盖”下“皿”的写法是章法中常见的形象。前面说此种文字多为凿刻而成，我们从此件文字就可看出。如“皿”字，单刀刻法，中间两竖笔从上面起刀，入刀处在横线外，收刀处亦到了线外，这种现象不能说是美感，只能说明其用刀有力度。“两”字内部的结构都被简化掉了，只用一横笔替代，汉骨笺文字中见有此类处理法。

63 平阳子家壶与方

汉“平阳子家”器物两件，其上皆有文字，一为壶，一为方。（图156、图157）壶上文字曰：“平阳子家壶一，容二斗，重十斤四两。”（图158）方上文字曰：“平阳子家方一，容四斗，重……”（图159）其下文字残损，应为几斤几两之类。

汉有“平阳公主”，但“平阳公主”不可能称为“平阳子”。“平阳”应为地名。古有“平阳邑”，战国时期秦国的都城，在今陕西宝鸡陈仓区东阳平镇一带。阮元《积古斋钟鼎彝器款识》中有平阳宫铜器及铭文。汉时平阳作为都城已废除，但居此地的贵族自称为“平阳子”，是为了显示其为世家子弟。“子”是古时对士大夫或对男子的通称。“子”也是爵位名。所以，定“平阳子”为人名较合理。“壶”，器名。古代用以盛酒或粮食的器皿。“壶”有方，有圆。《公羊传·昭公二十五年》：“国子执壶浆。”汉何休注：“壶，礼器。腹方口圆曰壶。反之曰方壶，有爵饰。”“反之曰方

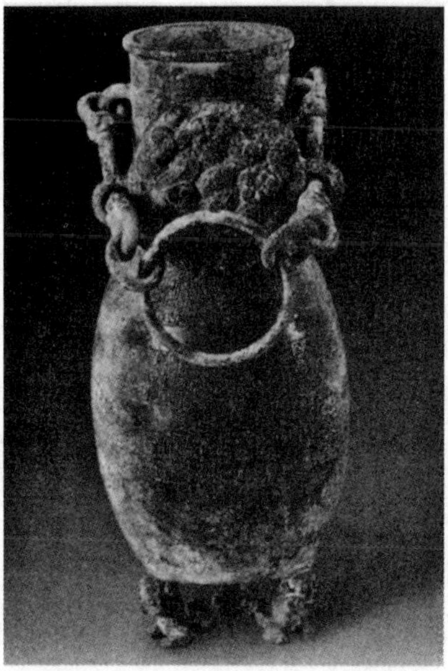

图156　汉代“平阳子家”铜壶照

图157　汉代“平阳子家”铜钫照

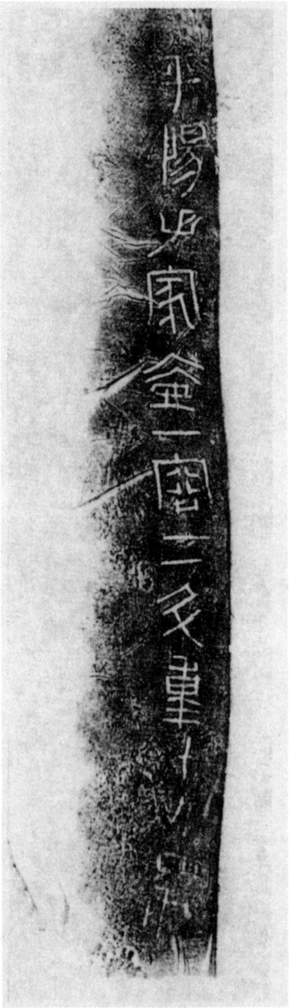

图158　汉代“平阳子家”铜壶上文字拓本

图159　汉代“平阳子家”铜钫上文字拓本

壶”，即是说腹圆口方之形为方壶。从目前所见到的汉代方壶形态来看，所谓“圆”并不是指“圆柱形”，只是方壶腹部有圆弧状而已。所以，此处器上写有“方”字，当也是酒器的一种。作为器皿的名称，“方”有时也写作“钫”。《说文》：“钫，方镬也。”朱骏声通训定声：“镬当为锺，酒器之方者。”西汉《元延钫》铭：“铜钫容六斗。”此件方“容四斗”。“壶”重汉制“十斤四两”，只“容二斗”。此方能“容四斗”，其重当亦在十斤以上，二十斤左右，相当于今制五公斤左右。可见，此两件器物绝不是小器。

此两件文字应为篆书写法，书法风格基本一致。前两字“平阳”，两器上的写法几无差别。“子”字，“壶”上所刻整体皆有倾斜，“子”字头部呈三角形，是凿刻时为了简便用刀造成的。而“方”上所刻“子”字，整体字形却十分端正，“子”字头部线条圆润流利，中间部分的笔画向左右翻转，如人两臂，线条形态几近于“鸟虫篆”的写法。“壶”字的写法此处较为简单，不似其他篆书写法，字上的装饰线条也不多。清桂馥《缪篆分韵》所收汉印章上文字，“壶”有十余种写法，只有一种与此相类。这两器上文字，都为凿刻而成，工匠一手执刀，一手把器，随转随刻，自由自在，一行之内，左偏右斜，无拘无束，怡然自得，而一行文字从整体上看还是有一定“行气”的。这是因为在这一行之内有几个重要的字坐镇其中，并无倾斜之感。“壶”上一行文字中如“平阳”“家”“壶”“重”等，这就是所谓的“字眼”。

一件书法作品若要有灵性，“形式活泼”必须在有意无意之间来进行，不可刻意为之。观此即可知晓。

64 汉隶章法的松与紧

此为汉代铜器上文字，文两行，首行十七字，二行十五字，隶书。全文曰：“元封二年洛阳武库丞阙啬夫菅吏令史素护工阘造，容十六斗八升，重六十八斤。”（图160）

此件文字不论从书法风格、语言结构、刻制时间等方面看，都与前面所介绍的汉代骨笺文字相接近。这些文字都是在说明此件物品的来源地、制作时间、负责官员及工匠名等。此件文字有容量、重量，而骨笺上文字却没有。从文字写法上看，此器上文字的许多异体字、草体字的写法如首行上“武”“夫”“吏”“素”等，与骨笺上出现过的文字几乎一致。“武”字如草体写法，“夫”字撇捺极长，“吏”字中间部分省去两小竖，“素”字写成“枽”形。这种现象不是简单的巧合，这其中是有着一定联系的。这种联系可以使我们对于汉代的书法在跨地区的情况下有何种变化，有了直观的了解。不论用刀刻在铜器上，或是用刀刻在骨笺上，它都是以刀作笔的汉代人直接刻写的结果。它比那种铸造、刻石等文字，更能直接地反映出汉代人的书法精神。这就是此类汉字书法的珍贵之处。（图161）

一行“武库丞”。西汉初置“武库令”，“武库令”属“执金吾”，为储藏、保管兵器的官员，不掌制造。西汉时“武库令”下设有三个“武库丞”，东汉时改为一个，所以东汉时的“武库令”多称为“武库令丞”。“元封”为汉武帝年号。在西汉中期，“武库丞”自然是“武库令”下属的三丞之一。二行首字残损，不能释出为何。结合其他同时代器物上文字有与此相似者，及与之前后语词来判断，此字应为“护”字。“素护工”，骨笺文字上曾出现过。“素”写作“枲”形，是同一时代、同一类人文字书写的

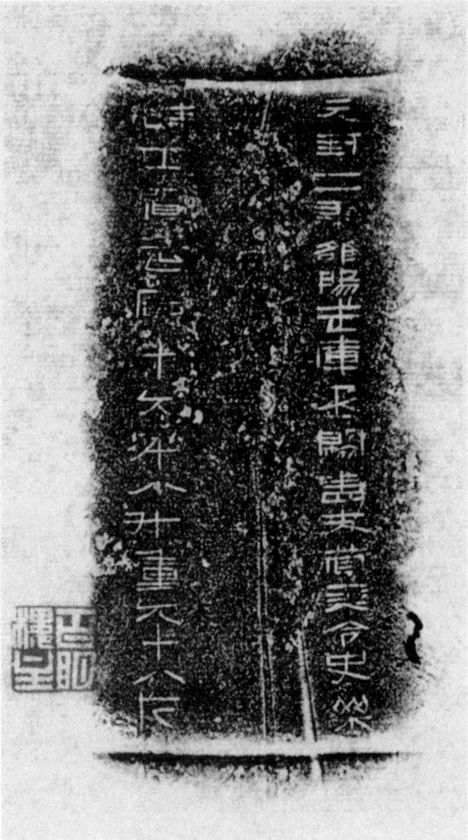

图160　汉代铜器上所刻文字拓本

图161　汉代铜器实物照，非前图拓本原物

特点。“闾”，《龙龛手鉴·门部》：“闾，阎的俗字。”“阎”为“素护工”的姓氏。

应该说此件文字写法是以隶书风格为主的，其中当然还有篆书的笔意。这是汉代早期隶书写法的特点。要分清一件书法作品是隶书还是篆书，就要看哪一种书体结构、用笔占绝大多数。在此，我们要着重说明此件隶书的章法特点。

首先可以看到的是，两行文字之间的距离比较大，而一行之内，字与字之间上下的距离却很近。更有甚者，有些字之间的笔画几乎连到了一起，如一行“武库”二字，“啬夫”二字，“菅吏”二字；二行“闾造”二字，“斗八”二字等。这种章法特点在汉代隶书中是经常可以见到的，如《史晨碑》《张景碑》《孔彪碑》等。这种章法布局的特点后人称为“密不透风，疏可走马”。“密不透风”是为了加强“行气”的效果。一行之内，每个字的大与小、长与宽，要根据每个文字结构的特点进行变化，如首行：第一字“元”较小，第二字“封”则稍宽大；“二”只有两笔，显简单，就让它宽些，甚至超过了“封”字；“洛阳”二字笔画较繁显大，就使其紧凑显得稍小；下面的“武”字，则放松使其变大。所谓“疏可走马”，则是为了造成行与行之间的节奏感与空间感，这样就能留有足够的空间，让人的视觉在文字的行与行之间有空当，作为回味的时间，从而更能充分地欣赏、阅读文字，真正令人赏心悦目。另外，还有一种处理隶书章法的手法，就是将行距缩小，字距加大。采取哪一种方法，主要看这些文字要在怎样一种画面内安排。如果是在竖形的画面内书写（如此器上文字的形态），那么，书写者就一定要考虑采取加大行距、缩小字距的方法，因为这种竖形正好可以用来表现中国文字竖写的特点，也就是能够更好地营造“行气”。如果是在横向的画面内书写书法作品上的所谓“横披”形式，那就要考虑采取拉开字距、缩小行距的方法。这样一来，就可以营造出一条较长的横向空间，同样可以表现出横向的“行气”来。清代那些善于书写隶书的大家，如王澍、桂馥、伊秉绶、翟云升等，无不深悟此中妙处。有人说，这种方法是否可以推广到其他书体的章法布局之中，那就要看具体的情况以及个人对于书法技巧的把握程度了。

65 东汉章和年弩机文

此弩机为铜质，长约12厘米，高约4.5厘米，宽约4厘米。（图162）侧面刻文四行，行四至六字不等，隶书体。全文曰："章和元年八月朔日，中尚方造，所制紫间出一臂，师衡。"（图163）

弩是古代兵器的一种，是一种可以利用机械力量发射箭矢的弓。"弩机"就是这种弓上的主要机件。"章和"，汉章帝刘炟的年号。章帝为汉明帝第五子，《后汉书》上称其"少宽容，好儒术，显宗器重之"。汉章帝十九岁登基，三十三岁去世，在位十三年（76—88）。"章和"是其在位十三年中所建三个年号的最后一个。"章和元年"即公元87年，也就是汉章

图162　汉代弩机照

图163　汉代弩机上文字拓本

帝去世的前一年。“朔日”，古时称每月初一日为“朔日”。《释名·释天》：“朔，月初之名也。”每月初一至初十，古人也都称为“朔日”。《诗·小雅·小明》：“二月初吉。”《毛传》：“初吉，朔日也。”陈奂传疏：“古谓朔为吉，……朔日者，谓月朔之日，不必定在始一日，自一至十皆是也。”“尚方”，古时主管手工业的机构，始置于秦，两汉沿用，属少府，主制作宫中所用物品。汉武帝时分为中、左、右三尚方。此文称为“中尚方造”，是皇宫内所用之物。“臂”，器名，即弩上之柄。《释名·释兵》：“弩，怒也，有执怒也。其柄曰臂，似人臂也。”《周礼·考工记》弓人：“于挺臂中有柎焉，故剽。”贾公彦疏：“直臂中正谓弓把处。”由此可见，弩弓上的这一附件“弩机”，在古时又被称为“弩臂”。“师”在古代为官名。周有“太师”，是辅佐国君的官员。周代教民的官亦称为“师”，后来军事长官或主掌一职事务的官员也称“师”。此处的“师”是指掌握了专门知识或精通某种技艺的人。《孟子·告子上》：“今有场师。”赵岐注：“场师，治场圃者。”《盐铁论·本议》：“农、商、工、师各得所欲。”“师衡”，即名为“衡”的技师。在其他弩机上文字内，也多次出现“师某”之辞，有人释为工匠姓“师”名“某”，恐不确。

与其他汉代隶书一样，此件文字中或多或少也夹有篆书的笔意。如“方”字，就是篆书的写法。“制”字下部繁体为一“衣”字，此处进行了极简的处理，篆书中也多此形结体。“紫”字上部右边，隶书写法虽也是两下撇得较长，但如此形状者却少见，而篆书中“此”字右旁有这种处理的手法。

整体上看，此篇文字所表现的书法风格是比较温和朴实的，其中隶书的特点也比较突出。如所谓的“弓背”，或称“束腰”。第一行“月”字，左右两笔向内“弓”；三行“间”字，四行“衡”字，也是左右部分相向而“弓”。这一特点在汉代的《韩仁铭碑》《尹宙碑》《赵宽碑》中都能清楚地看到。此件文字的用笔灵动中含有沉着，既能放，又能收。“放”的方面如“年”“方”“制”“紫”“衡”等字；“收”的方面如“章和”“朔日”“出”“臂”等字。“放”是灵活的表现，但不失于流滑；“收”是严整的表现，却不病于僵硬。在东汉前期的书法作品中，如此温和中正的隶书作品实属少见。

66 神爵二年弩机文

此弩机上铭文共五行，每行二、三、四字不等。计十七字，篆书。（图164）全文曰：“郭，工温成、徐实义造，神爵二年为上军行营。”（图165）

“郭”，《释名·释兵》：“（弩）牙外曰郭，为牙之规郭也。”故“郭”也可称为“弩机”的外框。“温成”，工匠名。“徐实义”，亦为工匠名。弩机之“郭”为两人共造，故署两人名。“实”此处写作“寉”，即“實”字的省写。“实”字此种省写尚未见前例，诸字典皆未见载，故此字形可为一例。“神爵”，汉宣帝刘询的年号，“神爵二年”即公元60年。“爵”通“雀”。《孟子·离娄上》：“为丛驱爵者，鹯也。”朱熹集注：“爵，与雀同。”陆游《村居》：“不恨闲门可罗爵，本知穷巷自多泥。”《汉书·宣帝纪》：“神爵翔集，朕之不德，惧不能任。其以五年为神爵元年。”“五年”即“元康五年”。“神爵”即“神鸟”。汉宣帝见“神鸟”集为瑞兆，故改年号。“上军”，军队职官名，最早为春秋时晋国所置，把军队分为上、中、下三军，每军各有军将、军佐来统率。《左传·僖公

图164　汉代弩机照

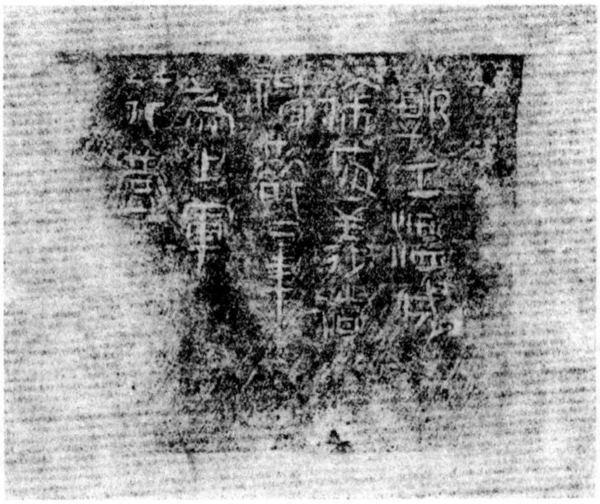

图165　汉代弩机上文字拓本

二十七年》：“使狐偃将上军，让于狐毛，而佐之。”战国时魏国将军队的最高统帅设为“上将军”，后历代都有过设置，明代始废。秦末楚怀王封宋义、项羽为“上将军”，汉封吕禄为“上将军”。吕禄为吕后之侄，后被杀。汉于此后不再设“上将军”，“上将军”之称汉时正式职官中也不见有载。所以，这里所称的“上军”只是对军队或将军的一种称谓。“行营”为军队将军所在之处，“上军行营”如后世“中军行营”，或今日所谓“司令部”之类。

我们既说此件文字是篆书，又说其为篆隶相结合的书体，那是因为汉初许多文字都有这种特点，这是中国文字处于发展变化时期的特点。这一时期中国文字的艺术风格最多样，人们对文字变化、处理的欲望也最高，所以我们在这一时期的文字变化中能学习到不少关于文字结体的方法与技巧。我们说这是一件篆书，是因为此篇文字篆书的用笔占有较大的比例。其中“温”“义”“神爵”“行”等，几乎相似于商周金文，特别是“爵”字，更是一种少有的结体方式。其中还有另一些字，却简明易释，如“郭”“成”“上”等字，竟似今人写法。在这件文字中，“实”是实在值得一提的。“实”的繁体为“實”，此处将下部省去，成为“毋”形。在一行文字之中，省去某字的一部分，其目的除了简便书写外，还有增强“行气”之中书法起伏变化的美感。我们可以看到，此件文字上，“实”字上之“徐”字，下之“义”字，都是笔画较多的字形。如按“实”字原形写，此段文字就显得太拥挤。在几个较繁字体处于连续的排列时，选择中间一个做适当变化，就可能达到“疏通行气”的作用。当然，如果达不到这种目的，就不必随意简省。二行最后一字“造”，也将“辶”简写成“彡”形，可称特别之处。

总之，此件文字用笔短促，行刀顿挫，节奏强烈，给人一种进行曲的节拍感。我想，这种感觉也就是一种书法艺术表现吧。

67 永平六年弩机文

此为汉永平六年弩机铭文，隶书，文三行，共三十三字。全文曰“河南

郡八石弩机郭，永平六年工李仲造，护工史震平兴守令召弩，左尉曰丞召羽主”。（图166）

“八石弩机郭”，是指此弩机附件名。“郭”为弩上机件的外框部分。《释名·释兵》：“（弩）牙外曰郭，为牙之规郭也。”一件弩机是由几个部分组成的，如前文所见到的“臂”与此处的“郭”等。其他弩机上铭文见有“四石郭”之名，而此处文称“八石弩机郭”。“四石”“八石”，是言弩机发射的力度有“四石”之重、“八石”之重。

“永平六年”，即公元63年，“永平”是东汉明帝刘庄的年号。汉明帝刘庄为汉光武帝刘秀第四子，建武十五年（39）封为“东海公”，建武十九年（43）立为太子，建武中元二年（57）即皇帝位，时年三十岁。“永平”即为汉明帝刘庄的第一个年号。“工李仲造”，制造弩机的工匠名为“李仲”。另外还有一些官员负责主持、参与弩机的制造工作，如“护工”“史”“守令”“左尉”等。前几个职官名，我们都在史书、辞典上见到过，唯“左尉”一职，不见记载。“尉”是古代的武官职称。古时兵刑不分，兵狱同制，所以，掌管兵刑之官统称为“尉”。《汉书·百官公卿表》“太尉”条下引应劭注曰：“自上安下曰尉，武官悉以为称。”秦汉以后，“尉”也是“军尉”“都尉”的简称。“尉”是主管军事的长官，弩机是用于军事的兵器，弩机的制造自然有“尉”官参与。但“左尉”一职却不见于正式职官名称之中。“左”此处当为“佐”，古

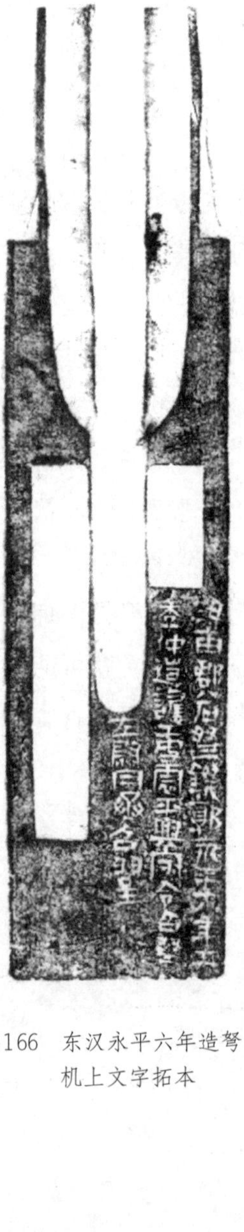

图166　东汉永平六年造弩机上文字拓本

时长官的副职或辅官。“左尉”即“尉”的辅官。

此件文字在书法风格上与《吴天发神谶碑》有相似之处。“若篆若隶，字势雄伟”，表现了由篆变隶、隶多篆少的特点。此件文字结体用篆法，字形却保持方形，笔画基本上是用方笔来运行的，方起、方折、方收。如一行“河”“弩”“永”，二行“震”“守”，三行“尉”等。这些字的书法精神与以后的《吴天发神谶碑》，开创了一个新型的书法艺术风格。如果将《吴天发神谶碑》越过魏晋进入两汉，我们就会在此弩机文字上见到它原始风格的影子。近代许多篆刻家、书法家，实际上都在这里吸收过艺术养分，如吴昌硕、齐白石等。篆刻家们在印章边款文字的刻写上多采用此体。当代长安篆刻家安木更是将此种艺术风格直接入印，其《安木刻石千字文》，就是将两汉刻金文字的艺术风格巧妙地运用到刻石上的成功实践。

此件文字的一些字形有着楷书化的迹象，如一行“郡”“郭”“平”，二行“李仲造”、三行“左”等，用笔规整、形态端庄。另有一些字则表现出结体多变的一面，如一行“南”字，像汉骨笺上文字一样，内部结构用两横笔就替代了；“弩”字下部“弓”，初看像是“三”字，细观，笔画上则还是有一定转折的。“机”是指弩上的发动机关。《说文・木部》：“机，主发谓之机。从木，几声。”“机”字原本从“木”，此处却改从“金”，是一种变形的写法。这种变换偏旁的手法，在古代文字中是能见到的，其目的在于强调文字在此处所表现的特性。这种写法或是因为不正规，或是本身就少见。今日许多字典上都未收录此字。所以，我们在看到这类在字典上无法查到的字词时，应注意根据上下文的内容，或以专门名词的连读，来分析判断出此类字的原形与本义。二行“震”下部，此处笔画形如“心”字，长沙子弹库楚墓中出土的《楚帛书》上文字“震”即如此写法。

68 荥阳宫灯文两行

此为东汉铜灯铭文，隶书，文两行，首行六字，二行五字。（图167）文曰：“荧阳宫铜小锥登重十两半。”（图168）

“荧阳”，作为地名今写作“荥阳”，两汉时属河南郡。《汉书・地

图167　汉代铜灯照，此为展示图，非拓本实物

图168　汉代铜灯上文字拓本

理志》：“河南郡，敖仓在荥阳。”东汉光武帝都洛阳后，于建武十五年（39）将河南郡改名为河南尹，“荧阳”仍为其属县。检两汉所有宫殿名录，未见有宫称为“荧阳宫”者。“荧阳”作为东汉都城洛阳附近重要的县邑，肯定建有行宫，故有可能称此地的行宫为“荧阳宫”，而非指京城内某宫殿名。“荧”读“营”声，作为地名时应读为“形”声。《汉书·地理志》作“荥阳”，《后汉书·地理志》作“荧阳”。《集韵·清韵》：“荧，水名，同荥。”段玉裁《说文注·焱部》：“荧泽、荧阳古无作荥者。”《尚书·禹贡》释文经宋开宝中妄改荧为荥，而经典《史记》《汉书》《水经注》皆为浅人任意窜易，以为水名当作荥，不知汧水名荧，自有本义，于绝小水之义无涉也。唐以前石刻文字“荥阳”皆作“荧阳”。此器铭文是东汉时物，“荥阳”作“荧阳”，正可证明作为地名、水名时“荥”字应是“荧”字之误。但是，所谓“习惯成自然”，“荧”改为“荥”已将近千年了，现在的地名也正式定为“荥阳”。文字应以方便、明了为主要目的，再者“荥”字也没有引起读者生出歧义的地方，所以，不论我们有千万条理由，也没必要将此字改回原来的样子了。

“锌”即“蝉”字，此处为了说明铜器物之名，故古人将虫字旁改为金字旁。“蝉”是一种昆虫。《说文·虫部》：“蝉，以旁鸣者。”旁即翅膀。《荀子·大略》：“饮而不食者，蝉也。”说明蝉主要以吸食植物的汁液而生存。夏秋之际，蝉于树梢之上常常鸣叫不断，所以，古人将“蝉”作为吉语，有连续不断、头冠吉祥之义，如“蝉联”“戴蝉”等语。古人又喜以蝉为形制造物品，寓意长久，如“蝉形砚”“蝉形灯”等。

“登”，古时器物名，是祭祀时盛肉食的一种礼器。《尔雅·释器》：“瓦豆谓之登。”此形状的器物，木质的称为豆，瓦质的称为登。《诗·大雅·生民》：“卬盛于豆，于豆于登。”“卬”读如昂，我之义，“卬盛于豆”即我盛祭品于豆中。“登”又作“镫”，今作“灯”，是古时照明用的一种器具，又称“膏灯”，多为铜质，上有盘，盘下有柱，柱下有底。盘用来盛膏（油膏）或插烛。盘下也有为三足的，旁又有柄可执。《楚辞·招魂》：“兰膏明烛，华登错些。”宋张抡《绍兴内府古器评·汉羊灯》：“按张敞《东宫旧事》载铜鸭头镫之类，则知汉人之镫，往往取象于物。”就是说，汉代人的灯具多以物的形象为之，如鸡形、鸭形、羊形、蝉形等。（见图167）

此件文字遗失原器型照，故不知“蝉登”为何形状，但从以上分析可以看出，此器肯定是一件蝉形的灯具，不是“豆”器。如果是盛放食物的“豆”，铭文中则会有容多少斗、多少升之语，此处却没有。如是盛放食物的容器，体积一定会较大，而且会有一定的重量，此件文字上说只有“十两半”，换算成今制尚不到半市斤，不大可能有如此小的容器来作为祭器。而作为灯具，特别是又自称为“小蝉灯”，那么，半市斤也就正合适了。

此篇文字在书写上自由随意，但又不失古法。“铞”是“蝉”的变体，这就是前辈所谓的“意同形旁任作”的古文字结体特点。以“金”字作为“蝉”的偏旁，是为了着重表明本器物的性质。如“施”字，金文中在表示旗帜飘动的样子时，古人将左旁“方”改为“阝”，写作形象极似一面飘动的大旗。周《中山王方壶》铭文中“施”即此写法。“蝉”写作“铞”，《说文》及其他字典均未有载，可作为一偏旁变化的新例记在此处。

此件文字若要分类来欣赏的话，首行前三字“荧阳宫”属方正有力一类，二行“两半”属于结体趣味变化一类。首行的“阳”字最具金刀切错之势，有大将军立马横刀之状。二行“两”字内部的结构就像衡量轻重的天平，静中寓动。

当然，此文中也有不完美的文字，如首行“铜”字，左边笔画仓促完成，右旁笔画犹豫不决，又迟又涩。要想写好一件书法作品，笔画线条的“自信”是其成功的一半。只有具备了“自信”，用笔才能流利，才能将自己的思想、修养，通过线条、笔墨充分地表现出来。“自信”是通过长期的训练、学习、修养才能具备的。要从事书法艺术的创作，就必须具备这种“自信”，就必须有刻苦训练、学习的过程。否则，一件充满了犹豫与迟疑的作品，永远不可能成为真正的书法作品。

69 杜氏豪族鼎盛时

此杜氏鼎铭文，隶书。（图169）共三行，右边首行三字，曰“杜宜共”。中间一行为主要内容计十八字，曰：“杜共第九十八鼎盖，重一斤八两名曰九十八。”左一行为反向而刻之文，三字，曰：“百廿八。”（图170）

“杜”为姓氏。《广韵·姥韵》：“杜，姓。”《通志·氏族略第二》：“杜氏……在周为唐杜氏。成王灭唐，而封叔虞，乃迁唐氏于杜，是为杜伯。……子孙分适诸侯，居杜城者，为杜氏。”“杜城”，又称“下杜城”“杜县”，在今西安市西南十五里杜城村一带，汉时隶属于京兆尹。汉

图169　汉代“杜氏”铜鼎照

时长安四周杜氏豪族就极多，至唐时更是不可一世。杜氏豪族大多居长安城南杜曲，号称“北杜”。另一唐时大族韦氏居其西，称“韦曲”。此二氏所居之处地近长安宫阙，又世为显官大户，故当时谚语讽道：“城南韦杜，去天尺五。”在长安四周出土的汉代铜器中，有刻文“杜氏”的器皿极多，仅以“杜共”二字冠首的鼎镬就有数十件之多。此器称为“第九十八”，而《窸斋集古录》上所载“杜共鼎”则称“第百五十五”（图171），可见其家族中所铸器具之多。从此鼎文上数字看，其家族中未出土的铜器应该还有许多。在汉代除王公贵族外，普通百姓是很少使用铜制鼎镬之类的，特别是这种刻有铭文的铜器，更是一种显示身份的标志。此“杜氏”之家，因为所铸器皿太多，无法一一取名，所以就以铸器的顺序取名，此鼎就为“第九十八”。首行“杜宜”二字不知是否为人名，若是人名，两边小字是否在说：“杜宜共有鼎等器皿一百二十八个，此为第九十八。”但《窸斋集古

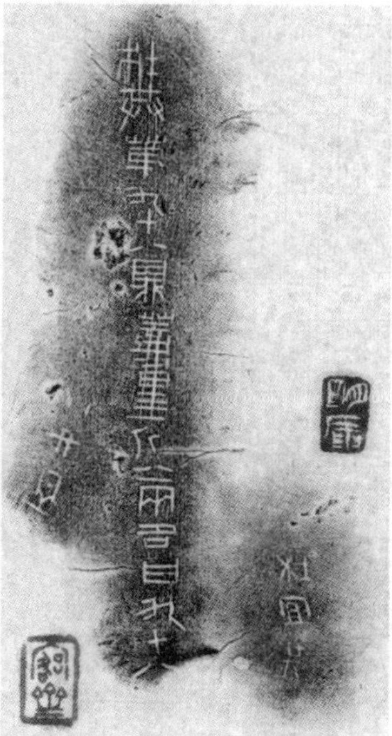

图170　汉代杜氏家造铜鼎上文字拓本

图171　《窸斋集古录》上所录杜氏铜鼎“杜共鼎”上铭文拓本

录》上“杜共鼎”文中称已达“第百五十五”，从文字的格式、写法上来看信为一家之物，显然此“共”字不是“总共有”的意思。再《窸斋集古录》上“杜共鼎”旁小字称“宜共二斤”，又是在说重量，与此又不同。余以为“共”或为“供”字的省写。是否正确，待以后考释。

以整体风格而言，此件文字应为隶书，其中仍不乏可称为篆书体的文字。如右边首行“杜”，商周金文写法如此者多。“杜”字左旁“木”上下两笔画写成交叉形，隶书无此写法。中间一行“杜共”之“共”及“鼎”等字，也是篆意较多。此件文字在刻写时有些“跳刀”现象，使文字线条的质量受到了影响，如“杜”与“共”二字笔画相互侵犯，“盖重”二字上几条竖线几乎连在了一起，这些毛病对观赏效果有一定的影响。此件文字中刻写得最佳的文字乃是中间一行“两名”二字。“两”字的线条坚挺而活泼，无一丝懈怠。“两”字中间左右两边的小“人”字，稍稍错开，避免了由于平行对称而产生的僵硬感。“名”字的刻写则是简练而有力。“名”字的篆书或隶书写法，大都是将上部第二道笔画向左下延伸，而此处“名”字却是平行地写成两横道，既是隶体，又有篆意。而且这种造型结构的文字，只有在汉代铜器文字或印章文字上才能见到，它比商周金文在结体上更清楚明了，又比秦代篆书的线条更干净利落而有力。

70 上林鼎文在，何独夸蔡郎

此为西汉上林苑中所用铜鼎，刻文一行，隶书，共三十三字。（图172）全文曰“上林铜鼎容二斗，并重十六斤六两，阳朔二年三月工李骏造五百合，第二百九十八”。（图173）

“上林”，即汉“上林苑”。秦已置，汉初废，后开放民间。汉武帝建元三年（前138）收为宫苑，并进行了大规模的扩建。汉长安城东南西北广大地区皆被扩在其内。“上林苑”周围环筑以墙垣，长四百余里，开有十二道苑门，苑中划分为三十六个区域，是一个由宫观、池沼、河流、园林与自然景色组成的皇家公园。“上林苑”中各种宫观有近百个，需用大量的器皿，所以，此器文字称“第二百九十八”，也就不足为奇了。“阳朔”，

图172 汉代“上林”铜鼎照

为西汉成帝刘骜的年号。“阳朔二年”即公元前23年。“工李骏”，“工”即“工匠”“工师”。《窓斋集古录》内载有一“上林鼎”铭文，与此鼎同年、同月、同工所造，而文字稍有异处。（图174）其书释文将“工错骏造”之“工”释为“士”，成了“士错骏造”，是此“工”字在刻写时，中间一竖笔略有出头，故被视为“士”字。“错”，此处为实施、施行义。“工错”，即“做工之人”。“李骏”是西汉时期有名的工匠，不少器皿文字上都有他的姓名。《陶斋吉金续录》上有一“上林量”铭文，也刻有其名。铭文曰：“上林共府初元三年受琅邪容一升，重斤二两，工师骏造。”“初元”为汉元帝的第一个年号，“初元三年”即公元前46年，较此鼎早23年。“李骏”能为皇家工作这么多年，可见其技艺之高超了。“五百合”之“合”，是指器与盖合为一体之物。“一合”包括器与盖两部分。工匠李骏此次任务要制造出“五百合”数量的器皿，此鼎是其中第二百九十八件。

古代的文人，特别是宋元以后的文人，只要一提起汉代的隶书，或有汉代隶书的残文断字出土，无论有无款识，多称为蔡中郎蔡邕所书。蔡邕，字伯喈，汉灵帝时人（132—192），为了规范经籍上文字不至于以讹传讹，贻误后人，曾与杨赐等人奏定六经文字，刻石碑立于太学门外。《魏书·江式传》：“太学立石碑，刊载五经，题书楷法，多是邕书也。”“楷法”，即文字的楷模之法，“邕书”即蔡邕所书。立于洛阳太学门外的石经文字，就

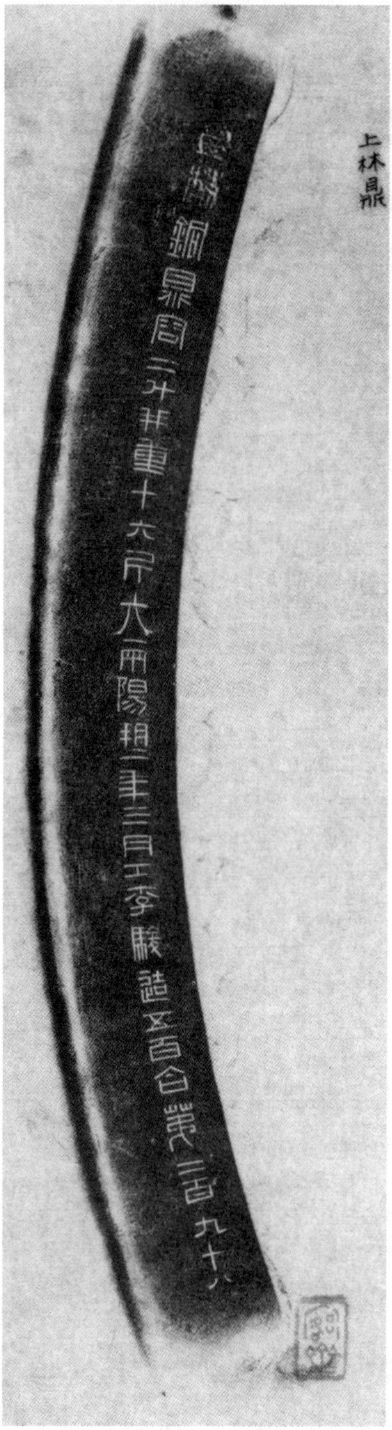

图173　汉代“李骏造”铜鼎铭文拓本

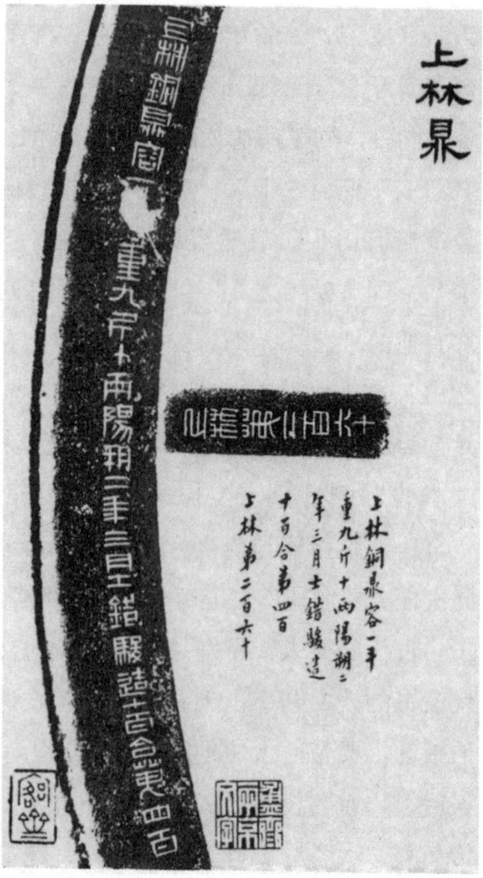

图174　汉代“上林”鼎文字拓本

是东汉隶书文字的楷范。因石经刻于东汉灵帝熹平年间，后世称为“熹平石经”。目前出土的“熹平石经”皆为残块，约有二三十种之多。观其文字，不论从结构还是线条上讲，确实气象不同于一般。但要与比它早一百多年的“上林鼎”上文字来比较，在结体的变化上，在线条的趣味上，“熹平石经”的文字还是稍显逊色一些。由于两种文字刻写在不同的材质上，用途也不同，“熹平石经”显得有些“紧”，有些“板”，而“上林鼎”上文字则在规矩中见活泼之意，变化中又不失法度森严。可见此时的隶书写法已经到了非常纯熟的地步。尽管其中有些字也糅合了一些篆书的笔意，但绝不是牵强造作，故意夹杂进去的。那是一种自然的结合。如第一字“上”，起笔一竖转折两次才完成，这是篆书的写法，流畅而不油滑。这样处理，避免了与下面“林”字两竖重复出现竖道所形成的不协调感。“容”字，“斗”字，也有篆书的意味。“造”字的“辶”则是标准小篆写法。清代的诸位大书法家多次提示人们：隶书要写得好，必须要有“古意”，点画间要含有“篆”的笔意。若不见此“上林鼎”上文字，恐不能真正理解前辈们这些话语的意义。这里只有一行文字，但一气贯通的特点却表现得淋漓尽致。在这种气息贯通之中，包含有文字结体的长短、大小、松紧等方面的变化。如“鼎”字，这是本器的名称，故大而宽松；“容”下几字是说明文，故字形就小一些；“重”表示重量，写法又大一些、紧一些；“十六”与“六两”，都有“六”，又相距不远，故也要求有些变化。这一变化是有意为之，是书法作品中艺术性的要求所致。可以说，这种皇家器皿上的文字，不是什么人都能在上面随意刻写的。如果不是有名的工匠、工师自己书写，就一定是负责此项工程的有一定地位的文人所书。论书法的艺术性，此件文字从各方面讲，都不逊于“熹平石经”等汉代其他石刻文字，特别是今天所能见到的西汉早期的那几种刻石，如《鲁北陛石题字》《巴州民杨氏买山刻石》《鲁孝王刻石》等，其书法的完整性、艺术性根本无法与此鼎上文字相比较。此鼎上的文字确实可称为“大家风范”。

71 骀荡宫灯传缪篆

此汉骀荡宫铜灯铭文，书体篆隶相间，共一行，十九字。（图175）文曰“骀荡宫铜锭重三斤十三两，黄龙元年工郭田刻”。（图176）

“骀荡宫”为汉建章宫内的一个宫殿名。建章宫为汉武帝所建，在长安城西上林苑中。建章宫“度比未央”，而宏伟侈靡过之。宫城周围二十余里，宫殿星罗棋布，号称“千门万户”。骀荡宫是建章宫中主要的宫殿之一。《三辅黄图·建章宫》：“骀荡宫，春时景物荡骀满宫中也。”谢朓诗云：“春物方骀荡。”是言此宫春光明媚时的宜人景象。历代出土骀荡宫的器物不少，《小校经阁金文卷》上有太初二年铜壶、太初四年铜灯、黄龙元年铜灯等，都是骀荡宫中之物。另又有文为“骀荡万年”的瓦当出土，瓦当文上“荡”省作“汤”。

“铜锭”即“铜灯”。“锭”为古代盛熟食的一种有足的蒸器。《说文·金部》：“锭，灯也。”“锭”又被称为“膏灯”或“灯台”。颜师古注《急就章》第十二章云：“灯所以盛膏夜然燎者也，其形若杅而中如釭。有柎者曰灯，无柎者曰锭，釭谓下施足也。”清毛奇龄《辨定祭礼通俗谱·三卷》：“烛台者，插烛之锭也。”可见“铜锭”即“铜灯”无疑，这个“灯”是无足之灯。另有一件“骀荡宫”铜灯，上刻有“高灯”字样，“高灯”即“膏灯”，与此器基本相同。

图175　汉代“骀荡宫”铜灯造型照

“黄龙”为汉宣帝刘询的最后一个年号即公元前49年。“黄龙”年号只存在了一年，在“黄龙元年”十二月冬，汉宣帝就驾崩于未央宫了。“工郭田刻”，“工”是“工匠”“工师”之义，“郭田”为工匠名。“刻”字在其他铜器文字上出现得较少，此文最后一字为“刻”，似乎在说，不但灯是“郭田”制的，其上文字也是“郭田”刻写的。但这些文字是工匠“郭田”连写带刻的呢，还是由别人写了，“郭田”只是凿刻出来，一时尚不能定。我们知道，要想写出好字来，必须要经过一定的训练过程，必须具备一定的学识、修养才行。如果此字真是工匠“郭田”写出来的话，那么这个工匠就是“大师”级的工匠了，同时也说明汉代为宫内选择工匠的标准是极高的。但本人还是认为，这些皇家宫内器物上的文字，是由专门的人员书写，由工匠刻出的。

图176　汉代“骀荡宫”铜灯文字拓本

《说文序》在论及“秦书八体”“新莽六书”时，将第五种都称为“缪篆”。什么是“缪篆”呢？《说文序》的回答是：“所以摹印也。”“摹印”，即给印章面上摹写文字。后世的文字训诂家将印章上的这种文字，特别是汉代印章上的这种文字称之为“缪篆”。清代学者桂馥集古代印章上文字，汇为一部《缪篆分韵》，这部书对于研究汉代印章文字，对于从事篆刻艺术的人来说，都是一部很有价值的工具书。陈鳣在此书的序中说：“汉人摹印杂参隶法，其尤异者，若泉旁加水，国内从王。”由此可见，“缪篆”的书法特点就是“篆隶结合”，以篆书为体，以隶法为用。称其为“异者”，是说“缪篆”一体时常根据书写的环境来变化。它变化的目的，是为了在一定的范围内，与其他文字相配合，产生出美感来。它既不完全相等于篆书的结构，又不完全相同于隶书的写法，所以被人冠以“缪篆”之名。“缪”通“谬”，错误、荒谬也。这也就说明了“缪篆”有杂糅性与变动性的特点。所以余以为：汉代铜器上的这种篆隶相结合的字体，也就是一种“缪篆”。它与印章上的“缪篆”有以下几个方面的相同点：一是所施对象的质地相同。印章多为铜质，而这种刻有文字的器物也多为铜质。在同一质地上刻画文字，用刀感觉基本相同，用刀方法也基本相同。二是所为文字的目的相同。印章文字的目的是表明自己的身份，作为信记，而器物上的文字同样是为了说明使用者的身份和地位，只是它的文字更多了些，说明得更具体了些。三是为了文字构图产生出美感和奇特性。文字都在寻求变化。这种变化不仅仅是篆与隶结合产生的变化，有时常常是将文字增加或减少一些偏旁、笔画来完成的。四是文字书写的线条基本上都是以方笔为主的。这是由书写对象的条件、质地所决定的。从以上所列几点来分析、欣赏这件“骀荡宫”铜灯铭文，不难看出，字形方正是其用笔上的主要特点，篆隶结合是其结体上的主要特点。“骀”字与汉印上文字“骀”字几无差别，“荡”字则是篆隶结合的典型代表，尤其是“荡”字右旁下面部分，就像一条柳枝，随风飘荡，最有情趣。“铜锭”二字出现了两个金字旁时，就将第二个金字旁做一些变化。可以说，两个金字旁一篆一隶。“重”字是完全的篆书写法。秦以前的钟鼎文字和《云梦睡虎地秦简》上文字，皆此写法。自“重”字以下至“工郭田”这十二个字则基本都是以隶书写法为主。在汉代印章上及铜器刻文上，有这样一种文字，既可称为篆，也可称为隶，如“龙”字，古印章上、《说文》上所书的篆书“龙”和《鲁峻碑》《李冰石像》等汉碑所书的隶书“龙”，都与此文中“龙”字相似，故此“龙”字篆与隶的意味都有。最后一“刻”字，观其结构，也可称为篆与隶相结合的代表。“刻”字的右旁完全是篆书写法。《缪篆分韵》上所收两种“刻”字写法，左旁与此完全一致。《说文》《泰山刻石》等上“刻”字左旁也是与此同样。而此处“刻”字右旁“刂”，则完全采用了隶书的写法，减少了篆书笔画的曲曲折折，更显出放刀直刻、利落干练的精神面貌来。

欣赏此类文字，真能让人产生出一种惊心动魄的感觉来，引人入胜，令人陶醉。

72 皇家御物文雍容

此西汉“南陵”铜锺铭文，篆书，文分上下两段。（图177）上段文一行，由右至左横写，共八字，曰“南陵大泉五十八”。下段文五行，由右至左排列，每行四至六字不等，共二十五字，文曰：“乘舆御水铜锺容一石，重卌四斤半，建平四年十一月，长安市造。”（图178）

“南陵”，县名。《汉书·地理志》：“京兆尹……南陵，文帝七年置。沂水出蓝田谷，北至灞陵入灞水。”此沂水不是源出于山东的那条沂水，而是源出于蓝田谷中经过南陵县内的一条河流。南陵县为汉高帝之薄姬、汉文帝之母薄太后的陵园所在地。汉文帝七年（前177），建置县邑以奉陵寝，故称南陵县，在今西安市东郊狄寨乡大康村附近。明清以来，此处多有西汉砖瓦铜器出土。清端方《陶斋吉金录》载有“南陵”所出“南陵大泉”残陶片、“南陵大泉乘舆水匋”陶瓮、“南陵大泉第五十铜锺”等，都是“南陵”中之器物。“南陵”中所出的这些器物上，大都有“南陵大泉”

图177　汉代“南陵”铜锺照

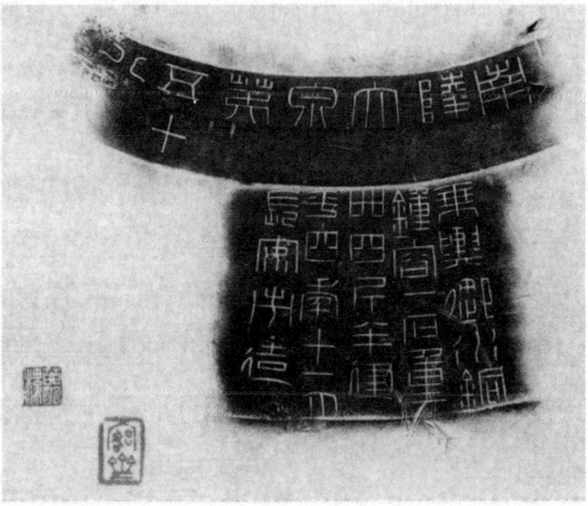

图178　汉代“南陵”铜锺上所刻文字拓本

的字样，而且以水具为多，可见“南陵”中除有“沂水”流经外，应该还有其他泉水涌动。此类器物基本上都在一个范围内出土，其上都有“大泉”二字，正可说明这些器物的用途与地理环境。

“第五十八”，是指器物制造时的序码，或陵园中此一类器物的序码。

“乘舆”，“乘”有升、登之义，此处为驾驭车马之义。古时将一车四马总称为“乘”。曹操《请追增郭嘉封邑表》：“行同骑乘，坐共幄席。”“舆”，就是车。《说文》：“舆，车舆也。”宋陆游《观大散关图有感》：“安得从王师，泛扫迎皇舆。”“乘舆”在这里是指皇家所用的马车。“御”本义是驾驭马车，又引申为治理、统治，后指帝王所用之物或与之有关的事物。《后汉书·曹节传》：“盗取御水作鱼钓。”李贤注：“水入宫苑为御水。”杜牧《朱坡绝句三首》：“故国池塘倚御渠。”泉水、河水流经皇家陵园之内，自然就是“御水”了。

“铜锺”，有人理解此“铜锺”为乐器之“钟”，不确。此“铜锺”之“锺”是一种盛酒水的器皿。《说文·金部》：“锺，酒器也，从金重声。”《正字通·金部》：“锺，壶属。汉大官铜锺即壶也。”所以，表示酒器意义时应该写作“锺”。近年来西安东郊出土的西汉盛酒器皿即为“锺”。此处则泛指盛水的器皿。因为此器的内部要“容一石”之多，重达四十四斤半，约合今制十公斤之重，以拓本上的图案形状、字体大小来看，此器绝不是小型器物。

“建平四年”（前3），“建平”为西汉哀帝年号，距汉文帝置“南陵县”有170年之久，可见薄太后的“南陵”至少在西汉的百年内，历代皇帝都来此祭祀过。“长安市造”，“市”为姓氏。《史记》上有“燕将军市被”，此即言此器的工匠姓“市”，是长安人氏。

西汉的碑石文字流传至今的不多。对于西汉时期的书法艺术，我们大都是通过竹木简上的文字和砖瓦、铜器上的文字来了解、学习的。此器上文字是篆书写法无疑，但此篆书不是秦代的那种所谓标准的“小篆”。它的线条没有秦篆那样流转柔和，而是一种气势磅礴、大刀阔斧的精神状态。文字的结构与整体的章法，也表现出一种类似皇家宫廷的雍容姿态。这种雍容是一种自然的表现，没有那种搔首弄姿的做作之像。如一行“乘”字下部的撇捺两笔，此处写作方笔形，左右拉得较开，就像王侯大将端坐于前。“舆”字从车，车乘之义，在此指皇家车乘，故此字的结体表现得极为宽松疏朗，大有“一舆可乘千人”的感觉。“御”字毕竟是在说皇家之事，所以，它比所有的字都宽大，显得器宇轩昂。“御”字左边“彳”并没像一般篆书将“彳”作上下两部分来书写，而是变成了“亻”形。在整体文字结构都是横平竖直的情况下，这一部分笔画却做倾斜状，安排在“御”字旁。将“彳”简写为“亻”，在古文字中也曾见过。《马王堆帛书老子乙本》上“復”作“復”，汉印文字中将“役”旁作“亻”，其他地方则少见此写法，此“御”字的偏旁变化可作一特例。“水”字笔画虽少，但所占位置却不小。笔画如此简单的文字却书写得这样丰满宽博，直如旺泉涌流，静中寓动。二行“锺”字左右两部分，上下稍稍错开一些，这样两部分的笔画就不会显得过于平行而死板生硬。三行“建”字的“廴”，处理得较为简练。一般篆书写法（特别是小篆），总是要曲折几次才能完成，而此处却大笔纵横，快捷迅速，自信而决断，大有“我即如此，如此即我”的气概。五行“长”字，上大下小，这样处理也是为了避开下面“安”字同是方形的结体，一行之内文字大小就有了起伏，“行气”就有了变化。“造”字与三行“建”字的偏旁相似，二字相距太近，自然要有些变化。“造”字的用笔不是大刀纵横，而是采用短刀切错之法；最后那一笔稍稍向上弓去，单刀立奏，更显干净利落。

此件文字的用笔都是以方笔为主。有些文字体虽圆而笔却方，如上段的“泉”字，下段一行的“御”字，二行的“容”字，四行的“年”字，五行的“安”字等。整体看，此件文字在篆书结体的前提下，其在文字艺术表现形式上还是吸收了隶书的一些风格，如方正平稳、结体宽博等特点。因为隶书已经是当时新兴的“流行”书体了，此器的书写者不会无动于衷。

73 西汉早期的铜鼎文字

此鼎铭文为篆书，八行，共二十六字。（图179）器与盖上文字的内容相同，写法上稍有异处。盖上文字前后残损数字，器上铭文则完整无缺。全

文曰："酈偏令大官鼎容一斗，并盖重十二斤二两，十三年工变造，第二鼠。"（图180）

图179　汉代"大官"铜鼎照

图180　汉代"大官"鼎盖上文字拓本

"酈"，古县名。春秋时楚国的酈邑，秦时置为酈县，汉沿用之。《汉书·地理志》："南阳郡……酈，育水出西北，南入汉。"今河南省南阳市内乡东北有酈县故城。"偏令"，职官名。"偏令"即"佐属"，为辅助主官的僚吏。《左传·襄公三十年》："且司马、令尹之偏，而王之四体也。"杜预注："偏，佐也。""偏令"即辅佐县令的官吏。"令"字此器上文字刻如"今"形，而盖上文字则如"令"形。《贞松堂集古遗文·卷十三》载有此器铭文，释此字为"今"。为"今"，文则不通。或"今"是"令"的误刻，或"今"与"令"古文相通。未见诸经典，故不能定。"偏令"当为"酈县"之"令"的佐属，其为此器制造的主管人员，故署其职官名于前。汉代器物上铭文常有此例。"大官鼎"，别见有"大官锺""大官方"等。"大官"即"太官"。《汉书·百官公卿表》："太官为少府属官。"主管宫廷膳食。《汉旧仪》："太官供食，汤官供饼饵果实。"可知"大官鼎"即"太官鼎"，是"太官"为宫中烹制食物时所用之鼎。另"大官锺""大官方"也都是盛放食物之器。"十三年"，西汉自文帝以后诸帝所有年号中，无有超过"十三年"的。封用年号是汉武帝元鼎四年以后的事，元鼎四年以前的年号，都是由当时负责历法的"有司所追命"的。只称年数，而无年号的文字，大多认为是汉武帝元鼎四年以前之物。所以，"十三年"也就是汉武帝以前诸帝的"十三年"了。在此前诸帝中，只有汉文帝在位有十三年。东汉时，也有数帝在位时间年号有超过十三年的，但东汉时的器物铭文上又未见只书年数、不书年号的。所以，定此器为西汉时物，而文称“十三年”，此器又为汉文帝时物应当正确。有人说，或可能为秦代之物。但从文字内容、书法特征来看，此器文字不可能是秦时所刻，因为已出土的秦代铜器铭文中，未见此类书法，未见此类文章。

“变”，为工匠名。“第二鼠”，按汉代器物铭文的格式体例，此句应为器物序码，如其他文中“二十五”“三十八”之类，此处却书为“第二鼠”，令人费解。“鼠”为一种小动物。《诗经》上早有关于“硕鼠”的记载。小动物之义恐怕与此器内容无关。“鼠”又为十二生肖之第一。据说十二生肖在东汉时方开始使用，更早的使用未见有文字记载。如果此处“鼠”字真是生肖之“鼠”。那将是研究中国文化的一大发现。我们先设此“鼠”为生肖属相之“鼠”，即十二地支的第一个“子”。“第二鼠”即“第二轮之鼠”，亦即第十三。不称“第十三”，而称“第二鼠”是因为文前已经出现过“十三年”的缘故吧。（图181）

把此器定为汉文帝时物，那么，这件文字也就是西汉早期的书法作品了。汉文帝十三年（前167），距离秦朝灭亡也就30年左右。这时的文字虽然有了一定的变化，但与秦篆似乎还有一些联系。从书写风格上看，线条细而坚韧，如玉筋盘绕；从结构特点上看，结体既方且圆，字形有长有短。

图181　汉代“大官”鼎器物上文字拓本

"容"字腰部紧束，顿显精练。"并"字笔画稍简，平行拉开一些，而中间两竖笔又没有离得太远。这样，就表现出一种有紧有松的感觉，而又不失之散乱。"盖"字应该说是笔画比较烦琐的文字，然而在此处观来，却感到很是疏朗轻松，这是因为刻写者在处理此字结构时，注意了笔画安排的结果。"盖"字上部草字头紧而小，中间"去"字宽而疏，下部"皿"字没有像一般小篆写法将两边封起来，而是采用了金文大篆中两边悬空脱离的写法。这样就使"盖"字的结构产生了不少空间，观来自然就显疏朗。"变"字的篆书写法极繁，既要写得好看，又要不坏结体，所以刻写者根据"变"字的结体特点，着重强调了"变"字的上部，将上部中间"言"字最上一横笔拉长，就像一根长扁担，挑起了两边"系"的部分，既有趣味，又舒展大方；而两边"系"又稍稍下垂一些，将下部"文"缩小放在中间，既不影响文字的释读，又突出了该突出的部分。所以，要想将一个字的结体安排得恰到好处，不可能将每一部分都有所设计变化，只有选出重点部位适当变化才能达到事半功倍的效果。"造"字采用了偏移取势的变化方法。"造"字的偏旁原是可以写得简练些的，但上面"变"字太繁太大，"造"字如果写得太简，有无法"承担"之虞。所以，刻写者在这里将"造"字稍作变动，首先是强调、夸张了"辶"的写法，再将内部"告"字向右稍移开一些，使"造"字变成一个体格宽大的字体，以配合上面"变"字的气势，真可谓匠心独具之举。

当然，这件文字布局上松散自由的风格也是值得欣赏的，如每行字，字数的多少并不刻意安排，随长随短，自然形成。文字书写得端正偏斜，也不去在意它。重要的是从整体上看，一定要有一股气韵贯穿其中，这种气韵自然会将整篇文字融为一体。这种气韵是刻写者对文字结体理解程度的流露，以及书写时笔法运用上风格的统一。这两点能够熟练掌握，自然就能在书写时产生一种"气韵"。

74 上林遗文何所言

此西汉上林苑中铜器铭文，篆书，文四行，共七字，自右至左排列。文曰“今镐上林华穴”。（图182）

“今镐”，即“今天的镐”。“镐”是西周初年的国都，即“镐京”，故地在今陕西省西安市西南。《说文·金部》：“镐，武王所都，在长安西上林苑中。”《诗·大雅·文王有声》：“镐京辟雍，自西自东。”另有一水名，亦为“镐”，在西安市西南。司马相如《上林赋》：“沣镐潦潏，纡余委蛇，经营乎其内。”“镐”作为水名时也写作“滈”，其流域亦在汉上林苑之中。这样，此铭文前四字就有两种意思，一是今天的“古镐京”在上林苑中；二是今天镐水流经上林苑。“华阳”，为地名。在汉代长安周围，以“华阳”为地名的只有秦“华阳宫”和汉“华阳街”。《汉书·刘屈氂传》：“诏载屈氂厨车以徇，腰斩东市，妻子枭首华阳街。”有人认为“腰斩”在东市，“华阳街”也应在东市附近，但至今未见证实。也有人认为“华阳街”可能就是汉长安的横门大街，在今西安市的西北方。余以为此说较近。古时行刑，男女未必同在一地。长安城西历来为行刑杀人之所，故刘妻枭首之地未必不在城西，“华阳街”也有可能就在城西。当然，此处的“华阳”不一定就是指“华阳街”，秦“华阳宫”亦在长安之西。华阳宫虽

图182　汉代“上林苑”出土铜器铭文拓本

久废，汉时却仍有其名。此铭文最后一字“穴”，是解释此文内容的关键。“穴”，原意指土室、洞穴，又引为水道、河流。木华《海赋》：“江河既导，万穴俱流。”杜甫《三川观水涨二十韵》：“不有万穴归，何以尊四渎。”“穴”还有“侧”“旁边”之义。《尔雅·释水》：“氿泉穴出。穴出，仄出也。”郭璞注：“从旁出也。”郝懿行《尔雅义疏》云：“仄与倾、穴与泬俱古通字。”秦中方言“穴”字发“斜”音，今仍如此。“穴”为“洞穴”之义，与此文不相干。水道、河流之义似乎还近一些，但至今未见有“华阳河”“华阳水”之称载入史册。余以为，为“斜侧”之义或更准确些。这样的话，此铭文大意应为：今天的镐水（或镐京）在上林苑华阳（宫或街）之斜侧。与汉时其他铜器上文字内容有所不同的是，此器铭文没有器名，没有人名，更不见重量、容量之类文字，完全是一句记叙性的文字。也许是上林苑中的官吏或侍者在器物上随手刻写的一段文字，作为自己使用的器物上的标记，不经意却留下了一段“史料”。

从书法角度来欣赏，这段文字也有可称“奇”的地方。首先，第一行“镐”字书写得最大，敦实可爱，憨态可掬。“镐”字左右两部分结构大小基本相同，此种写法在其他地方是不多见的。右旁“高”字的结体，上下几乎一样宽，造成了一种没有脖颈的感觉。我曾试图将此“高”字写出原来的样子，与左旁“金”字大小相同地排列在一起，但无论如何也没有此铭文上这种结体美观。如果再将“金”字旁缩小，变为通常的写法，“镐”字便能顺眼一些。我相信，古人将“镐”字写作此形状，不是无意而为之的，在文字结体上是有一定想法的，即有所谓“艺术观念”的。第三行“华”字，起初颇让人费了一番脑子来释读，因为此字中间一竖笔，写到下边两横画时没有再往下超过，这种写法金文字典上都不见载。如果将此竖笔稍稍出点，一切问题就解决了。在汉印章文字中，有接近此写法的。当然，这是一件随手所刻的文字，肯定有许多不足之处。如果按书法的标准来衡量，像“林”字、“穴”字都失之于轻率，结体与线条都不够精心。“阳”字线条质量尚可，但结体则有些失衡。这些都是今天的读者应该注意的方面，并非古人怎样写都算是好的。

75 贾氏文字韵味多

此为汉代铜钫上铭文，两行，行二字，自右至左排列，曰“贾氏家钫”。（图183）

“贾”先为国名，姬姓，唐叔虞少子公明封此，后为晋所灭。地在今山西襄汾以东。《左传·桓公九年》：“荀侯、贾伯伐曲沃。”杜预注：“贾，国名。”后为姓氏。《广韵·马韵》：“贾，姓也，出河东，本自周贾伯之后。”《通志·氏族略第二》：“贾氏，伯爵，康王封唐叔虞少子公明于此。同州有贾城，即其地，或言河东临汾有贾乡是也，为晋所灭。子孙以国为氏。”后来，晋国的大族狐偃之子射姑封于贾邑，称贾季，其后代则以邑为氏。

《汉书》中记载贾姓中有名的人物不少。主要有：贾谊，生活在汉文帝时代，能诗书，善文章。其所写《过秦论》一章，被人千古称颂。汉文帝时授博士，迁太中大夫职，惜年三十三岁即去世；贾山，汉文帝时人，职为给事，善文章，为文帝所重；贾捐之，贾谊之曾孙，汉元帝时封为待诏金马门。《后汉书》中也有不少贾姓名人，如贾复，王莽末年为县掾，后归

图183　汉代“贾氏”铜钫上所刻文字拓本

刘秀，任执金吾，官迁左将军，建武十三年（37）封为胶东侯。另外还有贾宗、贾琮、贾逵等，都是汉时显赫一时的人物。此器上所称“贾氏”，说不定就为其中某一贾氏家中之物。

观此件铜钫上文字的书写风格、造型特点，余以为，此器应为西汉时物。“贾”又读“古”。《说文》上说，本义为“贾市”，即“坐卖售也”。《周礼·地官司徒》司市：“以商贾阜货而行布。”郑玄注：“居卖物曰贾。”有房子储货并进行交易的，称之为“贾”。所以，秦汉早期“贾”字的写法，都是将“贾”字的上部，“西”字两边延伸下来，形如房门，内部放一货“贝”，即为“贾”字。此件文字上“贾”的结构即如古法。其他诸如汉《礼器碑》《西狭颂》上的写法，“贾”却是上下结构，两边并不下延。如此件文字写法的，在西汉早期的印章文字中多能见到。“氏”字最上一横画，右边向上稍稍翘起一点儿，就如草书之中的“游丝”，在篆书文字之中这样处理，也可以使文字在气韵上产生出上下呼应的感觉，增强了文字的活力。“贾氏家钫”四字，在布局的安排上有一定的特点。在一个无边线的方形区域内，第一列“贾”字稍长，而下面的“氏”字就短些。二列两字大小无大差别，就将“家”字稍稍向上抬高一些。这样，文字之间就有了一定的穿插空间。这一空间不是平均分配，而是大小长短变化带来的，就如汉印章上的“留白”“留红”的技巧。文字的书写，如果太均匀地安排在一个方形画面之中，形如“算子”，恐怕就生硬刻板，令人生厌了。“钫”为器物名，古时方形壶类，前文已做介绍。此“钫”字用笔干净明了，可称佳作。

在文字的写法上，此件文字中有许多可供学习的特点。如“贾”与“家”两个字，字形两边的笔画都呈束腰状，这种手法对于处理笔画较多，又有外框，容易产生肥大的字形时，甚为有效。此处，“贾”与“家”两边向下延伸的笔画都没有与上面横向的笔画两端相连接。这也是此件文字用笔上的一个特点。在线条的运行中，留有一定的空间，既能增强文字的动感，又能便于刻写，在转折处产生一种笔断意连的艺术效果，使读者对眼前的文字有一定的想象空间，是一种“鸟鸣山更幽”的艺术境界。但这一方法如何运用，要根据文字所处的具体位置及周围文字的结体情况而定，不是何时何地都可以采用此法。

76 闲云野鹤庙器文

此为汉渔阳郡为孝文庙内所造铜器铭文。（图184）文三行，首行三字，二行六字，三行五字，共十四字。隶书。全文曰："渔阳郡孝文庙铜[illegible]镀，重四斤十两。"（图185）

"渔阳郡"，秦置，两汉仍沿用，地在今北京密云之西南。"孝文庙"，又称"文帝庙""顾成庙"，为汉文帝刘恒的庙名，汉文帝前元四年（前176）十二月建。《汉书·文帝纪》："四年……作顾成庙。"应劭注曰："文帝自为庙，制度卑狭，若顾望而成，犹文王灵台不日成之，故曰顾成。""制度卑狭"，是说文帝俭朴，并未大兴土木建高楼大厦。"顾望而成"，是说不劳民伤财，很快完工。人在世时建死后祭祀用庙，就如《尚书》中的《顾命》，与后世自书墓志铭意思相同。汉"文帝庙"，是中国历代皇帝的第一庙。《汉书·景帝纪》："初元元年，丞相申屠嘉等奏：'孝文皇帝庙宜为帝者太宗之庙，天子宜世世献'。"故又称"太宗庙"。文帝

图184　汉代"渔阳郡"铜镀照

图185　汉代"渔阳郡"镀上文字拓本

以后，西汉诸帝的庙号为：景帝之德阳，武帝之龙渊，昭帝之徘徊，宣帝之乐游，元帝之长寿，成帝之池阳。

《窸斋集古录》上载有一器，名与此器同，文字格式、内容也基本相同，只是个别字的写法稍异。窸斋将二行“[illegible]”释作“甗”，不知此字何义，诸字典中皆不见载。《汉语大字典》在释“郡”字时，引原文称，来自《孝文庙甗镀》，将“[illegible]”释为“甗”。虽不知何据，余以为此义却较近。“甗”，读音如“言”，是古代的一种炊器，由青铜或瓦陶制成。此种炊器分为上下两部分，上部分为透底的甑，下部为一鬲，中间置一箅子。既能蒸，又能煮。“镀”，读如“复”。《说文·金部》：“镀，釜大口者。”《正字通·金部》引《博古图》中器形说明“镀”字时称：“镀，《博古图》：周兽耳镀，容五斗八升，口径八寸六分，两目连环，似釜而口敛，口上载鬲以熟物。”不同的是此处说“镀”是收口的“釜”。有一相同点应该注意的是，“甗”与“镀”都是可以分为上下两段使用来蒸煮食物的器物。此器上文字将“甗镀”连用，应是在强调说明此种器物的性质与作用。由于此件文字与《窸斋集古录》上所载文字的大小、书写格式、内容基本相同，所以，余以为，此件文字与《窸斋集古录》上的文字为同一器物。只是此器物分为上下两部分，这两部分的文字写法上稍有差异罢了。（图186）

正如《汉书》上所言，“孝文庙”为历代皇帝的“太宗”之庙，世世都

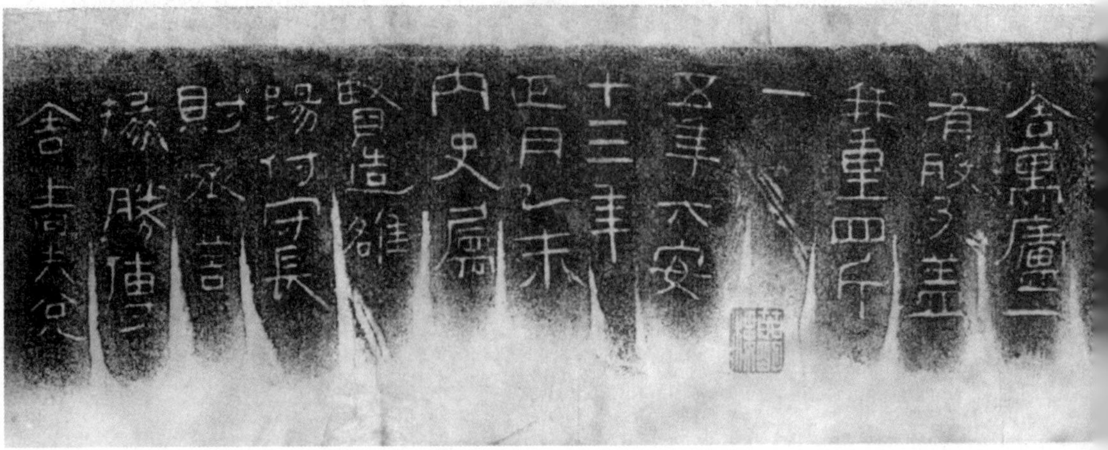

图186　《窸斋集古录》所载汉代“渔阳郡”铜镀铭文拓本

在奉献。所以，此器不一定就是西汉文帝建庙时渔阳郡献上的祭祀用器。从文字书写的风格来看，此器应该为东汉时物。东汉建武二十八年（52）五月所刻的《三老讳字忌日刻石》、东汉元初二年（115）所刻的《子游残碑》、元初五年（118）所刻的《嵩山太室石阙铭》等，这几种碑石上的书法特点，与此器上文字几乎同出一手。从文字结体上看，此类写法是隶书的书写方法。这时隶书的书写已经到了纯熟自如的阶段，然而却有意无意地杂糅了一些篆书的笔法。但这种篆书的笔法已经被“淡化”了，是一种潜意识的流露，并不影响其基本的书法风格。这种“糅合”的笔法，更加强了隶书的艺术效果。第一行，“渔”字，左右两部分分得较开，突出了隶书体以扁形为主的特征。“阳”字左旁书写得较简练，结体上有篆书遗意。“渔阳郡”这三字单列一行，而且字体较其他字大，与汉代其他器物上铭文及汉骨笺上文字的格式相同，都是先说明器物来自何地。二行“孝”字下面的“子”字，与《三老讳字忌日刻石》《子游残碑》上的“子”字写法相同。“文庙铜”这三字是典型的隶书写法。“镬”字最后的撇捺两笔，东汉多种碑石上此类字形皆如此写法，特别是《石门颂》中这类写法的特点更是突出。杨守敬在《平碑记》中评《石门颂》的艺术特点时说：“其行笔真如野鹤闲鸥，飘飘欲仙，六朝疏秀一派皆从此出。”康有为亦称：“疏密不齐，皆具深趣。”若将此言移来评论《孝文庙铜镬》铭文，真可谓恰如其分。

附言：有一《阳泉使者舍熏炉》铭文，文字的书法风格极似此器。《窓斋集古录》《中国美术全集》上都有收录。余也藏有拓本一纸。然细观此拓本上文字，总觉少些内在的精神，线条运行上也表现得不够自信，文辞也欠通畅。文中既称“五年”，又称“十三年”，不知何意。且“十三年”前又有“六安”二字，似为年号，而汉代又无“六安”年号，或曰为“太安”“大安”，也皆与两汉诸帝无关。原想考释此文，又恐贻笑大方。余以为此拓本为伪刻，附此，仅供读者参考。

77 临虞宫不见，灯文传可称

此为西汉“临虞宫”铜灯铭文，文字随灯盘边沿弧形而刻。（图187）一

图187　汉代“临虞宫”铜灯照

行，共三十六字，隶书。全文曰：“临虞宫铜灯高二尺，重十六斤四两，元延四年正月工张博造，掾武守令史实主解右尉贤省。”（图188）

“临虞宫”，西汉成帝时宫殿名，但史书中均不见记载。《窸斋集古录》中也有一铜灯，铭文的内容、字形大小、刻写年代等与此件文字几乎相同，只是重量稍异：窸斋处“重二十斤”，此处“重十六斤四两”；工匠名不同：窸斋处为“常宣”，此处为“张博”；文中少一字：窸斋处为“令”，此处为“守令”。有一部关于汉代历史的字典引《窸斋集古录》此器文字，证明汉时曾有此宫，宫在何地也不得而知。

“虞”字的本义为兽名。《说文》：“虞，驺虞也，白虎黑文，尾长于身。仁兽，“食自死之肉”。“虞”在以后引申，假借义太多，本义早已隐去。西周时设掌管山泽禽兽之事的官员为“虞”。古代一种祭祀名亦称为“虞”。《释名·释丧制》：“即葬还祭于殡宫曰虞。”《穀梁传·文公二年》：“立主，丧主于虞，吉主于练。”范宁注：“礼，平旦而葬，日中反而祭，谓之曰虞。”“虞”还有其他意义，如亲爱、友好、忧虑、地名、姓氏等。“临”在这里为“将要”“临近”之义。“临虞宫”，在此有两种意义较为合理，一为皇帝将要祭祀时先事休息的行宫；二为皇帝将要“临幸”

图188 汉代“临虞宫”铜灯铭文拓本

妃子前暂息之宫，这种意义时，“虞”通“御”义。如果“虞”为兽名，或引申为山泽禽兽的泛称，则“临虞宫”就为皇帝将观兽斗，或游览山林的行宫。汉长安城西上林苑中有“射熊观”“斗鸡台”等，皆为皇家娱乐之地，“临虞宫”也许就是上林苑中某宫殿别称。

以上几种推想，本人更倾向于“临虞宫”是皇帝祭祀之前先期休息的行宫。

汉成帝在位期间，干了一件非常窝囊的事。建始元年（前32）十二月，汉成帝深感每两年要去甘泉、汾阳两地郊祀车马劳顿太辛苦，在五十多名大臣的怂恿撺掇之下，罢甘泉泰畤、汾阴后土祠两地的祭祀，改在长安城的南北郊祭祀天地，谁知刚罢甘泉、汾阴两祠的第二年，就忽起大风：“坏甘泉行宫，折拔畤中树木十围以上百余。”（《汉书·郊祀志》）接下来几年又是地震，又是水灾，又是“星陨如雨”，又是“兵民暴动”。这下有人开始议论了：“都是因为皇帝妄改郊祀地点惹的祸。”迫于各方压力，汉成帝只得让皇太后替他发布一诏，于永始三年（前14）十月恢复甘泉泰畤、汾阴后土两祠的郊祀。此件文字上所称“元延四年”（前9），正是汉成帝恢复甘泉、汾阴郊祀六年后所造之器。在《窸斋集古录》中“临虞宫”铜灯铭文旁，还有一件“万岁宫”铜灯铭文，与这两件“临虞宫”铜灯为同年代制造、同形制、同尺寸、同书写风格的文字。除宫殿名、工匠名不同，连主管制造的官吏名，也与这两件“临虞宫”器物上的相同。（图189）这是同时间、同产地为不同宫殿所制造的器物。

“万岁宫”为汉武帝时所造，位于河东郡汾阴县，是专门为皇帝郊祀汾阴后土祠而修建的行宫。除此件“万岁宫铜灯”外，《小校经阁金文》上亦有一铜灯，文曰：“万岁宫灯，元延四年造。”可见汉成帝在恢复甘泉、汾阴两处郊祀后，还在使用、维护“万岁宫”的设施，以作为他进行郊祀前后的休息之地。前面已说过，“虞”是祭祀之义，“临虞宫”应为祭祀前皇帝休息的行宫，去汾阳郊祀已有“万岁宫”可以休息，而去甘泉泰畤郊祀，

图189　窸斋藏“万岁宫”铜灯铭文拓本

就不见史书记载皇帝在哪个宫休息了。根据以上文字、实物、事体来分析，“临虞宫”可能就是汉成帝在临近甘泉泰畤设置的，郊祀之前使用的行宫，其地址应离甘泉泰畤不远。据说此器出土于陕西淳化县，正合此宫范围。从汉成帝恢复甘泉、汾阴两地郊祀的永始三年（前14），到成帝去世的绥和二年（前7），其间不过七八年时间，加之各方对汉成帝的责难，这临时更改的行宫名，自然不会载入史册。在历史上还有许多临时、短暂的地名或宫殿名于正史中无载，而出土的实物上却有其名。这些无法解释的事实，随着考古学的进一步发展，文字史学者的进一步努力，问题定会得到解决。

在对此件文字进行书法艺术方面的评论之前，我想谈这样一个问题：今天不少人在认识书法艺术性方面，存在一个错误的观念，即评价书法艺术的高下要看其是否具有“金石味”。这里所谓的“金石味”，就是有些书法作品中所表现出的“斑驳断烂”“破烂流丢”之感。他们认为的“金石味”，就是金属器物上所刻文字的残缺，如有些汉代印章；石碑摩崖上所刻文字的损泐，如《孔谦碑》《孔褒碑》《刘平国治路颂》之类。如此说来，那些未经残损，字口如新，保存良好的古碑石碣上的文字就没有“金石味”了吗？那些干坑出土，字口清晰的金属器物上所刻的文字就不算有“金石味”了吗？所谓有“金石味”，是说其书法精神有骨气，不媚俗。古人有“金石不随波”之语。“波”即流俗，所以，“金石味”是说书法表现的内在气质，而不是说它的外在形式。

从这件“临虞宫”铜灯铭文的书法表现来看，它在文字结构上张扬的地方不多，处处表现出敦厚朴实的气质，笔笔到位，字字清晰。文字是用刀刻写出来的，但并没有用大刀长戟般的笔画来彰显自己，而是采用一种“内敛”的方法，将笔力、神情凝聚在每个字之中，表现得既尔雅简质，又高古超逸，轻松之中包含着肃穆之气，是中国儒家文化修养的高级境界。这件文字在结体上表现出了书写者在书法技巧上纯熟的一面。如“临虞”之“虞”，上部只用了两横画，就取代了此处许多繁杂的笔画。“铜镫”二字出现两个“金”字旁时，就分别做了变化，丰富了画面。“武”字下面，如草书写法。“尉”字左旁下部为一“小”字，刻写者将这部分变为“三点”，又将右旁“寸”向上提，用这“三点”来承接所有笔画，这样，文字的结体就显得方正平稳了许多。最后一字“省”，上部一长撇，转折而下，也是这类有长撇长捺笔画的文字方形处理的范本。

观看这类书法，总觉得它养人眼目，观来心情为之舒畅。这是因为书写者既具备纯熟的文字技巧，又在书写时态度端正，精心认真所致。这种文字就是具有“金石”之味的。

78 汉代篆书中的“美术体”

西汉长杨宫铜鼎铭文，一行，自右至左排列，共七字。（图190）篆书，文曰“长杨共鼎容一斗”。（图191）

《三辅黄图》：“长杨宫……本秦旧宫，至汉修饰之，以备行幸。宫中有垂杨数亩，因为宫名。”“长杨宫”旧址在西安市西南周至县东三十里，终南镇竹园头村，村南原有遗址台基，现已被铲平。在此遗址内出土有秦汉器物、瓦当等多种。《小校经阁金文》上载有“长杨宫”鼎铭文一种，《贞松堂集古遗文》上亦有“长杨宫”铜鼎，器、盖上均有文字。上下两种文字用笔上稍有异处，观之知此处文字为鼎下部器上文字，与《贞松堂集古遗文》上所收为同一器。《窸斋集古录》上所载也有一《长杨鼎》铭文，一行，十字，字形稍小，用笔结体与此文不同。内容上前七字相同，后面则多“五年造”三字。在汉代，不书年号而只称年数的铭文，多以为是汉武帝元鼎四年以前之物。

汉时，“长杨宫”之前建有“射熊馆”，史书上称为“长杨射熊馆”。《汉书·元帝纪》：“永光五年冬，上幸长杨射熊馆，布车骑，大猎。”《汉书·成帝纪》：“元延二年……冬，行幸长杨宫，从胡客大校猎。”可见西汉历代皇帝行幸“长杨宫”，主要目的是在此进行“大猎”“捕兽”“击熊”等取乐活动。汉代著名文人扬雄为谏讽皇帝游猎，以“长杨宫”为名，写出了有名的《长杨赋》，从其中我们看到了这样的场面：“罗千乘于林莽，列万骑于山隅。帅军踤阹，锡戎获胡。搤熊罴，拕豪猪，木雍枪垒，以为储胥，此天下之穷览极观也。”自西汉末年以后，史书上已不见记载“长杨宫”“射熊馆”了。可能因皇帝来此太奢侈，王莽以后即予以取消。

图190　汉代“长杨宫”铜鼎照

图191　汉代“长杨宫”铜鼎铭文拓本

“共”，此处应通“供给”“供奉”之“供”。段玉裁《说文注·共部》：“《周礼》《尚书》供给、供奉字，皆借‘共’为之。”《周礼·天官·冢宰》小宰：“令百官府共其财用，治其施舍，听其治讼。”另见“陶陵共厨鼎”“好畤共厨鼎”等，“共厨”即“供给厨房之用”的鼎。所以，此“长杨共鼎”，就是供给“长杨宫”使用之鼎，或“长杨宫”供奉用鼎。

要论此件文字的书法艺术，这里可以用两句话来概括，即结体端正，用笔简洁，就如大家闺秀静立于前。两汉时期，正是中国文字变化多端的年代，形态怪异的文字不算稀奇，而如此规矩方正的篆书却不常见。这些字的结构似乎在寻求一种标准化、楷书化的模式。我们虽不能判定器物上所书的汉武帝时代的文字，但至少可以说它是一件王莽新政以前的器物。这时隶书的写作已经基本成熟，并且已经进入文字表现的领域。但观此件文字，并没有多少隶书用笔的意味包含其中。“长”字的写法，就是在汉篆中常能见到的典型结体。“杨”字右旁下部转折处那一笔，不疾不徐，不温不火，恰到好处。“共”字上部稍稍有些小束腰，这是极具“美术化”倾向的处理方法。这种“美术化”就是我们今天所说的现代意义上的“美术化”，即有关于视觉上的，将视觉对象更加合理地改变，使之能够产生出美感的一种方法。这种方法要求比平时的写字更具备工艺性和设计性。从这件文字的一笔一画上我们就可以看出：每一个字的线条都是经过精心刻写的，无一丝懈怠的地方；每一个字的结体安排都在寻求一种平衡。这种文字所表现的完全是一种理性化的东西，它已经脱离了手写文字自由发挥的、情绪化的现象，变成了一种工艺化的技术。所以，我们称这种形式的篆书为“篆书中的美术体”，就是这个道理。虽说这件作品规矩有余，灵动不足，但它毕竟还是属于“美”的文字，值得我们从中学习些东西。

79 西汉“清明连弧镜”铭文

此为西汉铜镜，出土于陕西咸阳。（图192）直径18.8厘米，厚0.8厘米。因镜背文中有“清明”二字，图案又饰以连弧纹样，故称“清明连弧镜”。镜背图案外围有文字一圈，共三十六字，隶书。全文曰：“湅治铅华而清明，以之为铅而宜文章，延年益寿而去不羊，与天毋极而日月之光，长而未央。”（图193）

文中字义基本上都不难理解，但与同类镜文相比较，仍有个别异体字容易引人误解，故此处当讲明白。“湅”，本义为“练丝”，煮丝使之成为熟丝。《说文·水部》：“湅，湆也。”段玉裁注：“湅之暴之，而后丝帛之质精，而后染人可加染，湅之以去其瑕。”“湅”在“湅之以去其瑕”之

图192 汉代“清明”连弧镜照

图193 汉代“清明”连弧镜拓本图

义上，又通“炼”，今作“炼”。“治”，有人释作“冶”。虽然“冶”有制造、冶炼之义，在此处意义更接近一些，但此镜上文字分明是“三点水”的偏旁，所以，不必释作“冶”，以免引发歧义。“治”本身就有“制作”之义。“铅华”为古时妇人搽脸之粉。曹植《洛神赋》：“芳泽无加，铅华弗御。”注：“铅华，粉也。”《博物志》：“烧铅成胡粉。”张平子《定情赋》：“思在面为铅华兮，患离尘而无光。”钱牧斋和柳如是诗：“朝日装铅眉正妩，高楼点黛额犹鲜。”可见在古代“铅粉”是妇人们装饰美容的重要物品。此处“铅华”不但是指妇人的用“粉”，而且说此镜的明亮也与“铅”有关。古时的铜镜多为青铜合金而成，其中自然少不了铅的成分，尤其是在加工镜面的亮层时，更是需要铅的作用，所以首句讲的就是“炼治铅华”，从而使铜镜表面更加明亮。

第二句：“以之为铅而宜文章。”“铅”此处应有两层意义：一是“铅”使镜面明亮，而宜于“文章”；二是“铅”可为“铅粉”而宜于“文章”。此处的“文章”，不是指用文字写的辞章，而指的是丰富的色彩或花纹。古时以青色配赤色形成的颜色称为“文”，赤色配白色称为“章”。《庄子·胠箧》：“灭文章，散五采。”《山海经·北山经第三》：“有鸟焉，其状如乌，文首，白喙，赤足，名曰精卫。”“文首”即紫红色的头。“文章”在这里应为动词，即涂彩勾画。有此明亮的镜子，宜于美人修饰涂面。"羊"即"祥"的本字。《说字·羊部》："羊，祥也。"秦汉金石文字多以"羊"为"祥"。《汉元嘉刀铭》："宜侯之，大吉羊。"

汉时铜镜上的文字、图案都是铸造而成的。铜镜的模范不是一次性使用的，而是要使用多次，所以，收藏界有"一模镜""二模镜"之说。铸造越早，镜背上的图案就越清晰，文字也就越有力度。为了能多次使用，工匠们在刻制模具时，将图案、文字刻得都比较深，这样前几模的铜镜铸造出来后，上面的图案、文字就显得十分饱满。（图194）我们从这面镜上的文字就可以看出，此镜即"一模镜"无疑。此镜上文字的结构有许多特别的地方。如首句"湅治"二字的"三点水"旁，就写得丰满调皮，犹如三个小方块；"以"字的写法也极奇特，左边下部写成了一个小圆圈，恐怕只有秦《峄山碑》上的"以"字与此相似；"文章"的"文"字，下部跨度很大，就如江河之上大桥的结构，极显支撑力度；"年"字左边一笔，重重拉下来，调和了"年"字横画多的现象，使文字不至于笔画单调，结体繁琐；"不羊"之"不"，如此写法者绝少。余检秦汉金文、碑石凡数十种，仅见此一种写法而已。"与天毋极"，"与"字结体简练；"天"字的结体，不论在篆书或隶书上，其撇捺两笔都是从上而下直接写出的，此处却分为上下两截，也是别处所未有的，可资借鉴；"毋"字写得较方正，中间内部还有一小横画，只是因为字口太深，未能拓显出来；"极"字结体怪异。"木"字旁给省掉了，却在右旁下加了三个小点，这三个小点是否代表"木"字而被移到了下

图194　汉代"清明"连弧镜上文字细部图

面呢?

此件文字书法艺术的风格，与《吴天发神谶碑》有相似之处，如起笔落笔都有较夸张的三角状；二者都有一些结构别致的文字，这些文字对学习篆刻的人来说，是特别应该记住的。只有脑子里记录有丰富的文字结体、字形，才能得心应手地运用文字。在不同的文字环境中，运用不同的文字结构，就能产生出不同一般的艺术效果来。当然应该注意，所有的“变异”一定要合理，要符合汉字书写的法则与规律。

80 西汉双圈文字“承欢昭昒”镜铭文

此为西汉双圈文字铜镜。（图195）因其他铜镜上文字内将“昭昒”二字作“昭明”，故后人将此类文字的铜镜统称为“昭明镜”。此镜出土于长安以西，镜面直径为18.2厘米，厚0.6厘米。背面图案中饰以双圈文字，外圈三十六字，全文曰：“洁清白事君，怨之合昒。惟玄锡得，恐疏远日忘。恒美之穷澧，承驩之可说。莫穸之重亭，纪而。”内圈二十三字，全文曰：“内清质以昭昒光，象夫日月心忽杨，天愿忠默雍塞而不泄。”（图196）

此外圈上文字与其他汉镜上文字相比，个别字句略有不同。（图197）近年所出介绍铜镜的书籍中，此处所释也多有不同处，以下逐一说明：“怨”

图195　汉代双圈文字铜镜照

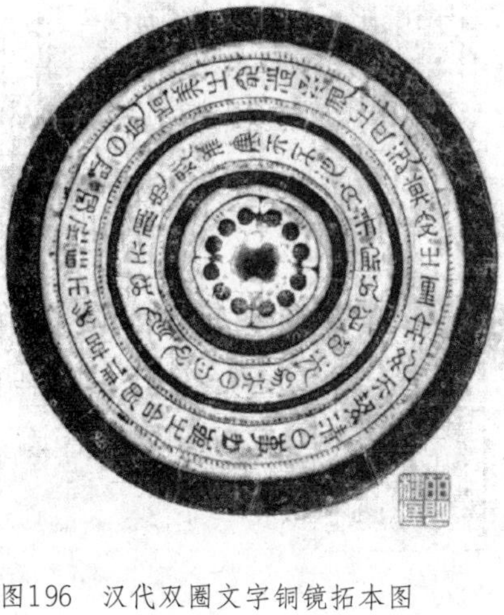

图196　汉代双圈文字铜镜拓本图

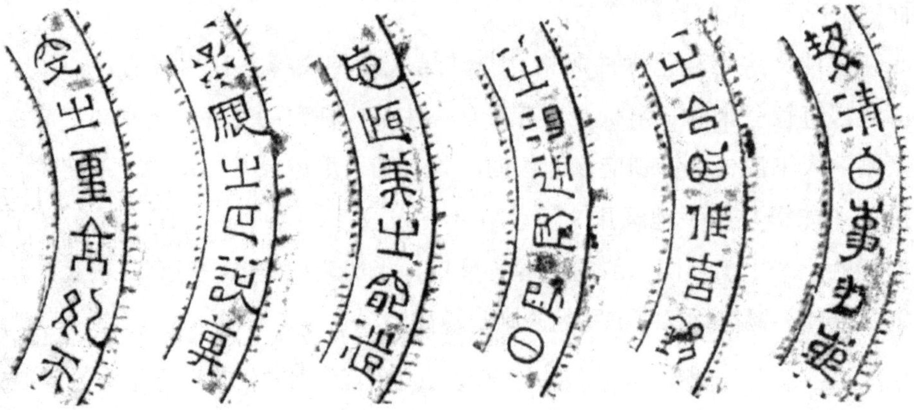

图197　汉代双圈文字铜镜外圈铭文拓本细部图

有释作“志”者，文义难通。观此字上似有一“山”，是因为“怨”字有写作“惌”形的。最上横笔两端上卷，如有些碑石文字上将“事”字上横两端上卷一样。“昒”有释作“明”的，但此字右旁明显为“勿”形。“昒”，读如“勿”。《说文·目部》：“昒，一曰旦明也。”“旦明”即黎明。秦中方言有称眼睛不甚明为“眼睛雾”者，“雾”即此“昒”，有光但不是大明，不大清明，所以需要“昭示”。“惟”字左边竖笔内侧一小点，因字口太深未能拓出，故多有误释，只有观看原物方能正确辨出。“得”字，有释为“泽”者。“得”是连接上边“锡”，即“赐”的字义，“泽”义在此不能通。“恒”有释为“慎”“怀”者。细观此镜上“恒”字，右边“亘”上下两横画都与左边“忄”相连，所以容易释错。“澧”有释为“皑”者。“澧”左旁“三点水”中间一点与右边一横笔相连，所以一般人多不能释；而右旁上部因字口太深，几道小横画无法拓出，不见原物更不能释出。“澧”通“醴”，有甜美之义。《说文通训定声·履部》：“澧，假借为醴。”《礼记·礼运》：“地出澧泉。”“澧”读如“礼”。“驩”此处写作“骃”，所见字典中皆不见载。“骃”取“观”字偏旁作为谐声，“骃”即“驩”，其他铜镜上也有写作“驩”的。“驩”通“欢”。段玉载《说文注·马部》：“驩，古假为欢字。”《左传·昭公四年》：“寡人愿结驩于二三君。”“说”通“悦”。《广韵·薛韵》：“说，喜也，乐也，服也。”《诗·召南·草虫》：“未见君子……我心则说。”“莫穸”有释作“慕窕”者。“穸”读如“爱”，通“爱”。“重亭”即“重楼”“高楼”。从此文字内容上看，此镜是一妇人送给她爱人的礼物。首句是表达她以“清白之身来事君”，所以最后一句即言：“莫爱那重亭上别家的女人。”“纪”有释作“绝”者。“纪”通“记”。“而”在这里有两种意思，一是指示代词，相当于“此”。《穆天子传·卷三》：“比及三年，将复而野。”郭璞注：“复返此野。”另一种是语气词，用在句尾近于“兮”。“纪而”即“记住上面这些话”或“要记住啊”。

再看内圈文字。“心忽杨”，“杨”通“扬”。《广雅·释言》：“杨，扬也。”《诗·郑风·扬之水》：“扬之水，不流束楚。”毛亨曰：“扬，激扬也。”“天愿”之“天”，有释作“而”者。此处字形明明白白是一“天”字。“默”有释作“然”者。“默”，“安静”“不语”义。“天愿忠默”即“上天愿君忠心不动”。“雍塞而不泄”即“保持而不泄去”。（图198）

图198　汉代双圈文字铜镜内圈铭文拓本细部图

铜镜的制造是需要一定技术的，有专门的工匠来专门制造。所以，我们所见到的铜镜上的文字多不同于其他器物上的文字。古代铜镜上的文字结体有其自身的一些书写特点。这些特点分为几个派别，从春秋战国到汉唐时期一直被传承着。此镜上这种文字的风格就是篆隶相兼，方圆结合一派。有些字的结体极方，如“清”“之”“玄”“重”等；有些字的结体却极圆，如“白”“昒”“曰”“穷”等；有些字则方圆结合，如“事”“忘”“美”等。“承驩之可说”，“可”字为反写。古时刻文为调节布局常有这种现象。此镜上有些文字的结体特别有情趣，技巧甚高，值得一提。如“清白”之“清”，左边“三点水”中间一点与右边“青”字一横笔相连，减少了三小点排列笔势较弱的感觉。“合”字将上边“人”部写小，下边“一”写大，这样，整体就显得圆润了许多。“穷”字上部“穴”，圆笔运用得极舒服，特别是撇捺两小笔画与“宀”的结合，不软不硬恰到好处。“亭”字上部一点画，做成三角形，如一房顶，形象极其生动，观之使人能对文字的内容更加理解。

总之，此镜上文字有许多可资借鉴的地方，对于如何处理书法艺术中方圆结合的问题，是一件非常有价值的参考范本。

81 汉“长毋相忘”镜铭文

汉“长毋相忘”镜铭文，一圈八字，篆书，逆时针方向旋读。全文曰：“长毋相忘，时来何伤。”文字在镜背，每字间隔以乳钉及叶形纹。镜面直径为9.3厘米，厚0.6厘米。镜背中心为坛式方形框。（图199）

汉代的铜镜铭文，从文字上看虽然繁复，但多以这种“祝愿文”式的内容为主。这些“祝愿文”似乎多是男女之间相互馈赠“信物”之上的文字，或是友朋之间离别“纪念品”上的文字。（图200）“长毋相忘”为汉时常见的祝愿词，最早出现的是西汉甘泉宫遗址所出瓦当上书“长毋相忘”，为西汉昭帝时物。昭帝之母为武帝夫人赵婕妤，有奇异得幸，称为“勾弋夫人”。勾弋夫人死后葬于甘泉宫旁，昭帝因思其母，在陵园建筑之上多施以有“长毋相忘”文字的瓦当，是语即滥觞于此时。“时来何伤”之“时”在此有两种意思。《说文·日部》：“时，四时也。”“四时”即春夏秋冬。此处“时”字应该指春季。春季是人们思念的季节。此句义即：“只要长久不相忘记，春日来临时何必那样忧伤。”另一种意思为副词，表示时间频率，相当于“常常”“经常”。唐岑参《函谷关歌送刘评事使关西》：“请君时忆关外客，行到关西多

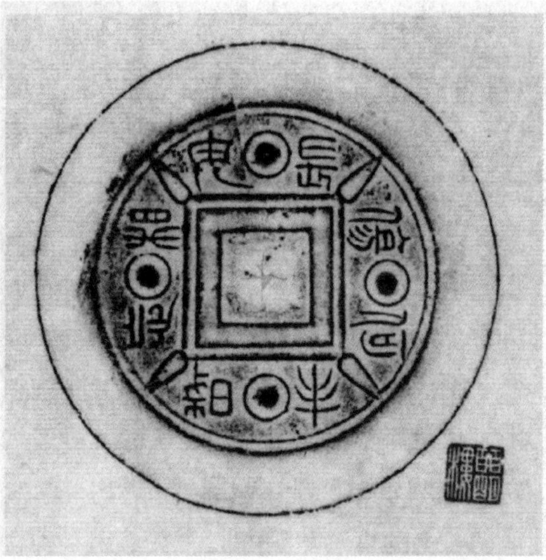

图199　汉代“长毋相忘”铜镜拓本图

图200　汉代“长毋相忘”铜镜文字拓本细部图

致书。”此处文义即：“今日离别后，我会时常来看你的，何必那样悲伤。”后一层意思可能更接近铭文的内容，也更容易理解些。

从书法角度来看，此件文字有两个方面的特点：一是保持了汉代铜镜文字经常运用的方圆结合的书法风格。如“毋”字，左边的转折处及中间下延的长长一笔，都书写得较为圆转。右边一竖不但内收，而且转角分明。“来”字在汉代印章文字上或其他器物上的写法，都是在第一笔长横之下，左右两边各写一个小“人”字，包括《说文》部首上、商周金文上都是这样的写法。此处却将两个小“人”省去，变成了呈圆弧形的撇捺两笔。在《睡虎地秦简》《春秋事语简》上见有此种写法。在圆形的器物面上，采用一定圆弧写法，既能增加文字与器物的和谐，又能增加文字本身的艺术效果。“何伤”二字都是方圆笔兼用的写法，文字线条在自由流转之中加以方形用笔，就能显出顿挫之感。二是方正规整的用笔特点。这一特点是汉代铜镜铭文中的主要书风。有许多铜镜铭文纯以方正笔法结体，特点鲜明。在很长一个时期内，这种风格都存在着。“长”字，整体为方形，尽管上部转折处的棱角并不分明。“相”“时”二字也都是以方笔为主。由于文字书写环境的决定，在书法的章法、行气上要求得并不多，只要求在一定范围内分布均匀就行了，所以，此铜镜上文字的艺术表现是以单字为主的，侧重的是静态之美。欣赏这类文字，应该在一种“夜深人静”的氛围下，才能品出味来。

铜镜上铭文的书法风格，与其他碑石上的书法截然不同，它是用一种含蓄、细腻的手法来表现心理情感的艺术品，不可以用平常心读之。

82 汉“千秋万岁”镜铭文

汉“千秋万岁”镜铭文，共十六字，篆书，逆时针方向旋读，于镜背呈方形一圈。（图201）全文曰：“千秋万岁，长毋相忘，天下大阳，所言必当。”镜面直径为9.7厘米，厚0.5厘米。背面饰以连弧花瓣纹。（图202）

此文是汉代常见的吉语、祝词，不难读懂。只对其中个别字做简单解释，以利于正确理解文字的内容。一是“阳”字。《说文》：“阳，高明也。”此处当指温暖的“阳气”，引申为“春夏”之义。张衡《西京赋》：“夫人在阳则舒，在阴则惨，此牵乎天者也。”古人常将春天比作“阳春”，“阳春”自然是温暖的、和谐的。“阳春”也喻清明盛世。李白《梁甫吟》：“长啸梁甫吟，何时见阳春。”这一层意思可能才是铭文“天下大阳”中“阳”字的确切含义。二是“所言必当”之“当”。《正字通·田部》：“当，事理合宜也。”《礼记·乐记》：“夫古者，天地顺，而四时当。”苏东坡《霍光论》：“莫不获尽其才，而各当其处。”故“当”在这里有“确当”“恰当”“适当”之义。“所言必当”是说：以上所说之言，必定确切恰当。以上都言说了些什么呢？即生命所企盼的“千秋万岁”，友

图201　汉代“千秋万岁”铜镜拓本图

图202　汉代“千秋万岁”铜镜铭文拓本细部图

情所企盼的“长毋相忘”，社会生活所企盼的“天下大阳”。

整体说来，此件文字的书法风格仍属方正一派，用笔结构透露出汉代文字由篆变隶的消息。在写作时，书写者已经在有意识地减少篆书萦绕屈曲的线条，开始吸收隶书方折径直的书写风格。正如清方朔《枕经堂金石书画题跋》中所言：“仅能作隶者，不能为此书也；仅能作篆者，亦不能为此书也。必得二体兼通，乃能一家独擅。”观此可知，此铭文的刻写者就是“二体兼通”的书法家。

首句“千”字倒放，是因为“千”字上部写法与“秋”左旁上部写法相近。再，“千”字比较细长下空，这样放倒，既能避开重复的笔画，又能增加“千”字的宽厚程度。“毋”字是由“女”字发展变化而来的，在突出“女”字结构的同时，注意了与邻近文字结体上的配合变化。这一排字体都是方形的，就将“毋”字上部写圆，增强了一排之内文字的风格变化，在视觉上有了起伏之感。“天”“大”下部都有撇捺两笔，排在一起容易产生线条重复的毛病。所以，“天”字下部弧度写得稍圆些，“大”的下部则写得尖如三角形。这样，两个字在表现上就有了分别。“下”字下部的“竖画”与“小点”，若照常规写，此处就会显得空疏，加大些线条萦绕的弧度，文字形式也就丰富了许多，正好能与左右两边的文字配合。“所言必当”之

"所"字，也是被作者倒放在这里。余将此字按镜上文字的结体、大小，原样写在小纸片上，正面放在原位置上，于是就发现了两个问题：一是"所"字按篆书的写法，右下方是一个空角，如果正方向放在那里，整体文字所形成的方框感觉上就会有一个豁口在那里，影响构图的美观；二是"所"字的篆书写法有许多端直向下的线条，如果是正方向放置，就有与"阳"字那四条竖线将要相连的感觉，而且，在同一区域内出现太多同方向的直线，又无变化，这是文字艺术中最忌讳的现象。所以，作者将"所"字向右放倒，不是直放，也不是向左边放倒，是有他一定道理的。

83 汉代秋风镜铭文

此为汉代秋风镜铭文，共十六字，四句，每句为一边，连接到一起，在镜背面形成了一个四边形，逆时针方向旋读。（图203）全文曰："道路日远，侍前日稀。秋风日起，吾志日悲。"（图204）镜面直径为13.2厘米，厚0.6厘米，每一边采用竖写形式，四字为一行。

这是一件送别的礼物。有人要远行，或是迁徙，或是从军，或是行商，相爱的人送此铜镜，用镜上铭文来表达她（或他）的心情。"道路日远"，是说爱人要渐渐离开故乡走向远方；"侍前日稀"，是说在爱人身旁服侍的

图203 汉代秋风镜背面拓本图

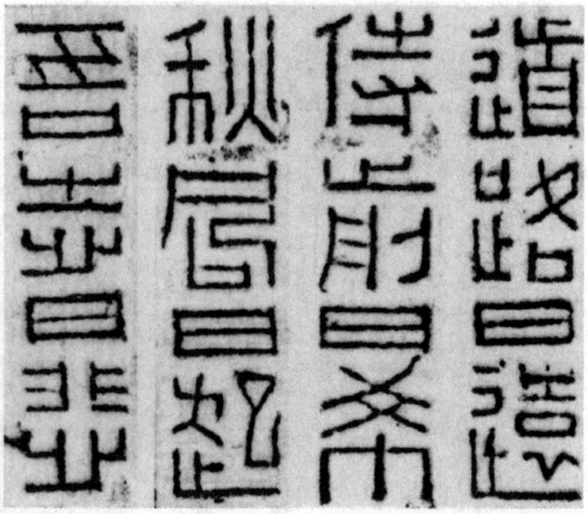

图204 汉代秋风镜铭文拓本细部图

时间已经稀少；“秋风日起”，是说风起叶落，触景生情，难免伤悲；“吾志日悲”，是说我的心情日见伤悲。“志”在这里指“意念”“心情”。《说文·心部》：“志，意也。”《尚书·虞书·舜典》：“诗言志，歌永言。”在此四句文中，都有一“日”字。“日”在这里不是指具体的某一天，而是指“每天”“一天一天”。《易·大畜》：“刚健笃实辉光，日新其德。”孔颖达疏：“以其刚健笃实之故，故能辉耀光荣，日日增新其德。”王安石《上运使孙司谏书》：“公家日以窘，而民日以穷而怨。”

由于文字内容以及此铜镜的使用目的不同，此镜文字的刻写者，并没有采用那种活泼多变的线条、结构来处理这些文字，而是采用了全方形的结构、挺直的线条来书写、表现这些文字。于是这面铜镜上的文字就显现出了一种肃穆严整、细瘦枯寒的书法风格。这种风格将文字的内容与形式恰如其分地结合到了一起，真正达到了内容与形式统一的艺术境地，这一点是今天书法创作中常被忽视的。

在文字结体上，有几个字应该指出来，其中很有值得学习的地方。“道路日远”之“远”字，“辶”的结体轻松而疏朗。“远”字内部下边“衣”的变形，巧妙而简洁。“侍前日稀”之“稀”，此处篆书只写作“希”形，因为“稀”的本字就是“希”。《论语·公冶长》：“伯夷叔齐不念旧恶，怨是用希。”皇侃义疏：“希，少也。”“秋风日起”之“风”字，“风”字从虫，此处内部却已简化，而且右边曲折几下，避免了文字平直结体的难堪之处。“吾志日悲”四字，采用了反文写法，可能是作者也感到，这种词语的感情太悲伤，所以设计成反写的方法来表现，即寓意着此处所说的不会是事实，而且都是“反语”。可见当事人胸中复杂的心情：既要表达悲伤，又不想要此种心情永远存在，故采用了“反语”“反写”的手法。这也是心理安慰的一种方法。这样处理文字，使之合乎镜主人的内心世界，确是别具一格。

从整篇铭文的内容来看，悲凉之感如秋风扫落叶，观之催人泪下。这也就是命此镜为“秋风”的主要原因：“秋风”的形象，代表了主人的心情。由此也可见，汉代人的精神生活是如何的丰富。所以，汉代人有好诗、有好文、有好书。

84 王莽嘉量文字古

此为西汉后期王莽新朝时期量器上的铭文。后人考证此器铸造于新莽始建国元年（9）。文字与内容仿秦诏版形式。此器清末出土于河南孟津，铜质，原器已残，现藏中国台北“故宫博物院”。（图205）此拓本为关伯益（益斋）先生所藏，乌金精拓，墨光四射，可尽观王莽时文字书写的精神。益斋先生曾任河南省博物馆馆长，抗战时期又任西北大学教授。方家所藏之物，自是不同凡响。

图205　王莽嘉量照，中国台北“故宫博物院”藏

此铭文刻于量器的外壁，文字部分的面积为宽28厘米，高9厘米。全文共二十行，除十三行五字外，其余均为四字，共八十一字，阴文篆书。文曰：“黄帝初祖，德币于虞。虞帝始祖，德币于新。岁在大梁，龙集戊辰。戊辰直定，天命有民。据土德受，正号即真。改正建丑，长寿隆崇。同律度量衡，稽当前人。龙在己巳，岁次实沈。初班天下，万国永遵。子子孙孙，享传亿年。”（图206）

王莽何以将其所制量器称为“嘉量”呢？据《周礼·考工记》：“嘉量既成，以观四国。”《汉书·律历志》：“四曰嘉量。”“嘉”就是上等的、完善的意思。王莽改朝，自比周公，一切典章制度皆称取法于周，所以，《周礼》上称“嘉量”，他也就将其所制量器称为“嘉量”。

此铭文前四句是王莽叙述自己新朝的皇权世系。（图207）黄帝是初祖，其“德”传之于虞，虞为皇帝。虞之“德”又传之于“新”，“新”即

图206　王莽嘉量铭文全拓本图

王莽。王莽自然要秉承先德，不可推辞地成为皇帝。二行第二字“帀”，今为“钱币”之“币”。“帀”古义读“匝”。《说文》：“帀，周也。从反之而帀也。”“周”即周转、环绕一圈等义。《庄子·秋水》：“孔子游于匡，宋人围之数帀。”《史记·高祖本纪》：“黎明，围宛城三帀。”此处用“帀”字，意即黄帝将做皇帝的“德”，周转传送给了虞，虞又周转传送给了“新”，即王莽。《中国书法全集·九》上将“帀”释为“幣”，认为“幣”是“帀”的繁体字。古时“帀”与“幣”是两种意义，两个发音，到后世二者才结合到一起的。解释汉以前文字时，二者最好不要互通。《说文》上解释“帀”字时明确写道：“从反之而帀也。”即“帀”是篆书的“之”字反倒过来的形象。如果不谈“帀”的意义，只把它看作是倒写的“之”，一目了然，词义更易于理解，此句即成了“德之于虞”。《列子·说符》：“天之于民厚矣。”“之于”的用法正与此处同。第五行至第十二行是王莽说其做“皇帝”是受命于天，以及改朝换代的时间。五行的“大梁”、六行的“戊辰”都是古代纪年的词语。“纪年”古代称为“岁术”，即“推岁所在”，其中就有“星记”“大梁”等用语。九行“据土德受”：古人崇尚“五行”，即金、木、水、火、土五种物质，认为每一个朝代，每一个皇帝都于“五行”中有其专属。秦属水，汉属土。每一朝必须崇尚、奉守自己在“五行”之中的所属，国家才能发展，人民才能安定。《汉

图207　王莽嘉量铭文拓本局部图

书·郊祀志·第五》：“鲁人公孙臣上书曰：‘始，秦得水德，及汉受之，推终始传，则汉当土德，土德应黄龙见。宜改正朔，服色上黄。’”汉朝初年多承秦制，不意也继承了不属于自己的“水德”。《汉书·郊祀志》：“汉乃水德之时，河决金堤，其符也。”就是说，各朝有各朝的所属，不能乱来，乱了就有灾难。王莽不知是如何计算的，他也崇尚“土德”。十一行“改正建丑”之“建丑”，与此同义的也称“建朔”，即建立计算年月开始的时间，以及帝王称号等。《说文·丑部》：“丑，十二月，万物动，用事。”殷商时以丑月（即十二月）为一年之首，故后世称计算年月的开始为“建丑”。十三行“同律度量衡”之“律”字，即为“法律”之“律”。秦诏版上有“法度量”，王莽有“律度量衡”，皆言此度、量、衡制如法律。

因为王莽要标榜自己改朝的法统地位，各方面都不同于汉朝诸帝，所以在文字的写作上极力摆脱西汉数百年来的形象，企图表现出一种上溯古人，传承上方的面貌来。从这件“诏文”的书法风格上看，其主要是以李斯小篆的笔法为主，即如《泰山刻石》《琅邪台刻石》的书法形象，并夹杂了一些秦诏版上文字结体变化的特点，在文字书写的工整之中又不乏动感。

这篇“嘉量诏文”书法结体的特点是文字的重心大都集中在上部，下部笔画多为长长的“腿”形。整个字表现出亭亭玉立、舒展大方的形象。清代著名书法家、篆刻家徐三庚多学此法。而书法线条的特点则是干而不枯，丰而不肥，是真正的“玉筯”篆法。清代学者、书法家吴清卿纯学此书法。近代马宗霍在评论吴清卿的书法时说：“窸斋好集古，所得器最多，手自摹搨，而下笔却无一毫古意，其篆书整齐如算子，绝不足观。”批评吴清卿书法“无古意”“如算子”，是其未见古代金文风格的多样变化。秦诏版、汉铜器之上文字整齐“如算子”者多矣。“古意”自有多种，“斑驳残损”“笔意纵横”是“古意”，笔法劲健如“玉筋”，布局规整如“行阵”亦是“古意”。在书法史上，近百年来能使篆书大放异彩的书法家少之又少。在文字研究上精于训诂考订，又能运笔自如书写篆书的人，如王澍、邓石如、孙星衍、俞曲园、吴清卿、陈介祺等大家，今天看来更是少之又少。所以，对于前人的学问与成绩，在自己还没有搞清楚之前，千万不可妄加评论。

此件书法中，有一些文字的结体别具特点，值得一提。一行、三行之中的“祖”字，将左旁笔画的“腿”部拉长后，如再将右旁“且”也拉长与之配合，就显得字形有些太笨，所以此处就将右旁“且”缩小，并提上去，与左旁上部看齐，其长度只为左旁长度的三分之一。这样的结体，既能使文字的上部集中不散，又能体现出文字“腿部”修长的美来。一行“初”字结体意境与此相同。五行“大梁”之“梁”字，上部水旁延伸下来，极舒展自如。“梁”是“桥梁”“房梁”之“梁”，从水，从木。木之横象为梁，此“梁”字右部上方，“土”旁一弧形笔画，其形就如房上之“梁”，所以《说文系传》上说“从水、从木都是指事”。十三行“衡”，中间部分，金文、汉代篆隶中如此简洁方正的写法不多见。十五行“己巳”之“巳”，是一个将简单笔画的文字如何表现得不简单的范本。余手边有近二十种“巳”字的写法，从甲骨文、金文，到《汉石经》《说文部首》、秦汉竹木简。无一例如此“嘉量”上“巳”字的写法。此字的结体用线既不缺乏流畅，又不缺乏刚健，是汉字结体中前所未有的特例。有人评论此“嘉量”上文字“刻板生硬”，看到这些文字难道还能说“刻板”，难道还能说“生硬”？十六行“岁次”之“次”，结体特别。十七行“班”字，结体也特别。“班”字两边的“王”字，中间一横画都在右边翘起一头，改变了横画多的单调。为了配合其他字的“长腿”，将“班”字中间一部分长长地伸延下来，实为创举。《说文》：“班，分瑞玉，从玨，从刀。”“班”是将玉分开的意思。分玉用“刀”，故两玉中间为“刀”。这样，按“刀”的结构，中间就可以拉长写了。二十行“享”字，初看如“亭”字。检马王堆帛书《易经》、马王堆帛书《老子》，其上“享”字即如此写法。

总之，汉代的篆书作品本来就不多，而字数如此之众、刻写如此之精的篆书更是不多。王莽嘉量铭文无疑是研究、学习汉代篆书的重要参考资料之一。

85 汉器釜称鍪，古字朴且妍

此为西汉铜鍪上铭文，文四行，首行四字，其余行五字，共十九字，篆书。全文曰：“鍪容五升，重三斤九两，十六年工从造，第一，闵主。”（图208）

“鍪”，《说文·金部》：“鍪，鍑属。从金，敄声。”“鍪”读如“牟”，古代的一种炊具，多铜制，圆底，腹大颈小，敛口反唇。流行于汉代。《急就篇》第十二章：“铁、鈇、钻、锥、釜、鍑、鍪。”颜师古注：“鍪，似釜而反唇，一曰鍪者，从釜类。即今所谓锅也。”《广雅·释器》：“鍪，釜也。”罗振玉《古器物识小录·鍪》：“予藏十六年鍪，文曰：‘鍪容五升，重三斤九两。’其形制圆底，硕腹而细颈，反唇。一旁有环，一旁有方銎，可安木柄。”（图209）“銎”读如“穹”，古时指器物上可安柄的孔。罗振玉所记之“鍪”，与此文为同一器。“鍪”为釜类，如锅形，可容物，故文中称“容五升”。

据说汉武帝元鼎四年以前未有年号，所以，汉器上文字无纪年号只书年数的，大都认为是汉武帝元鼎四年以前物。此处称“十六年”，汉初武帝元鼎四年以前，只有汉文帝在位超过十六年，此或为文帝十六年（前165）之物。“工从”，制器者工匠名。“闵”为合文，即“门下史”。“门下史”，职官名。汉置，郡县佐吏。“门下史”位在“门下掾”之下，辅佐“掾”处理门下事务，相当于秘书之类，“门下史”即在郡县署门内办事，为内务文职人员。最后一字为“主”，“主”上一点，此处写成“口”形。

图208　西汉铜鍪上铭文拓本

图209　西汉铜鍪形制展示图

汉印章上文字有此写法。“主”即“主管”“主持”制造此器的人，也就是这位自称为“门下史”的人。

汉代人自有汉代人的性格与气质。此汉文帝“十六年”，距秦相李斯将篆书统一书写不到百年时间，但汉代人早已用自己王朝的特性改造了文字，改造了篆书。这时隶书还没有完全成熟，篆书仍在许多场合大量使用。但汉代的书写者早就不能忍受秦小篆那种平整光滑的书法意趣了，他们以自己的处世哲学创造出了一种在结体上松而不散，在章法上散而不乱的书法美学观念。他们用轻重变化的线条破坏了秦小篆线条粗细匀停的书写风格；以点画聚散的随意性，破坏了秦小篆结体对称平衡的书写特征；又以侧锋垂露、悬针等多样的笔法，破坏了秦小篆笔笔中锋、藏头护尾的用笔法则，呈现出天真烂漫、纯朴可式的自然主义审美观。

我们认为，此件书法的结体是“松而不散”。如一行“鍪”字，左右两边的笔画宽松舒展，自然下垂。“金”字在其下，通过一定的简化，享有了大量的空间。二行“重”“斤”，一个尽量长，一个尽量宽。四行“第”字，信笔走动，如坐如卧，使人想起那“最喜小儿无赖”的浪漫诗境。说其章法是“散而不乱”，有这样的理由：一行字形从大至小的变化是“散”；二行字形长短宽窄都有是“散”；三行几乎所有的字都比其他行的字小，一行之内，大小不一，也是“散”；四行字又变大，而且东倒西歪，更是

“散”。但综观全篇却并不觉其“散乱”。这就是书写者在布局时考虑到了这些因素，并加以利用。此处出现“散”的现象只是书写者技巧的一种运用。一行字内，字形从大变小，就会产生出一种向下垂尖的感觉。“补救”的办法或者说技巧就是，不要写得太靠下，留有一定的空间，让第二行长于第一行，使第一行的文字形成一个将要向第二行转弯的“势”，所留的空间与这种“势”，就修正了第一行下部的小毛病。这就是第一行只书四字而其他行是五字的原因。第二行“九”字，整体写得太偏右边，用它左边一撇尽力向左，重心似乎就拉了过来。第三行字形整体小，这一现象正好起到了在全部四行之内起伏变化的作用。第四行所有的字写得都很大，并且东倒西歪。这是在吸引观看者的眼光注意：这就是我的风格，这就是我的书法。当你看到最后一行文字时，你一定会回头再去看一眼前面的几行文字，眼睛余光的交互融合，自然就消除了个体异端的突出表现。这些现象是不是作者有意识所为呢？我们不知道。这些现象是不是一种书法艺术上的手法呢？我们也不知道。但是，如果我们今天也按照这种想法、这种手段去从事书法创作，说不定也能创作出一两件好的作品来。

汉代砖陶文字

汉代砖陶文字，传世至今的不少。从内容上分，主要有：（1）记名，包括官署名、职官名、人名、地名等；（2）标记，包括建筑上的方位、制造物品的数量、尺寸等；（3）吉语，这是汉砖文字的主要内容；（4）纪年，建筑时间、材料制造时间等；（5）记事，如“汉并天下”“单于和亲”等。其他还有墓志、地券等也不在少数。从制作书写形式上看，有模印、刻画、书写等。汉代砖陶上所留下的文字，是中国书法艺术中独树一帜的奇葩。这些砖陶文大多由下层工匠所刻写，其中古朴稚拙、妙趣横生的风貌，对研究、学习古代书法艺术，有重要的意义。

86 王莽残砖字字奇

此为西汉末王莽时期的砖刻文字。（图210）砖的左边沿稍残，下面部分则残得较多。剩余部分宽31厘米，高23厘米，砖厚4.5厘米。砖的边沿饰以一圈菱形花纹，此处只剩两边。残留文字共四行，行三字，阳文，篆书。全文曰：“水落鱼／龙浅山／空鸟舄／稷集心。”（图211）

从砖上文字的内容上分析，刻在此砖上的诗文应为五言诗。按砖上现有的文字排列，首句如果是“水落鱼龙浅，”文辞尚能讲通。但接下来如果还用残砖文字组句，则无法讲通了。且二行“山”字之下，明显有字残损，

图210　汉代王莽时期文字砖照

图211　汉代王莽时期文字砖拓本

尚留部分笔画。从已出土有图案及文字的汉砖可知，在许多汉砖面上，文字和图案经常是交织在一起的。从此砖残损的情况看，左右宽度基本上还在，上下高度应该还更长些。按其他汉砖的格式分析，此砖文字一行、四行下面应为图案，二行、三行之下至少还有四个字的距离。因为若按五言四句诗计算，一行、四行字数固定的话，二行、三行下面就应有八个字。但这是一件古代的残物，强拼文辞似乎没有必要，此处只就文字的书法意义做一评介。

一行“鱼”，《六书通·鱼韵》所收“鱼”字的第二种写法即如此。“鱼”下注文曰：“徐铉《说文序》云：‘李斯笔迹小异，非别体。’”说明秦代“鱼”字写法就如此形。另外，周《番生鼎》《侯马盟书》《纵横家书》等上“鱼”字也与此类似。二行“龙”字，写法亦古雅而简洁。三代金文上“龙”字结体如此者不少，古印文字上类此者也不少。三行第二字余释为“鸟”字。商周金文及秦汉竹木简上有此类型。如马王堆帛书《老子》、银雀山汉简《孙膑兵法》等。三行第三字为“舄”，周《吴方彝》《十三年瘐壶》等上“舄”字写法与此相同。《说文》：“舄，雒也，象形。”朱骏声《通训定声》：“今谓之喜鹊。字亦作鹊。”《广韵·药韵》引《纂文》：“舄，古鹊字。”三行“鸟舄”，义即“鸟鹊”。四行第一字为“稷”，“禾”旁移位至右边。“稷”，谷物名，或泛指谷物。陶渊明《桃花源诗》：“桑竹垂余阳，菽稷随时艺。”“稷”下为“集”字，古文写为“雧”形。《说文》：“雧，群鸟在木上也。”后省写为“集”。《禽经》：“独鸟曰止，群鸟曰集。”“集”，又有聚集、会合之义。《兰亭序》：“群贤毕至，少长咸集。”“集”字古文像鸟在木上，金文中多此形象。此砖上“集”字亦如一鸟站立在树枝之上，只是这树枝写得小了些。四行最后一字为“心”，写法甚古，周《师望鼎》上有如此写法。

从砖的质量，刻工的线条、刀法看，此砖绝不是先秦商周之物。然何以字形写法却如此古老呢？余以为，这是西汉末王莽时代运用文字的一个特征。王莽时代是西汉后期一个特殊的时代。王莽执政后，不但改变了土地制度，还改变了货币，改变了度量衡，同时掀起了一股文字复古的风潮，以示其文化也是秉承上古，与他的皇权一样来源正宗。此砖上文字，大约就是那股复古风潮下的产物。早在西汉初年，萧何起草律书时，就对文字的标准化写法提出了要求。《汉书·艺文志》：“吏民上书，字或不正，辄举劾。”字写得不正规就要受惩罚。但王莽时代文字却书写得怪异多变，与他的政权一样，被汉代人认为不是正宗，自然无法让汉代人接受而很快倾覆。

我们当然没必要去评说谁有做皇帝的“法统”，我们只就文字艺术而言。首先，如此大的阳刻砖文，在汉代也是不多见的。在汉篆之中杂以金文古籀，效果上增加了文字的“美术化”倾向，也可称为一种风格。在书写的线条上，温润与流畅也是值得欣赏与学习的，结体上也有许多可取之处。如一行“水”字，线条如河流中的浪花在翻滚，既有形象又有声感。“落”

字，如流水一泻而下，有水潮退落之意，又有水落石出之感。二行“山”字，由于笔画较简，刻写者在此处采用空心字的写法，借以增强文字线条的重量，调节视觉上的差异，使之与整体文字相和谐。三行“空”字书写得较为正规，是标准的汉代篆书，线条亦显挺劲。西汉后期的石刻文字，恐怕只有《东安汉里刻石》的书法风格与此字可相匹敌。“屈曲自如，雍容大度”是对此砖上文字的最好评价。

87 始建国二年砖文

此为王莽新朝“始建国”年间所制砖文。（图212）砖高35厘米，宽16.5厘米，厚6厘米。文一行，八字，隶书，阳文，反书于砖侧面。文曰：“始建国二年闰月造。”（图213）

此砖文之所以成为反书，是因为工匠为了方便制作，在模具上刻字时直接刻为正面文字，字模印在砖坯上以后，文字就成反书的形式了，这种现象在汉代砖文上经常出现。“始建国二年”即公元10年。“始建国”为王莽新朝的第一个年号。王莽新朝共存在了14年，有三个年号，即“始建国”“天凤”“地皇”。在这14年中，王莽推行了许多“改革”的措施，如将全国土地改称为“王田”，奴婢改称为“私属”，均不得买卖；按一夫一妻将田地按规定分配；施行新的税收制度，新的度量衡制度，铸造新币等。王莽时期

图212　王莽新朝“始建国”二年砖照

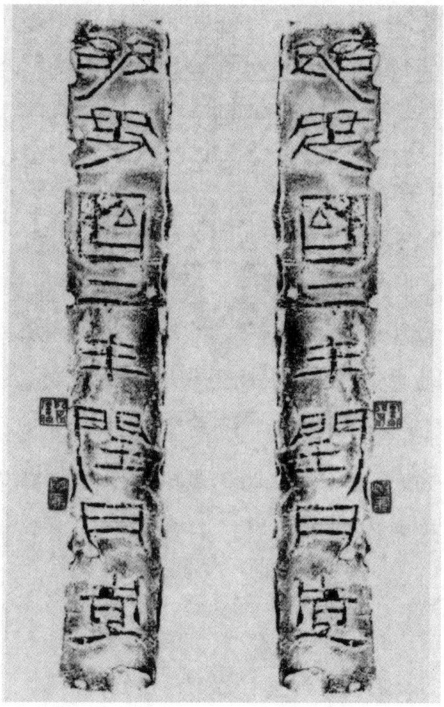

图213　王莽新朝“始建国”
二年砖文字正反两种拓本

所造的货币共有十余种，后世称为“六泉十布”，因为使用年代短，较为稀罕，为今天钱币收藏家们所珍重。除了制度的改革，王莽又进行了许多政治方面的改革，结果触动了二百年来汉朝贵族、地主阶级的既得利益。在这个封建的农业社会里，又由此导致、激化了与农民的矛盾。在农业社会里，政府如果造成了与农民的矛盾，那就意味着它将遭受“灭顶之灾”。公元23年，王莽新朝在以刘氏贵族领导的赤眉、绿林起义军的打击下终于崩溃。刘秀的族兄刘玄在“绿林军”的拥戴下，做了几年偏安皇帝，号称“更始”。另一个皇家贵族子弟刘盆子，在“赤眉军”的拥戴下也做了几年皇帝，号称“建世”。二者后来都被刘秀所消灭，刘秀便成了正宗的“光武”皇帝。

如果将此砖上文字反过来按正面书写的形式欣赏，我们就会清楚地看到这件书法作品有这样一些特点：有些字的笔画结构有左低右高的现象，如“二年闰月”等字，横画都是向着右上方向取势；有些字则表现出撇画短、捺画长，左边短、右边长的特点，如“始”字的“女”旁，“闰”字左右两竖笔等。这种书法特点全似汉代竹木简上的书法风格。有人分析竹木简上文字的特点时说，这种特点是因为当时书写者是一手执简，一手执笔，悬空而书。由于臂腕骨节生理构造的特性，毛笔在空中运动时必定产生一种倾斜感，这种倾斜感是由于腕臂回转运动造成的。这样，写出来的文字也就有了倾斜的笔画。和竹木简上文字一样，此砖上文字也存在这种现象，这可能也是工匠给模具上写字时悬空执笔造成的。

此砖上文字篆书的意味较少，是一种全新的感觉，也是一种行书与隶书相结合的用笔特色，其中也不乏章草的意味，如“始建”“闰月”等。将这几字置于汉代竹木简书法之中，置于章草书法之中，都可能被认为是同类，因为它们的书法风格太相近了。这种书法看似稚拙，实富于天真纯正之趣。撇捺意态悠然，更是内含精气。虽是出于工匠之手，但其中书法韵味自不亚于丰碑巨碣。今日许多书手的作品多不能有如此趣味深长，甚为憾事。

88 古砚刻文称“戌德”

此为汉砚上研磨用石块顶部上的刻文。（图214）这种古砚又称“研磨器”，是中国古代砚台的早期形式之一，主要在汉代及汉代以前使用。其功能是研磨各种颜料，包括用来写字的朱砂与墨。这种古砚分为上下两部分。下部较大，称为“研磨板”，多为圆形；上部较小，俗称“研磨块”或“研磨石”，一般为柱体。有的在“研磨石”顶部雕刻有龙、虎、怪兽等形态，

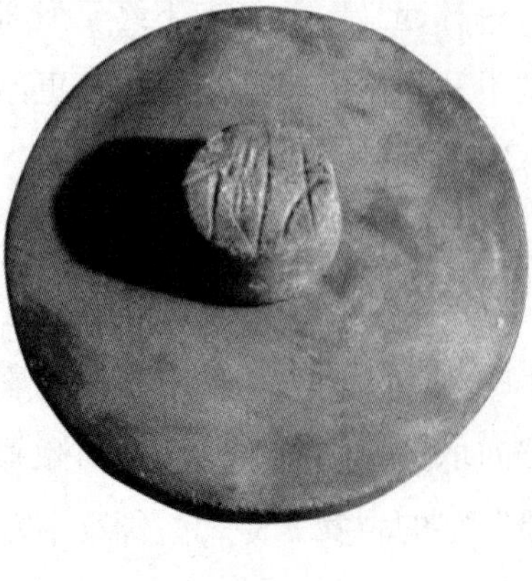

图214　汉代研磨器照

十分精致，是中国古代“文房四宝”中的上乘之物。此件“研磨器”砚台为细沙石质，青灰色。下部“研磨板”直径为15厘米，厚5厘米；“研磨石”呈柱形上小下大，上部直径4厘米，下部直径5厘米，高3厘米，顶部凿刻两字，篆书，文曰“戌德”。（图215）

“戌”，《说文》：“灭也。九月，阳气微，万物毕成，阳下入地也。五行，土生于戊，盛于戌，从戊含一。”“戌”为十二地支之一。“戌”又代表西北方。《汉书·郊祀志》：“汉当土德，土德之应黄龙见，宜改正朔，服色上黄。”“戌”为土，“戌德”是否就是“土德”之义？此器的主人是否在表示，汉朝当属“土德”？此器的主人或许就是负责祭祀的官员也说不定。当然，“戌”还是姓氏，《博古图》上有周时的“戌命”之鼎。《姓氏寻源》有“戌氏”，《韵谱》云：“唐河阳令戌盈孙。”“戌”作为姓氏，今已极少见了，但“戌德”作为人名也不是没有可能。“德”字左边上部，由于刻字的年代久远，加之当时凿刻时的轻率用笔，这一部分的笔画并不十分清楚。按篆书的写法，这部分应该为一横放的“目”字。此处笔画混乱纠缠，但“德”字篆书的大势还是可以看出的。

无论如何，此器肯定是汉代之物，此文肯定是汉代所刻之文。有人会说，其上文字难道不是后人加刻上的吗？细观此文刀痕，痛快淋漓，大刀阔

图215　汉代研磨器上所刻“戌德”文字拓本

斧，确是汉人气势。而刀痕内千余年来所形成的锈垢沉积物（俗称包浆），与“研磨石”表面上的锈垢完全一致，近时伪作是无法达到这种效果的。尽管有人也将古物整体涂上一致的颜色来掩盖其“后加工”的痕迹，但千百年来自然形成的锈色，以及刀痕字口内被自然风化磨损的细微变化，是很难被“做”出来的。清代古物鉴赏家陈介祺在给友人的信中谈及古铜器上伪刻文字时说：“看铜色，字口内铜色与器物上铜色不一致即是伪刻。”余以为，看古代砖石上文字是否为伪刻，此法同样适用。另有用化学合成法制造锈色的。其法为用古物上原锈的粉屑（也可能从别处收集来）和药水调制后再涂上器物表面，以此来造成锈色一致的假象。鉴别办法有二：一是嗅其锈色表面是否有刺鼻的化学气味；二是用针扎向土锈，坚硬不可进者为真，针尖能扎进锈色内，并且能站立住的定是伪作。此法特别适合于鉴别古铜器。

我们认为“戌德”二字是汉代人的笔迹，而且是在没有任何功利的情况下，为自己所使用的器物上刻写的文字。按当时的习惯，给器物上题字多为篆书体。此器上二字不是在正规场合下题写的，所以，文字的结体自由而随意开合，文字的线条锐利而锋芒毕露。信手刻凿，无所顾忌。观此二字线条的力度和形象，仿佛让人听到了刻刀在石头之上凿刻时的铮铮响声，以及石渣飞溅打到人脸上时的刺痛感。看到这样的文字，不得不使人想到齐白石，想到齐白石的“冲刀法”。

“戌德”二字除了线条上的气度之外，整体上表现的“生拙”也是其特点之一。何谓“生拙”？“生”就是无书匠之气，没有将写字作为“稻粱谋”的书匠圆熟之气。“生”即文人所谓的“文人之笔”。“拙”就是无做作之气。因为要取悦观众，要哗众取宠，要龙飞凤舞，要卖人生财，所以，就要做“效果”、出奇招，所以也就无法“拙”了。“拙”即雅人所谓的“雅人深致”。“戌德”二字就是充满了“生拙”感的雅致之书。

89 咸里陶坊古器传

此为汉陶鼎并盖，青灰色陶质。（图216）器盖之上都有印文，白文，隶书。两行四字，自右至左逆时针旋读，文曰“咸里高广”。器并盖高约16厘

米，直径约17厘米。（图217）

“咸里”，又称“咸原”“咸亭”，为汉代咸阳周围居民对咸阳城乡的俗称。汉时，在成阳西北一带有多处专业烧制陶器的陶作坊，是西汉私人陶业作坊的聚集地，今日尚留有“南窑上”“马家窑”等地名。这些陶坊除了制作日用陶器之外，也制作陪葬品，关中一带陶制的陪葬品多出于此地。在过去出土的陶器上，已见与“咸里”有关的名称有“咸里高昌”“咸里周子才”“咸里平国”“咸里直章”“咸原少婴”“咸亭完里丹”“咸阳亭久”（以上皆见于陈直《关中秦汉陶录》）等，加之近年所出、所见就更多了。此器即称“咸里高广”，“高广”为工匠名，与陈直先生所收录“咸里高昌”或为同族工匠。

此陶鼎器盖为同一工匠所制，文字为同一印戳所按（印戳也多为陶制）。器盖之上共有三处内容相同的印文，即“咸里高广”。“咸”字结体甚有特点。一般篆隶书体多将左边竖笔延伸下来，将内部“口”包围在内，此处却将竖笔缩短，露出内部的笔画，看似放松，实际却加强了上部分的聚集力，有张有弛，比那种平均分配的结体在这里更有美感，更有动感。“广”字左边一长撇也未伸下来，整个字书写得更是圆润饱满，下部分简直似打足了气的皮球，极富弹力；上部分左边转折处，线条质量光滑丰润。“里”字

图216　汉代“咸里高广”陶鼎照

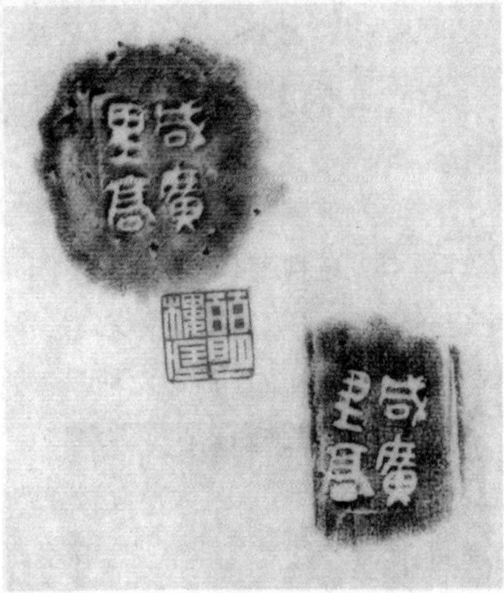

图217　汉代陶鼎“咸里高广”上刻字拓本

书写得有些倾斜，调节气氛。工匠们制作陶器时使用的印戳，作用在于表明身份，并有一定的广告宣传意味。这种印戳并不在法律文书上使用，所以刻制时也不像正式印信那样需要认真布局，讲究刀法等。余曾见到过多枚陶制印章，内容多为工匠制器时所使用的标记，或为姓氏，或为地名，不论是书写或刻制都是自由率意、漫不经心的。正是这种漫不经心的制作，却为后人留下了汉代人天性尽显的书法作品。在“咸里高广”这四字中，我们就能感到，汉代人，不论是王公大臣，还是平民百姓，他们对于中国文字有一种强烈的热爱，这种热爱是前所未有的。这是因为，中国文字在那个时期刚刚完成了它的全面变革。秦朝统一了文字，汉朝美化、简便了文字。观赏和使用这种新形式的文字，在当时人们心中是一种喜悦、兴奋的感觉，也是当时的一种“时尚”。

陶器之上工匠姓名这类文字的书写风格，在汉代石刻碑文上是见不到的。石碑刻文要先书丹上石，然后再刻写，这与陶器上直接刻或印压文就有了区别。石质较硬，陶质较软，质感不同，刻出文字也会不同；而铜器上文字，因铜质坚韧，刻写出来是另一种风格；竹木简上文字是直接用毛笔书写，则又是另一种风格。所以，此种陶器上的文字有其特殊的感觉。清代书法大家吴清卿、陈介祺、俞曲园等人，都从中汲取了不少的养分，尤其以吴清卿、俞曲园二位最为用心。

90 汉代墓圹砖，刻字称万年

此砖为东汉时物，出土于长安城东北五十里。（图218）砖厚6.8厘米，宽17厘米，高41厘米。文字在砖侧面阳文印压而成，隶书。一行，六字，三字之间隔有三角几何图案。文曰“作者受万年柱”。（图219）

同墓中出有文字砖共两种，一种为“作者受万年柱”，一种为“作者受万年”，都有几何图案在文字中间，文字的写法、风格基本相同。此砖厚重坚硬，烧制精良，是汉代大户人家墓圹中所用之物。砖文中称“作者”，即指此墓的制作者。“受”即享受、接受之义。《说文》：“受，相付也。”《广韵·释诂三》：“受，得也。”《尚书·大禹谟》：“满招损，谦受益。”此

图218　汉代墓圹文字砖“作者受万年柱”照

图219　汉代墓圹文字砖拓本

文大意是说：制作此墓的人，将能得到富寿，就像这坚定的柱子一样，永远不倒。也可以说：此墓可经受万年而不坏。一般来说，墓圹砖上文字有这样几种内容：一是愿死者在地下也能享受富贵，如“大富贵”“富乐未央”等；二是愿死者的灵魂保佑富及子孙，如“子孙益昌”“宜子孙饮百口寿长久”等；三是愿坟墓建筑千万年不坏，如此砖文“作者受万年柱”及“万年、万年”“万岁不败大吉”等；四是纪年、记事等。

观此砖上文字的书法风格，应该算是很标准的汉代隶书了。用笔潇洒自信，没有那种委委琐琐的小家子气。此处“作”字左边稍残，不能见此字整体的面貌，另一同类砖文“作”字则为反写。余曾见过其他完整的砖文，此“作”字左旁“亻”稍小，而且上边一撇画更小，这一偏旁几乎又与右边笔画连到了一起。因此有些人识释此字为“白”字。观此砖文，此字右旁显然是隶书写法的“乍”，右边无竖笔封口，若释为“白者受”，岂不又劳读者费神考证。“者”字下部“日”字极夸张，在其他汉隶碑文写法中还是少见的。若论书法风格，倒是与《张迁碑》《西狭颂》等同属方刚雄强一派。

“者”字为上下结构的文字，一般写法都是将上部作为重点，写得稍大些。此处下部写大，亦是一例。在这种长方形的砖面上表现文字，应多突出方形、方笔，这样才能与此种表现文字的“环境”相适应，看起来才能让人赏心悦目。如果交叉形的斜笔太多，就会产生出一种烦乱的感觉。观汉代人印章、砖文等，在文字造型与器物形态相配合上，是非常讲究且费尽心思的。

“受”字上横画之下，原物上有三小点。因砖上字口太深，墨拓之上并未清楚出现。此“受”字是隶书标准写法，汉《史晨碑》《张迁碑》上，“受”字与此写法相同。“万年”二字，基本上是以平直的笔画为主。“年”字为了使四横画在这里有些变化，在用笔轻重上稍做起伏，而且自上而下，一画比一画稍长些。而这种变化却限定在左边起笔处进行，右边收笔处还是保持了长短一致、整齐划一，这样，既能产生一些变化，又不使文字太细太长而影响整体风格。

虽是砖上的文字，而且又经过了写刻模具再压印上砖的过程，但文字所表现的隶书特征还是比较明显的，没有多大失形。隶书的“蚕头燕尾”之势在笔画的撇捺之间多有表现，文字的线条弹力也十分充分。这些都是可以学习和欣赏的地方。

91 文字在几何图案中的变化

此文字砖出土于长安以东，为汉代墓圹中所用之物。（图220）砖厚6.5厘米，高36厘米，宽14厘米。在几何图案中有文字一行，共四字，反书印压在砖的侧面，上下排列，阳文，隶书。文曰“阳遂富贵”。（图221）

此砖出土地周围，还出有文字瓦当一种，瓦当上文字亦为“阳遂富贵”。因瓦面为圆形，文字排列又有变化，所以，有的瓦当词典释此文为“富贵遂阳”，并称汉瓦当文字排列随意性大云云的，是其未见此砖上文字所致。“遂”有“延续”“通达”之义。如果按这种排列顺序，“富贵遂阳”似乎在说墓中死者的富贵是由延续阳间的富贵而来。把阳间的“富贵”延续给阴间，恐怕不是制作此砖者的本意。观此砖上文字的排列，则肯定是“阳遂富贵”确切无疑了。“阳”是指“阳世间”。这是墓圹用砖，其上文

图220 汉代墓圹文字砖“阳遂富贵”照

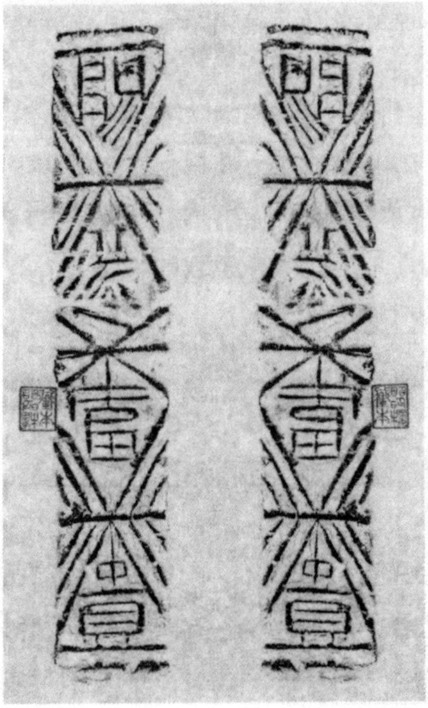

图221 汉代墓圹文字砖“阳遂富贵”拓本

字自然是讲阴阳两界的事了。“遂”有多种意思，如“通达”“延续”“道路”等。这里最接近作者意思的是“通达”之义。《淮南子·精神》：“能知大贵，何往而不遂。”高诱注：“遂，通也。”“阳遂富贵”即阳间可以通达富贵给阴间，阴间鬼神可以安心享用，不要侵扰阳世之人。在古代，阳间生人除了给阴间死人提供陪葬品以供其享受外，大多还想得到阴间亡人的庇护，以此来较为容易地获得富贵，因为若有鬼神相助，自然效果不同一般。

此砖上的文字都处在几何图案之中。几何图案将四个字所处的区域划分成了两个菱形和两个三角形。这些文字的结体变化，都随着其所处的区域形态不同而有所变化。“阳”字是在一个倒三角形之中，所以“阳”字的结体就上宽下窄。“遂”字是处在菱形之中，因为“遂”字的结体本身就有菱形的感觉，放在这里随形用笔，并不感到别扭。“遂”字上边两点，此处作两个触角形，甚是别致。“富”字也处在菱形之中，但它的结体方正，任由笔画安排，上下都不用太宽。字中最宽的“宀”部分正好在中间，与几何图案边框上的线条互不妨碍。细观这些图案的形状，并不是先期设计安排好了让文字来适应它，随其变化而变化，而是设计者事先知道这些字的结构形态，后来再考虑几何图案的形状的，甚至可能是先写了文字再画上图案的。所以，最上边的三角形是将角向下，这样的空间形态并不造成“阳”字结体的困难。中间两个菱形都是边线不对称的菱形。“遂”字所处的菱形下部大，好让“遂”字下部笔画施展。“富”字所处的菱形上部大，因为“富”字宽度在上方。最下面是一个正放的三角形，上小下大。这正是“贵”字结体的特征。所以，“贵”字居于其中，自得其乐。

此砖上这四个字的书法特点，主要还是表现在结体之上，是一种自由自在，随遇而安的精神表现，这也是中国古代儒家思想的表现。

不论此砖用在哪里，它毕竟还是建筑用砖，它的图案自然需要一些设计。在这里增加一些几何图案，无疑会增强“美术化”的感觉。这在古今中外的建筑美学上都有同类的手段。对于研究文字艺术的人来说，如何将文字设计（特别是中国文字）与平面构图结合，而又不失书法艺术的效果，此砖就是一个很好的范例。

92 汉扶荔宫砖文

此为西汉扶荔宫砖上铭文。砖为方形，长宽约为31厘米。文四行，阳文，篆书。全文曰：“夏阳扶荔宫令壁，与天地无极。”（图222）

“夏阳”，地名。秦置“夏阳县”，汉仍沿用之。《汉书·地理志》：“左冯翊……夏阳，故少梁，秦惠文王十一年更名。《禹贡》：‘梁山在西北，龙门山在北。’有铁官。”汉初，韩信就是从“夏阳”渡过黄河率军袭魏的。“夏阳”即“夏阳县”。据《汉书》载：“夏阳县”当在今韩城市以北，这也正是汉“扶荔宫”所在地。所以，砖文上称“夏阳扶荔宫”是在表明其所在地。“扶荔宫”为西汉武帝时所建。《三辅黄图》：“扶荔宫，在上林苑中，汉武帝元鼎六年，破南越起扶荔宫，以植所得奇草异木……荔枝自交趾移植百株于庭，无一生者，连年犹移植不息。”《三辅黄图》中称“扶荔宫，在上林苑中”，是因为汉武帝扩建上林苑时所划范围极大，但

图222　汉代“扶荔宫”所出文字砖图文资料

“扶荔宫”是否真在上林苑中，看来也未必。此砖文上明写了“夏阳扶荔宫”，“扶荔宫”当属“夏阳县”确切无疑。

关于荔枝的故事，我们知道历史上最早、最有名的要数杨贵妃了。杜牧《过华清宫绝句》：“一骑红尘妃子笑，无人知是荔枝来。”《新唐书·杨贵妃传》：“妃嗜荔枝，必欲生致之，乃置骑传送，走数千里味未变，已至京师。”看来，荔枝的美味是极吸引人的。

从此砖文及史书上所载可知，早在杨贵妃几百年前的汉武帝，也是极嗜荔枝滋味的。好强的汉武帝，用征服天下的气概，也硬让荔枝从南方来北方生活，以便于他就近享受美味。当然，自然规律不可抗拒，年年移植，但“无一生者”。同时，汉武帝也让人骑马从南方运送荔枝至长安，使许多“邮传者疾，毙于道”。后来大臣们向汉武帝力陈其弊，武帝才停止了荔枝的运送。先师李公正峰先生为余所藏“扶荔宫”砖文题诗中道：“芝川之北有扶荔，迢递离宫远帝畿。不意刘郎秋风客，荔枝早嗜过杨妃。”看来，历史上飞骑运送荔枝的故事，第一位应是汉武帝才对。

“令壁”又写作“灵壁”，古时指建筑用砖。又作“瓴甓”。《诗·陈风·防有鹊巢》：“中唐有甓，邛有旨鹝。”《说文·瓦部》：“甓，令适也。”郑德明释文：“令音零，《字书》作瓴。”《汉书·尹赏传》：“穿地，方深各数丈，致令辟为郭。”颜师古注：“令辟，甗砖也。”“甗”音为

“鹿”，即砖义。王念孙疏证《广雅》引文：“《通俗文》：‘狭长者谓之甂砖。’”“扶荔宫令壁”即言扶荔宫所用砖。

余曾收“扶荔宫”所用残砖五块，面上皆有字。分为两种书法风格，一与此完整拓本书法风格一致，另一种则字体稍大，且字形方正开张，线条流畅，如汉《祀三公山碑》或铜器上缪篆一类。后一种字体上的“令壁”作“灵壁”，惜为残砖，不能见全文而无法细细品味。（图223、图224）此砖为西汉早期之物，其上书法也为西汉早期所书。其结体用笔以求方正为主，方正但又不失活泼。如“夏”字，横画写得都平整，竖笔则有斜有直，上部右边还有束腰的意味。“阳”字右旁下边几撇，长短粗细各有变化。“天地”二字线条行走有起伏顿挫之感。观此砖文拓本，我们总认为它是毛笔所写的墨迹，不会去想它是用刀刻出来的砖文。因为这种砖文拓本上所表现出的笔墨趣味太浓了，简直令人陶醉。

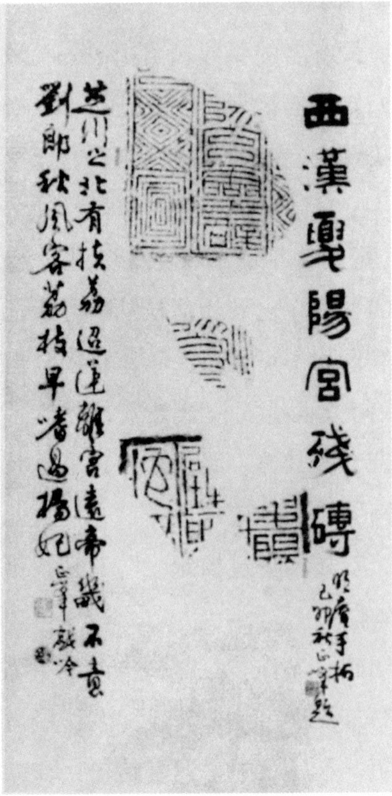

图223　汉代“扶荔宫”残砖拓本

图224　汉代“扶荔宫”残砖文字拓片细部图

秦代文字（附录）

写毕汉代文字部分，资料中尚存秦代文字拓本几十种，其中砖瓦、铜铁之器以及封泥、印章之类全有。如果将秦代文字部分单出一集，则又资料不足。秦朝自秦王嬴政称“始皇帝”的公元前221年，至秦子婴元年即公元前207年，总共只存在了十四年时间。从中国文字发展史来讲，这一时期文字的发展变化，实际上与汉代的文字发展变化是紧密联系在一起的。历史学界常将秦汉合称“秦汉时期”，或称“秦汉文化”，就是因为秦汉之间无论在政治上、文化上、社会生活上都有着密不可分、千丝万缕的联系。汉代文字的发展就是由秦代文字发展而来的。了解、学习秦代文字，对于了解、学习汉代文字有重要的意义。所以，这里选出一部分字迹清晰、书写优美的秦代文字做一介绍，也能使读者对汉代文字发展的源头有更清楚的了解。

93 秦尚水德，其书攸攸

此为秦王嬴政时期丹壶上铭文。（图225）文两行，共二十二字。首行十二字，二行十字，篆书。全文曰：“秦廿一年二月初吉，敏千秋造丹壶，重二斤十两，第四一。”

“秦廿一年”，指秦王嬴政执政的“二十一年”。秦王嬴政即后来的“秦始皇”，为秦庄襄王之子。他十三岁时庄襄王死，于是被立为秦王（约

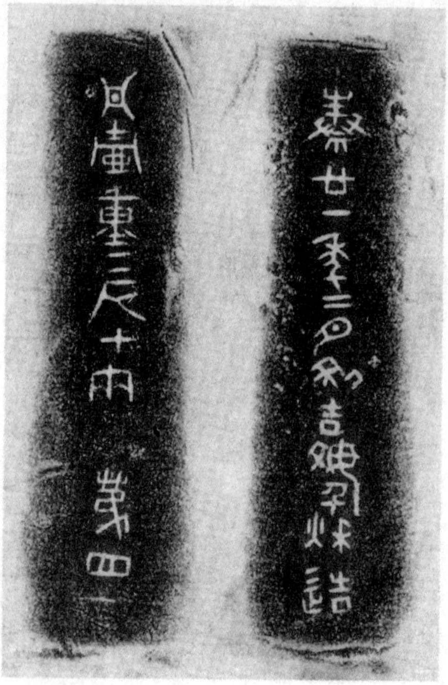

图225　秦代铜壶铭文拓本图

前246）。秦王嬴政用吕不韦为相，李斯为舍人，蒙骜、王龁、麃公等为将军，并广揽人才。以后用了二十几年时间，于公元前221年（秦王政二十六年）兼并天下，统一了中国。“秦廿一年”也就是秦王统一中国号称“始皇帝”的前五年。

“初吉”，《说文》：“初，始也，从刀，从衣。裁衣之始也。”“初”从衣，故左旁金文多做“衣”形。或如上一下二，三个小“人”的组合形。有将下面两小“人”连在一起写的，但极少见如此铭文上的写法。古人常将一月之内的前十日称为“初吉”。此文中称“二月初吉”，即二月前十日的某天，也许是初一日。“敏”字变形写作“姆”，首先是文字的左右部分换位，其次是“每”字的上部被省去。“敏”在此处为姓氏，“敏千秋”即造壶者人名。《万姓统宗》：“敏，见《姓苑》。”宋司马光《涑水纪闻》：“环原之间属羌，有敏珠、密藏、康诺三种最强。故今甘肃多敏姓。”秦国发迹于陕甘一带，故秦地亦有敏姓。今本《涑水纪闻》与此有小异。

第二行第一字为“丹”。《说文·丹部》：“丹，巴越之赤石也。象采丹井。”“丹”原意指一种红色的矿石。其字形则像采石之井的形状。后“丹”又指红颜色。《后汉书·公孙瓒传》：“死者数万，流血丹水。”古时，道家方士炼药多用朱砂丹石，故称道家方士所炼之药为“丹”。《抱朴子·内篇·金丹》：“若取九转之丹内神鼎中，夏至之后，爆之鼎熟。”丹药多为圆形粒状。后世中医将此形药物也称为“丹”，所谓中药的“膏、丸、丹、散”之一种。秦王好方术，喜炼丹，信有长生不老之药。此文称“丹壶”，或是盛放“丹药”之壶。“重”，指“丹壶”的重量。“第四一”，指工匠造器时的数量或次序。

此件文字是秦始皇诏布天下、统一文字前五年时所书。从文字的结体、书写、章法等方面来看，这时秦国境内所使用的文字书写已达到了完美的地步。观此书法，给人一种清秀如水、温润如玉的感觉。在文字的书写上，所有的转折处都表现得刚柔相济，圆浑自如，绝无生硬粗率之笔。这是秦人生性朴厚又心性强悍冷峻的表现。首行第一字“秦”，书写得刚劲稳重。两边“廾”形笔画，像两手捧着一束沉甸甸的稻穗，也像护卫秦王左右两边的双戈。整个“秦”字的线条短促有力，没有丝毫的婉转屈曲。“廿”字的笔画虽然简单，但下部转角处的用笔却表现得恬静圆润，观之令人心情舒畅。“月”字中间的笔画，采用了一小点，形象活泼。“敏千”二字，将“敏”字的一笔稍稍延伸下来，将“千”字包容在内，似为一合文形式，“千”字就不显得简单了。第二行“丹”，既像井中取“丹”矿之形，又表现出壶中有“药丹”的形象。中间一点，如“药丹”在壶中之形。“壶”字两边向内收束，是“丹壶”形象的表示。此种写法在商周金文、汉代金文中极少见到。“第”字下部将竖笔向右斜出，又将最末一撇向左写来，两相校正，互为支撑，笔画虽斜，而文字重心却不倾斜，文字的动感也就能跃然而出。

秦王是崇“水德”的，秦人所表现的书法风格，也充满了河水的悠荡之感，静中有动之势，将河水随势而转、不露声色的特点表现得淋漓尽致，是真书法神品。这也是古人心中无块垒，自信自乐使然。多观此种文字，定能医好临池怯弱、用笔犹豫的毛病。

94 秦王戈铭文

此秦代武器——戈上的铭文，两行，行三字，阳文，篆书。（图226）全文曰：“秦王左军作戈。”（图227）

“秦”为古国名。秦的祖先伯益，协助大禹治水有功，舜时命为虞官，赐姓“嬴”。《史记·秦本纪》中载：秦襄公以兵护送周平王有功，平王封襄公为诸侯，并赐给陕西岐地以西为秦邑。平王言：“戎无道，侵夺我岐、丰之地，秦能攻逐戎，即有其地。”后来，秦襄公果然击败西戎，收复周王失地，并建立了秦国。秦国的建立完全是靠自身力量得来的，所以，秦人极崇尚武力。秦孝公时秦国势力大发展，成为“战国七雄”之一。铭文上称“秦王”，秦国称“王”当在战国后期。“左军”，在秦朝职官中无此名。秦有左、右将军一职，常统军作战，位在卿之上，佩金印紫绶。“左军”应为“左将军”之省称。此文前若加一“为”字，即“为秦王左军作戈”，文

图226　秦代武器戈照

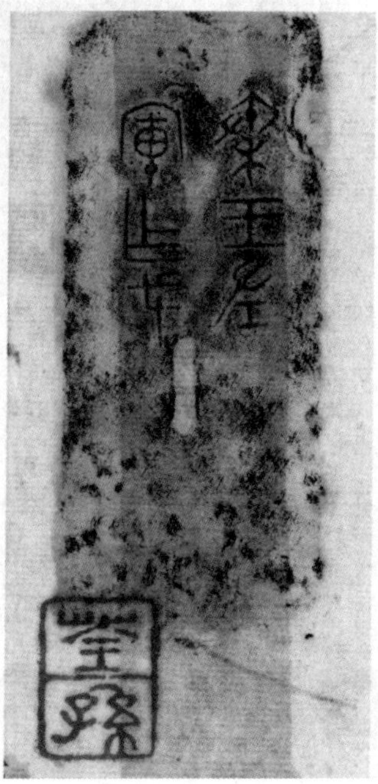

图227　秦王戈拓本

义就更清楚明白了。“戈”又称为“戈戟”。“戈”与“戟”汉以前是两种用法不同但形制相近的武器。“戈”与“戟”均似向外的一种钩形。钩内无刃的称之为“戈”，钩内有刃的称之为“戟”。汉以前战争多以车战，所以“戈”正好用来钩兵或横击。《晏子春秋·内篇·杂上》：“戟拘其颈，剑承其心。”此正说明“戈戟”的用途。

从此件文字的书写风格来看，应该肯定为战国时所书无疑。此“秦”字结构，实际上表现的是两手执双禾的形态。“秦”字的中间部分表现的就是禾形。《说文》：“秦，禾名，地宜禾，从禾，舂省。”可见“秦”字的本义与禾有关，“秦”字篆书形象亦与禾有关。二行“军”字写法雄强有力，内部“车”字下部的一横画改为一圆点，强调了军队锐利、集中的特质。“戈”字几条线都有尖形笔道存在其中，使这件征战四方所用的兵刃之上有一股肃杀之气逼人而出，大有“秦王扫六合，虎势何雄哉”的威风气概。这种强硬的笔法，与“戈”上文字内容相得益彰。此种文字的线条耿介如铁，曲直转折长短适度，并无刻意要求的延伸与顿挫，表现得收放自如，恰到好处，足见秦人对于文字的结体、书法的技法掌握到了十分娴熟的地步，观之令人赞叹。

95 诏文归一统，书法各千秋

此为秦诏版上文字，文六行，四、五两行为六字，其余每行为七字，共四十字，篆书。全文曰：“廿六年，皇帝尽并兼天下，诸侯、黔首大安，立号为皇帝，乃诏丞相状、绾，法度量，则不壹，歉疑者，皆明壹之。”（图228）

“廿六年”，秦王嬴政即位的第二十六年，即公元前221年。这一年秦王兼并了势力强大的齐国。至此，经过十几年的时间，将“战国七雄”中的“六雄”全部消灭，终于将中国版图统一在一家之下。这一年，秦王嬴政开始称名号。用“天皇”“地皇”“泰皇”之“皇”，加上历代帝王所称之“帝”，号为“皇帝”。秦王说：“朕为始皇帝，后世以计数，二世、三世至于万世，传之无穷。”（《史记·秦始皇本纪》）可惜秦始皇帝传之万世

图228　秦诏版文字拓本图

的愿望未能实现，传了两代，前后不过十几年时间，万里江山就被颠覆了。

“诸侯”是周时分封在各地为周王管理地方事务并享受地方奉献的“王侯”。“诸侯”多为王室贵族子弟及有功大臣。西周以后，“诸侯”们实际上已经各自为政了，他们早已不愿听命于周王，所以，就形成了后来的“春秋”“战国”割据局面。秦王统一中国后，听从李斯的建议，废除了“分封制”，“分天下以为三十六郡，郡置守、尉、监。更名民曰：‘黔首’”（《史记·秦始皇本纪》）。“诸侯”“黔首”即泛指各地的首领、百姓。

在古代，不是皇帝所有的言语都可称为“诏”。秦代开国定立制度时规定：皇帝发布的“令”称之为“诏”；皇帝发布的“命”称之为“制”。“令”是“法令”，“命”是“政令”。《文心雕龙·诏策》：“秦并天下，改命曰制。汉初定仪则，则命有四品：一曰策书，二曰制书，三曰诏书，四曰戒敕。”“令诏重而命轻者，古今之变也”。

“状、绾”，即指秦初的丞相隗状、王绾二人。王绾之名见于《史记·秦始皇本纪》，而隗状，今本《史记》上则写作“隗林”。《史记索隐》称：“有本作‘状’者非。”今见所有秦诏版原文上明明白白的写的都是“状”，不知“非”从何来。可见注书人当时并未见秦诏版原文和原物。所以，近代考古学的发展，对研究历史是有广泛、有力的支持与贡献的。

“法度量”，即将多种度量方法、依据，规定为统一的方法、依据，并使之法律化。“则不壹”，“则”，释为法则、准则、规范，“壹”，释为专一、统一。此句即讲：规范那些不统一的度量衡方法，使之统一。“法”“则”在这里都作动词讲，即“使动用法”，“不壹”，使之“壹”，“不法”，使之“法”。“歉”在此通“嫌”，或为“嫌”字的异体。“嫌”古文也作“慊”。“歉疑者”即“嫌疑者”“存疑者”“不明确者”之义。有这种“嫌疑”“不明确”的现象，皆应明确地予以统一。

此诏文重点表明的是要“法度量，则不壹”。另有要求“车同轨，书同文”的诏文，今日尚未见其原版。“书同文”，是要求文字结体要相同、统一，并不是要求文字的书写风格统一、相似。文字是由人手写出来的，千人千面，也不可能达到相同。这件秦诏版上文字，从结构上讲，可称为秦代篆书的标准字形，但其写法，即书法的艺术风格，却并不像李斯所写的那种“美术化”了的篆书，如《泰山刻石》《琅邪台刻石》之类的风格，而有它自己的书法特点。此件文字在用笔上，方圆兼备，以方为主，转折处圆转方折交互运用。汉代铜器上的铭文及汉代一些石刻上的篆书，不少是从这一类风格的书法上继承发展而来的。由于书写诏版的人多，用量也大，所以这种诏版文字在结构统一的情况下，书写常常是多样的，书写者都在尽情表现自己的书写才能。这件文字章法上大小错落，结体上疏密参差，表现出活泼跳跃之感，却没有松散凌乱之病。

一行“并”字，两竖笔稍稍倾斜，如此写法既具动感又不狂乱。二行“下”字右边一点一般取势都向下，此处却向上翘，甚是调皮。“首”字上部三点，真像人头上的“怒发”，冲天而立，形象至极。四行“丞”字最下部的写法，有商周金文遗韵。五行，这是诏文的中心思想部分，故整体写法气势不凡，笔笔认真，一字一顿，汉人篆书多出于此。六行“皆”字，方正强健，下部“曰”中间一横写作一小点，留下了较大的空间，更突显出四边线框挺拔干练所产生的美感。“壹”字结构全不类诏版上其他字形。可见此诏版的书写者是在自由地书写，尽情地表现，而不是将此当成公文，正襟危坐，一丝不苟地“画”字。书法就是要“尽情”地书写。

96 秦诏文书法的可取之处

此为秦代铜量上诏文，文六行，行六、七、八字不等，最后一行仅一“之”字，共四十字。全文曰：“廿六年，皇帝尽并兼天下，诸侯、黔首大安，立号为皇帝，乃诏丞相状、绾，法度量，则不壹，歉疑者，皆明壹之。”（图229）

秦王嬴政二十六年所颁布的统一度量衡诏文，今日所能见到版本有二三十种之多。有的刻在量器上，有的刻在权器上，有的刻在陶器上，有的刻在专门为发布诏文而制的诏版上。诏版四角各有一孔，便于附挂在其他器物之上。这些诏文的内容虽然相同，但由于刻写诏文的器物不同，式样不

图229　秦代铜量上文字拓本图

同，刻写者水平也不同，所以诏文上所呈现的书写风格也就不同。此件诏文的书写者显然不是书法家之类。此刻写者或是普通小吏，或是制造诏版的工匠。他是在进行公事文件的制作，并不是专为表现书法而书。但这些文字毕竟是秦代人书写的文字，他们对于篆书写法的了解程度肯定要比我们今天的人高得多。这些文字之中肯定也有许多值得我们学习的地方。

比如二行“侯”字，内部“矢”字第二横画，有的版本上写成了一点，此处仍为一横，但上面横画向下稍弯，有了一定的变化。“立”字其他处写法将上部横画虽也写成弓形，但都稍短于下部一横，形成以下承上的态势，此处却将上横写长，下横写短，有一种房屋结构的感觉。这一长一短的变动，虽不是什么高明的技巧，却给从事文字艺术的人这样一种启示：试着打破一下习惯，说不定能得到意想不到的效果。

三行“丞”字下边一横，前文曾见过，似写成了空心月牙形，此处则写成了实心斧钺形。在商周金文中，“王”字下部一横，常常是被写成极夸张的斧钺形状。余曾讲，那是显示周王或跟随周王的人南征北战的象征。秦代的丞相同样也是手执刀斧出生入死的战将，观此，你定会想象出这些战将跟随秦王横扫六合的战争场面。五行“明”字，有的诏文上将左边“日”内部写得较为复杂，此处却只有两横道，右边“月”字有倾斜感，但其中一竖笔画却拉正了重心。汉人篆书中常见校正之笔，当是从此中技法发展而来的。

97 秦权诏文

此为秦权上所刻诏文，共十四行，最后一行一字，其余每行均为三字，共四十字，是秦始皇帝的标准诏文。全文曰：“廿六年，皇帝尽并兼天下，诸侯、黔首大安，立号为皇帝，乃诏丞相状、绾，法度量，则不壹，歉疑者，皆明壹之。”（图230）

秦始皇帝的诏文，今日所见已出土的诏版、器物之上，铸字形式不多，绝大多数是凿刻而成的。这种凿刻的文字，可以说是秦代人的直接手迹，即用刀做笔直接“书写”的手迹。因此，秦人那种刚健有力、恣意放浪、古朴自然的神情流溢于字里行间。五行“黔”字，左边写法不同于一般，上部方

图230　秦权所刻拓本图

框形写成了半圆形，下面那些笔画都被简化成了小点儿，两边各有三个。“一点、两点、三点”，我们似乎看到了千百年前刻写者嘴里哼着小调，手里摆弄着刻刀，在这秦权之上翻转点划的情景：没有功利心，没有表现欲，在一种快乐的情趣中完成书写。两千年后，这些文字被人们称为“书法艺术品”，而两千年后的人们，在自己创作（是创作不是随手书写）书法作品时，却放弃了快乐，或是苦思冥想，或是矫揉造作，或是神情凝重。为什么不放轻松一些、快乐一些呢？我们今天应该提倡一种“快乐的书法”，因为今天的书法（用毛笔写字）不是日常必须，而是一种艺术活动，“艺术”就是要给人一种美感、一种快感。

十五行“皆”字，上部应为“此”形，此处竟然简化成了几个竖笔道。“明”字右边“月”字，被倒放在那里，不出头，不拖笔，直似一“D”字。细观此件书法的线条，所谓“垂露”的现象不多，就是说线条尖笔的现象少。这就是刻写者以刀代笔写字所产生的效果。因为秦代篆书起笔落笔都有“回复”，用刀“写”时，自然也将这一习惯融汇其中。今日篆刻艺术中有所谓“双刀”刻法，其意即来源于此。

98 秦诏量铭文

此为秦代诏量上铭文，共三行，一、三行十三字，二行十四字，共四十字。全文曰：“廿六年，皇帝尽并兼天下，诸侯、黔首大安，立号为皇帝，乃诏丞相状、绾，法度量，则不壹，歉疑者，皆明壹之。”（图231）

此诏量铭文拓本虽然不甚清晰，但其书法表现还是能够看到。其书法特点不同于所见其他诏版上的文字，是另一种书法风格，线条书写得方正硬朗，结体也以规整为多。如不看内容，只看字形，将此拓文字放到汉代铜器铭文之中，我们恐怕难以分辨出哪一个是秦人所书，哪一个是汉人所书。

在此同时附上《贞松堂集古遗文》上同一器物上的铭文。（图232）此铭文为罗贞松手摹，秦人书法的字形尚在，意境尚在，亦可为读者提供一相互对照的资料。

图231　秦代诏量上铭文拓本

图232　罗贞松手摹图

99 秦代的旧体书法

此为秦权上所刻诏文，共十行，每行四字，共四十字。全文曰：“廿六年，皇帝尽并兼天下，诸侯、黔首大安，立号为皇帝，乃诏丞相状、绾，法度量，则不壹，歉疑者，皆明壹之。”（图233）

我们说，此件书法为“秦代的旧体书法”，是因为其文字的书写风格，与一般所见的秦代诏文书法风格相差太远。此种书法的艺术风格，在春秋与战国早期的器物铭文上多能见到。这种书法风格的特点是：用笔筋细，平正均匀，方折较多，体形以瘦长为主，即所谓的“玉筋”体。这种书法的结体基本上继承了西周篆书的方法，是从古籀文的基础上发展而来的。

此件文字由于是执刀随手而刻的，它的风格与秦代印章文字有一些相似之处。文字大小参差，书风跌宕起伏，看似信手，但其中刻写者将篆书的结体及用笔技巧却表现得淋漓尽致。一行“年”字，体形极细长，用笔也短促有力，整个字几乎是用刀尖点刻而成的。二行“并”字，其他写法上部两小横笔都是向着左方而去，此处则分开向着左右两边。“兼”，《说文》：“兼，并也。从又持秝。兼，持二禾。秉，持一禾。”原意，手持二禾称之为“兼”。所以，此件文字上将“兼”写成并排的两株稻禾。而这两株“禾形”，左右还有一定的变化，可见刻写者对文字内涵的理解程度，以及把握

图233　秦权上所刻诏文拓本图

运用文字的能力是非常高的。四行“安”字，结体简洁明了，用笔干净利落。这在已出土的秦代诏文上是绝无仅有的结体。检《金文大字典》，其上商周金文中“安”字的写法，多如此形。五行第一字“立”，是此件文字中最小的一个字，其形状简直就像一座房子立在那里。“立”字中间两竖笔，此处也写得较开，就像两根房屋的立柱。六行“丞”字，有一种两腿分开，手提斧钺，跨骑战马的形态，是战将出身的丞相“隗状”“王绾”的形象。一般“丞”字取势多就方形，此处却是上小下大，有左顾右盼的感觉。七行“法”，“法”字繁体字多写作“氵”旁，在商周金文中，多将其中的“去”字与“氵”结合，“去”或在上部，或在下部。此秦权上文字的“法”字，左边较简，“氵”下的“去”字几乎简化成了一个小“口”形状。八行“则”字，右边“刂”的写法值得注意，确实少见，可以在一定的地方借鉴使用。九行“壹”字，其他诏文“壹”字的写法多似水壶的“壶”字，形状也如壶形，此处却与其他“壹”字的写法无一似处。“壹”下部为“豆”字。“豆”是古代的一种盛放食物的器皿，此处“壹”字下部就写作一器皿形，也是“豆”的大篆写法。可见此诏文的刻写者时时在提醒自己：一定要注意文字书写的源流与来历。“歉”字左旁即是“兼”字，与其他“兼”字写法比较，稍有些变化，此处更加强调了“禾”字的象形之态；“歉”字右旁“欠”写法较简单，亦是少见之范例。

这件文字拓本还有一个特别的地方，就是拓制此诏文的人是在一个紧急的情况下进行拓制的，或是在街肆上，或是在朋友家，就是说当时什么工具都没有，只是将一小片纸弄湿了，伏贴在秦权上，用手指蘸上墨汁当作“拓包”，“急就”拓制而成。前辈故人的手指纹现在还是清晰可见，由此可知此件是在拓制此诏文的人不能得到的情况下“急就”而拓出文字的。此秦权今不知是否还在人间。近百年内所出多种金文集古录中，都不见此诏文的踪影，如《愙斋集古录》《贞松堂集古录》《恒轩所见吉金录》《瀓秋馆吉金图》《长安获古编》等。

对于研究秦汉书法者来说，此件拓本是不可多得的珍贵资料。可见此诏文书法传世之珍稀。

100 秦陶诏文残片三种

此三种陶器上秦诏文残片（多为陶量器），书写风格各有特点。两片文字稍小者，因文字的刻写制作方法相近，所以在书写风格上也就有了一定的相似之处。所谓“刻制方法相近”，即都是提前先刻好了文字的印模，再将诏文印模压印在器物陶坯之上。这种印模多是四字一组。从陶器上的印痕可以看出这一点。这样一来，陶器上的文字就经过了刻制、压印的转换过程，文字的线条也就产生了一定的变化，书法风格也就呈现出一种温厚安详的面貌来。“廿六年皇”这几个字，起笔落笔都有回锋收笔的感觉。（图234）同类另一片“则”“不”“歉”与此为同一种感觉，（图235）而“变”“壹”则又是另一种感觉。（图236）这种将圆变方、曲笔变折笔的方法，汉代篆书大都来源于此。这里既有一种古朴沉稳的美感，又有一种宁静中存潇洒，浑厚中寓劲健的精神。整体看来，字里行间随势生姿，没有刻意地安排。文字书写得或密或疏，或仰或偃，自成趣味，是一件充满了生气的书法作品。

另一种文字稍大的陶片残文则是直接用刀刻在陶器上的。细观陶器上的文字，因为刻刀在较硬质地上行走的缘故，文字的线条上清楚可见陶面因崩落而产生的点点痕迹。但这些痕迹并没有掩去刻写者有力的刀工与把握文

图234　秦代陶器诏文残片拓本图

图235　秦代陶器上诏文拓本图

字书写的能力。“下”字圆转角与硬折角两种笔法共用，可谓刚柔并济。“诸”字似乎宽了些，但有力的线条吸引着读者的目光，在这里宽窄又有何妨。（图237）“黔”，《说文》：“黔，黎也。从黑，今声。秦谓民为黔首，谓黑色也。周谓之黎民。”秦尚水德，“以水德属北方，故上黑”（《史记正义·秦始皇本纪》）。“黔”从黑，秦又尚黑，所以秦将百姓称为“黔首”。再说中国人多黑发，也是称为“黔首”的原因之一。“黔首”是指百姓、人民，故“黔”字左旁上部就像一个人头形的圆状，与“诸”字的方正形成了强烈的对比，令人赏心悦目。

图236　秦代陶器上诏文残片拓本图

图237　秦代陶器上诏文拓本图

总之，秦代文字是汉代文字的发展基础。秦代的文字在多变中更趋于结体的一致，线条的统一。汉代文字的发展则更要求书写简便，辨识容易。由于各自的要求不同，使得秦汉两代文字形成了一个多形式、多风格的书法艺术园地。今天，所有从事文字艺术的人，都不可能绕开秦汉而创出自己的书法风格来，因为秦汉的书法艺术，是唐宋乃至今日现代书法艺术的基础。没有秦汉文字辉煌，就没有今天的中国书法艺术。

参考文献

[1] 桂馥.缪篆分韵[M].上海：上海书店出版社，1991.
[2] 吴大澂.愙斋集古录[M].台湾：台联国风出版社，1976.
[3] 罗振玉.贞松堂集古遗文（上下册）[M].北京：北京图书馆出版社，2003.
[4] 马衡.凡将斋金石丛稿[M].北京：中华书局，1977.
[5] 施蜇存.北山集古录[M].四川：巴蜀书社，1989.
[6] 藏励苏.中国古今地名大辞典[M].北京：商务印书馆，1982.
[7] 何清谷.三辅黄图校注[M].西安：三秦出版社，1998.
[8] 司马迁.史记[M].北京：中华书局，1982.
[9] 中华书局.汉书（全十二册）[M].北京：中华书局，1962.
[10] 汉语大字典编纂委员会.后汉书（全十二册）[M].北京：中华书局，1965.
[11] （宋）范晔撰，（唐）李贤等注.汉语大字典[M].成都：四川辞书出版社、武汉：湖北辞书出版社，1986年10月—1990年10月，第一版，共八卷.
[12] 刘正成.中国书法鉴赏大辞典[M].北京：大地出版社，1989.
[13] 徐连达.中国历代官制词典[M].合肥：安徽教育出版社，1991.
[14] 张永禄.汉代长安词典[M].西安：陕西人民出版社，1993.
[15] 李建伟，牛瑞红.中国青铜器图录（上下）[M].北京：中国商业出版社，2000.

后记

宗鸣安

中国的文字——汉字，无论是从识别、书写、解意诸方面讲，都能深深地感受到其中的历史文化魅力与书法艺术的韵味。中国的象形方块文字是世界上数千年来从未中断过的，至今仍在使用着的一种文字。可以这样说：汉字是中华民族文化基因的重要载体与图谱，通过了解、欣赏中国文字所包含的韵味，就可以了解到中华民族的文化与历史，欣赏到中国文字结体的艺术魅力，由此也就可以理解中国人的思维方式与文化习俗。

本书从材料的收集、整理、书写、改订已有数年时间了，我不敢说其中的论述、观点完全正确，但我总是在试图以一种新的方法来研究汉字。轻松、有趣而不失法度，这大概也就是我做学问的追求吧。

本书序言是我的朋友、艺术评论家梅墨生先生许多年前为我写的，2018年7月13日，我与梅先生还就此篇序言在微信上沟通如何修改文中的一些内容。转过年的2019年6月15日，一早接到北京朋友发来的信息，梅墨生先生于当日去世。不知道我当时落没落眼泪，只记得那几天我的眼睛难以视物。何以如此伤感？那是因为在中国艺术界又少了一位真正懂得中国文化真谛的人，少了一位能理解、从事中国文化研究而又志同道合的人。今天在泪眼蒙眬中写下这段文字，用以感怀梅先生，也为感激中国文字为我们后人提供了永恒的艺术魅力与韵味。

二〇一九年十二月十五日于长安曲江